公路工程项目管理理论与实践研究

樊加永◎著

中国出版集团　现代出版社

图书在版编目（CIP）数据

公路工程项目管理理论与实践研究 / 樊加永著. --
北京：现代出版社，2022.11
ISBN 978-7-5231-0015-8

Ⅰ．①公… Ⅱ．①樊… Ⅲ．①道路工程－项目管理－
研究 Ⅳ．①U415.1

中国版本图书馆CIP数据核字(2022)第222478号

公路工程项目管理理论与实践研究

作　　者	樊加永
责任编辑	姜　军
出版发行	现代出版社
地　　址	北京市朝阳区安外安华里504号
邮　　编	100011
电　　话	010-64267325　64245264(传真)
网　　址	www.1980xd.com
电子邮箱	xiandai@vip.sina.com
印　　刷	北京四海锦诚印刷技术有限公司
版　　次	2023年10月第1版 2023年10月第1次印刷
开　　本	185 mm×260 mm　1/16
印　　张	16.75
字　　数	397千字
书　　号	ISBN 978-7-5231-0015-8
定　　价	58.00元

前　言

近年来，随着我国经济的蓬勃发展，公路工程事业的发展也日新月异，公路工程建设突飞猛进，公路总里程和汽车保有量持续增加，给社会经济带来了一片繁荣景象，给人们的日常生活带来了便利。随着我国公路交通运输事业的迅速发展，公路通车里程逐年增加，特别是高速公路建设规模持续扩大和网络的逐步形成，对公路养护的技术、质量和效率提出了更高要求。为了确保公路，特别是高速公路实现良好、快捷和安全运输，充分发挥其经济效益和社会效益，加快养护进度，提高养护质量，降低养护成本，减轻劳动强度，保障公路养护施工人员的人身安全，必须加强公路养护从业人员的知识和技能培训。

公路工程施工项目属于一次性工程，其特点是规模大、变动因素多、施工单位流动性强、行业竞争激烈，这些特性要求必须加大项目的管理工作，使公路施工企业按照项目管理要求设置施工组织机构、组建施工队伍，对工程项目实施过程组织。同时，又要保证工程进度、质量，劳动，机械，材料、成本、安全、环境、资料、竣工验收等方面能相互协调，并得到很好的控制，以保证项目顺利完成。

本书属于公路工程项目管理理论与实践方面的著作，由公路工程项目管理理论基础、公路工程施工管理、公路工程质量管理等部分构成，主要论述了公路工程安全及风险管理，分析了公路路面、桥涵及路基养护技术，阐述公路工程建设与环境保护体系构建，对从事公路工程项目管理专业的研究学者与管理工作者有学习和参考的价值。

目　录

第一章 公路工程项目管理理论基础

第一节 公路工程项目管理基础知识

一、工程项目管理的基本概念

（一）项目及项目管理

所谓项目，就是在既定的资源和要求的约束下，为实现某种目的而相互联系的一次性工作任务。项目包括的范围十分广泛，社会上所有领域都有项目，在相同的领域中也有不同类型的项目，如在建筑工程中，有水利工程建设项目、港口工程建设项目、工业工程建设项目、民用工程建设项目、公路工程建设项目、国防工程建设项目等。

所谓项目管理，就是项目的管理者在一定的资源约束条件下，运用系统的观点、方法和理论对项目涉及的全部工作进行有效的管理。即从项目的投资决策开始到项目结束的全过程进行计划、组织、指挥、协调、控制和评价的系统管理活动，以实现项目的目标。

一定的资源约束条件是制定项目管理目标的依据，也是对项目管理过程控制的依据。项目管理的目的就是保证项目目标的实现。项目管理的对象是项目，由于项目具有单件性和一次性的特点，所以要求项目管理一定要具有针对性、系统性、程序性和科学性。只有用系统工程的观点、理论和方法对项目进行管理，才能保证项目目标的顺利实现。

（二）项目管理的内容

不同时期的项目管理包括的内容也是不同的。根据现代系统工程的观点、理论和方法，项目管理应当包括以下内容。

第一，项目范围管理。项目范围管理是为了实现项目的既定目标，对项目的工作内容进行控制的管理过程。其包括范围的界定、范围的规划、范围的调整等。

第二，项目时间管理。项目时间管理是为了确保项目最终能按时完成的一系列管理过程。其包括具体活动界定、活动排序、时间估计、进度安排及时间控制等项工作。

第三，项目成本管理。项目成本管理是为了保证完成项目的实际成本、费用不超过预算成本、费用的管理过程。其包括资源的配置、成本和费用的预算以及费用的控制等项工作。

第四，项目质量管理。项目质量管理是为了确保项目达到客户所规定的质量要求而实施的一系列管理过程。其包括质量规划、质量控制和质量保证等。

第五，人力资源管理。人力资源管理是为了保证所有项目关系人的能力和积极性都得到最有效的发挥和利用所做的一系列管理措施。其包括组织的规划、团队的建设、人员的选聘和项目的班子建设等一系列工作。

第六，项目沟通管理。项目沟通管理是为了确保项目信息的合理收集和传输所需要实施的一系列措施，其包括沟通规划、信息传输和进度报告等。

第七，项目风险管理。项目风险管理是指涉及项目可能遇到各种不确定因素的管理。其包括风险识别、风险量化、制定对策和风险控制等。

第八，项目采购管理。项目采购管理是为了从项目实施组织之外获得所需资源或服务而采取的一系列管理措施。采购管理主要包括采购计划、采购与征购、资源的选择以及采购合同的管理等项工作。

第九，项目集成管理。项目集成管理是指为确保项目各项工作能够有机地协调和配合所展开的综合性和全局性的项目管理工作和过程。其包括项目集成计划的制订与实施、项目变动的总体控制等。

第十，项目收尾管理。项目收尾管理是指对项目的收尾、试运行、竣工验收、竣工结算、竣工决算、考核评价、回访保修等进行的计划、组织、协调和控制等活动。

第十一，项目合同管理。项目合同管理是指对项目合同的签订、履行、变更和解除进行监督检查，对合同履行过程中发生的争议或纠纷进行处理，以确保合同依法订立和全面履行。

（三）工程项目管理

工程项目是指建设领域中的项目，一般是指为某种特定目的而进行投资建设并含有一定建筑或建筑安装工程的建设项目。工程项目的规模和范围是不同的，如建设一定规模的住宅小区、建设一定长度和等级的公路、建设一座特大桥梁等。工程项目管理属于项目管理的一大类，其主要包括建设项目管理、设计项目管理、施工项目管理和咨询项目管理等。

公路工程项目管理是工程项目管理的重要组成部分，其是以工程项目的质量控制、进度控制和投资控制为核心的管理活动，以达到保证工程质量、缩短施工工期、提高投资效益的目的。

二、公路工程项目管理的内容

总结我国公路快速发展20多年的实践，在工程项目管理方面取得了许多经验。在工程项目管理的内容方面，主要包括以下几个方面。

第一，建立精干的项目管理组织。选聘称职的项目经理，组建高效的项目管理机构，制定行之有效的项目管理制度，这是现代公路工程项目管理中的一项重要内容，也是确保公路工程实现总目标的组织基础。

第二，编制项目管理规划。项目管理规划是对项目管理的各项工作进行的综合性的、完整的、全面的总体计划。项目管理规划主要内容包括：①项目管理目标的研究与目标的细化；②项目的范围管理和项目的结构分解；③项目管理实施组织策略的制定；④项目管理工作程序；⑤项目管理组织和任务的分配；⑥项目管理所采用的步骤、方法；⑦项目管理所需资源的安排和其他问题的确定等。

实际上，项目管理规划是对工程项目管理目标、组织、内容、方法、步骤、重点进行预测和决策，并作出具体安排的文件。工程项目管理规划是对工程项目的大体构思、工程项目目标更为详细的论证。在工程项目的总目标确定后，通过工程项目管理规划可以分析研究工程总目标能否实现，总目标确定的费用、工期、功能要求是否能得到保证，是否能够达到综合平衡。

第三，进行项目的目标控制。公路工程项目的目标分为阶段性目标和最终目标，实现各阶段性的目标，是实现项目最终目标的基础；实现项目的最终目标，是工程项目管理的目的所在。在整个公路工程的实施过程中，应当坚持以控制论为指导，进行全过程的科学管理与控制。公路工程项目的控制目标主要有：质量控制目标、进度控制目标、成本控制目标和安全控制目标等。

在公路工程项目目标的控制过程中，会不断受到各种客观因素的干扰，各种风险因素都有随时发生的可能性，应通过组织协调和风险管理，对公路工程施工项目的目标控制进行动态控制。

第四，对项目施工现场的生产要素进行优化配置和动态管理。生产要素是指维系国民经济运行及市场主体生产经营过程中所必须具备的基本因素。生产要素，是经济学中的一个基本范畴。工程项目的生产要素是公路工程项目目标得以实现的保证，主要包括人力资源、建筑材料、机械设备、施工技术和工程投资。

根据我国公路建设的经验，公路工程项目生产要素管理的要点包括三个方面：分析各项生产要素的基本特点；对工程施工项目生产要素进行优化配置，并对配置状况进行评价；对各项生产要素进行动态管理。

第五，项目的合同管理。工程实践经验证明，在社会主义市场经济条件下，建设项目中推行"项目法人责任制、招标投标制、建设监理制"改革，必须坚持按国际通用条款管理项目，坚持从我国国情出发管理项目，以强化合同管理为突破口。以法治理念为基础的合同管理是项目管理的灵魂。

公路工程项目管理是在市场经济条件下进行的特殊交易活动，这种交易活动从工程的招标投标开始，并持续于工程项目管理的全过程，因此，公路工程建设必须依法签订合同，进行履约经营。

第六，项目的信息管理。信息管理是项目管理的重要部分，尤其是公路工程中大型的建设工程项目的启动、规划、实施等项目生命周期的展开，与项目有关的合同、图纸、报告、文件、照片、音像、模型等各类纸介质和非纸介质信息会层出不穷地产生，其包括：项目的组织类信息、管理类信息、经济类信息、技术类信息和法规类信息。项目信息的管理变得越来越重要。现代化公路工程管理要依靠信息。公路工程项目管理是一项复杂的现代化管理活动，更需要依靠大量信息及对大量信息进行管理。施工项目的目标控制、动态管理必须依靠信息管理，并应用计算机进行辅助管理。

第七，项目的组织协调。工程项目组织协调是项目管理的一项重要工作。一个项目的实施要取得成功，组织协调具有重要作用。协调作为一种管理方法已贯穿于整个项目和项目管理的全过程。良好的组织协调能够营造高效、精干、和谐的项目团队，能够提高项目的经济效益，提高企业的市场竞争力。

工程项目组织协调是指以一定的组织形式、手段和方法，对工程项目中产生的关系不畅进行疏通，对产生的干扰和障碍予以排除的活动。在各种协调中，组织协调具有独特的地位和作用，其是使其他协调获得有效性的保证，只有通过积极的组织协调才能实现整个系统全面协调的目的。

第二节 公路工程基本建设

一、公路工程基本建设

（一）公路工程基本建设的内容

公路工程基本建设所包括的内容，与其他工程基本建设大体相同，但根据公路工程的特点，也有不同之处。根据我国公路工程的建设实践，主要包括以下内容。

1. 建筑、安装工程

建筑、安装工程是指公路建设的主要施工活动，也是公路工程实施的主体，包括建筑工程和设备安装活动。

（1）建筑工程。建筑工程是公路工程的主体，具有工程量大、施工期长、难度较高、影响因素多等特点。主要包括路基、路面、桥梁、隧道、防护工程、沿线设施、临时工程等建筑施工。

（2）设备安装工程。设备安装工程是公路工程中不可缺少的组成部分，如高速公路、大型桥梁所需各种生产运输及动力等设备和仪器的安装、测试等。

2. 设备、工具、器具的购置

设备、工具、器具的购置是指为满足公路营运、服务、管理、养护所需要购置的设备、工具、器具，以及为保证新建、改建公路初期正常生产、使用、管理所需办公和生活用家具的采购或自制。设备可分为需要安装的设备和不需要安装的设备。

3. 其他基本建设工作

其他基本建设工作主要指不属于上述各项但不可缺少的基本建设工作，如勘察、设计及有关的调查和技术研究工作，公路筹建阶段和建设阶段的管理工作，征用土地、青苗补偿和安置补助工作，施工机构的迁移工作等。

（二）公路工程基本建设项目的划分

1. 基本建设工程项目的划分

为了加强对基本建设工作的管理，使工程建设有序、快速地进行，必须对基本建设工程项目进行科学的分解和合理的划分。基本建设工程项目可以划分为：建设项目、单项工程、单位工程、分部工程和分项工程。

（1）建设项目

建设项目也称为基本建设项目，是指在一个总体设计或初步设计范围内，按同一总体设计进行建设的全部工程。建设项目由一个或几个单项工程组成，经济上实行统一核算，行政上实行统一管理，一般以一个企业或联合企业、事业单位或独立工程作为一个建设项目。

凡是属于一个总体设计中的主体工程和相应的附属配套工程、综合利用工程、环境保护工程、供水供电工程以及水库的干渠配套工程等，都作为一个建设项目；凡是不属于一个总体设计，经济上分别核算，工艺流程上没有直接联系的几个独立工程，应分别列为几个建设项目。公路工程基本建设以单独设计的公路路线、独立桥梁作为建设项目。

（2）单项工程

单项工程是指具有单独设计文件的，建成后可以独立发挥生产能力或效益的一组配套齐全的工程项目。单项工程从施工的角度看是一个独立的系统，在工程项目总体施工部署和管理目标的指导下，形成自身的项目管理方案和目标，依照其投资和质量要求，如期建成并交付使用。

单项工程是建设项目的组成部分，也称为工程项目。如工厂的生产车间、办公楼、住宅，学校的教学楼、食堂、宿舍等，都是工程项目的组成部分。公路工程中独立合同段的路线、大型桥梁、隧道等均属于单项工程。

（3）单位工程

单位工程是指具备独立施工条件并能形成独立使用功能的建筑物及构筑物。从施工角度看，单位工程就是一个独立的交工系统，有自身的项目管理方案和目标，按业主的投资及质量要求，如期建成交付生产和使用，竣工后不能独立发挥生产能力或使用效益的工程。

单位工程具有独立的设计文件，竣工后不能独立发挥生产能力或工程效益，其是构成单项工程的组成部分。在公路工程中，完整的道路和桥梁通常是一个设施，即称为单项工程。如果道路或桥梁划分标段，每个标段就是单位工程。单位工程与单项工程不同的是，单位工程竣工后不能独立发挥其生产能力或价值。

（4）分部工程

分部工程是单位工程的组成部分，分部工程是按照工程结构、材料或施工方法不同进行分类的。例如，建筑工程中可划分为土方工程、地基与基础工程、砌体工程、地面工程、装饰工程、管道工程等分部工程；公路工程可划分为路基、路面、桥梁上部构造、桥梁下部构造等分部工程。

（5）分项工程

分项工程是分部工程的组成部分，是施工图预算中最基本的计算单位。其是按照不同的施工方法、不同材料的不同规格等，将分部工程进一步划分。如砌筑工程可分为浆砌片石和浆砌块石；公路路面工程可分为沥青路面、水泥混凝土路面、级配砾石路面；桥梁基础工程可分为桩基础、扩大基础、沉井基础、组合式基础等。

2. 土建部分工程项目的划分

根据《公路工程质量检验评定标准》JTG F80/1—2017 中的规定，按照建设任务、施工管理和质量检验评定的要求，应在施工准备阶段，将建设项目划分为单位工程、分部工程和分项工程。参与公路工程的施工单位、工程监理单位和建设单位，应按相同的工程项目划分进行工程质量的监控和管理。

3. 机电部分工程项目的划分

机电工程是整个公路工程重要的组成部分，其技术要求、施工工艺、试验检评方法等，与公路工程的土建部分有较大区别，所以应当将机电工程作为一个独立的专业单位工程设置。公路工程中的机电工程，应本着不同的专业由不同的承包单位组织施工，以减少施工交叉矛盾，便于进行质量监控和管理的原则划分分部工程。

二、公路工程基本建设程序

建设程序是指建设项目从设想、选择、评估、决策、设计、施工到竣工验收，甚至在投入生产或使用的整个建设过程中，各项工作必须遵循的先后次序，是建设项目科学决策和顺利进行的重要保证。这个次序是由基本建设的客观规律所决定的。

工程建设是一项很复杂的工作，有其特殊性。正是由于建设项目的复杂性和特殊性，要求我们必须按照建设项目发展的内在规律和过程，将建设程序分成若干阶段，这些阶段有严格的先后次序，不能任意颠倒，必须共同遵守，这个先后次序就是我们通常说的建设程序。科学的基本建设程序能指导基本建设工作有计划、按步骤地进行，其是基本建设管理中的核心内容。

基本建设涉及面非常广泛，既有地质、气候、水文等自然条件的严格控制，又有资源供应、施工技术和管理水平的影响，同时还需要内外各个环节的协作配合。因此，完成一项基本建设工程，必须按照一定的程序，依次进行各个方面的工作，才能达到预期的目标，否则就会造成严重的经济损失或者给工程带来无法弥补的缺陷。

公路工程基本建设程序应当是：根据国民经济长远规划及公路网建设规划，进行预可行性研究，提出项目建议书；进行可行性研究，编制可行性研究报告；对公路工程项目进行评估，下发设计任务书；进行公路工程项目初步设计；经批准后列入国家年度基本建设计划并进行技术设计和施工图设计；设计文件经审批后组织施工；工程施工完成后，进行竣工验收，然后交付使用。公路工程的这一基本建设程序必须依次进行，任何程序和环节不得超越或拖后。

第一，预可行性研究。也称"初步可行性研究"，是在投资机会研究的基础上，对项目方案进行的进一步技术经济论证，对项目是否可行进行初步判断。预可行性研究应通过对项目实地勘察和调查，重点研究项目建设的必要性，并对项目的建设规模、技术标准、建设资金、经济效益等进行必要的分析论证，根据勘察和调查的实际情况，编制预可行性研究报告，作为项目建议书的依据。

预可行性研究报告包括的主要内容有：项目影响区域社会经济和交通运输的现状及发展、交通量预测、建设必要性、建设标准和规模、建设条件和初步方案、投资估算和经济评价等。

第二，项目建议书。又称为"立项申请"，是项目建设筹建单位或项目法人，根据国民经济的发展、国家和地方中长期规划、产业政策、生产力布局、国内外市场、所在地的内外部条件，提出的某一具体项目的建议文件，是对拟建项目提出的框架性的总体设想。对于大中型项目，有的工艺技术复杂、涉及面广、协调量大的项目，还要编制预可行性研究报告，作为项目建议书的主要附件之一。项目建议书是项目发展周期的初始阶段，是国家选择项目的依据，也是可行性研究的依据，涉及利用外资的项目，在项目建议书获得批准后，方可开展对外工作。

发展国民经济的长远规划和公路网建设规划，是项目建议书编制的依据。其是由公路建设主管部门按经济发展对公路交通的要求，并在广泛收集和综合各方面意见的基础上提出的。项目建议书应对拟建项目的建设目的和要求、主要技术标准、原材料及资金来源等提出文字说明。项目建议书是进行各项前期准备工作及进行可行性研究的基础和依据。

第三，可行性研究。是一种系统的投资决策分析研究方法，是项目投资决策前，对拟建项目的工程、技术、经济、财务、生产、销售、环境、法律等各个方面，进行全面、系统、综合的调查研究，对备选的建设方案从技术的先进性、生产的可行性、建设的可能性、经济的合理性等方面进行比较评价，从中选出最佳方案。

可行性研究是在建设前期对工程项目，按照规定要求和内容进行的一种考察和鉴定，即对项目建议书中拟定的公路建设项目进行全面、综合的技术经济调查和系统的分析论证，从而做出是否要立项建设的正确判断。因此，可行性研究是基本建设前期工作的重要组成部分，也是建设项目立项、决策的主要依据。对于大中型工程、高速公路、一级公路及重点工程建设项目，均应进行可行性研究，小型工程及低等级公路项目可以适当简化。

公路建设项目可行性研究的主要任务：在对拟建工程地区社会、经济发展和公路网状况进行充分调查研究、评价、预测和必要的勘察工作的基础上，对公路工程项目建设的必要性、经济合理性、技术可行性、实施可能性提出综合性研究论证报告。公路建设项目可行性研究报告的主要内容有：①建设项目的立项依据、历史背景；②建设地区综合交通网的交通运输状况；③建设项目在交通网中的地位和作用；④原有公路的技术状况及适应程度；⑤记述建设项目所在地区的经济特征，研究建设项目与经济发展的内在联系，预测交通量、运输量的发展水平；⑥建设项目的地理位置、地形、地质、地震、气候、水文等自然特征；⑦筑路材料的来源及运输条件；⑧论证不同建设方案的路线起讫点、重点控制点、建设规模、建设标准，提出建设方案的推荐性意见；⑨评价建设项目对环境的影响；⑩测算主要工程量、征地拆迁数量、估算工程投资、提出资金筹措方式；⑪提出勘测设计、施工计划安排；⑫确定运输成本及有关经济参数、敏感性分析，对收费公路、桥梁和隧道还应进行财务分析；⑬评价推荐项目建设方案，提出存在的问题和有关建议。

编制可行性研究报告，应严格执行国家现行的各项政策、规定和交通部颁发的技术标准、规范等。可行性研究报告的文件，应符合《公路建设项目可行性研究报告编制办法》的规定。

第四，设计任务书。又称为"计划任务书"，是确定基本建设项目，进行现场勘测和编制设计文件的重要依据。公路建设项目要根据工程可行性研究报告和现场踏勘，编制公路建设项目的设计任务书。

设计任务书是大中型基本建设项目和大型技术改造项目进行投资决策和转入实施阶段的法定文件，也是进行工程设计的依据和工程建设的大纲。大中型基本建设项目和大型技术改造项目，要在可行性研究报告完成之后编写设计任务书。

第五，工程初步设计。公路工程基本建设项目一般采用两阶段设计，即初步设计和施工图设计。对于技术简单、方案明确的小型建设项目，也可只采用施工图设计。对于技术比较复杂、基础资料缺乏及试验性项目，如高速公路、一级公路和特大桥等，必要时可采用三阶段设计，即在初步设计之后增加技术设计。在高速公路和一级公路的各设计阶段还应进行总体设计。

工程初步设计应根据批复的可行性研究报告、测设合同及勘测资料进行编制。工程初步设计的目的是确定设计方案，因此，必须充分进行设计方案的比较，以便确定科学合理的设计方案。

在选定设计方案时，应对公路工程的路线走向、控制点和方案进行现场核查，征求沿线地方政府和建设单位的意见，基本落实路线布置方案。对于难以取舍、投资影响较大或地形特殊的复杂地段的路线、特大桥、隧道、立体交叉枢纽的位置等，一般应选择两个以上的方案进行同深度、同精度的测设工作和方案比较，从中选出最佳方案作为推荐方案。

设计方案选定后，应立即拟定修建原则、计算工程量和主要材料用量，提出建设方案的意见，编制工程设计概算，提供文字说明和相关的图表资料。初步方案经审查批复后，则可作为订购材料、机具、设备，安排重大科学研究试验项目，联系征地、搬迁，进行准备工作以及编制施工图文件和控制建设项目投资等的依据。

第六，列入年度基本建设计划。当建设项目的初步设计和概算报上级部门审查批准后，可将此项目列入年度基本建设计划，这是国家对基本建设实行的统一管理措施。年度基本建设计划是年度建设工作的指令性文件，一经确定后一般不允许再变动，如需要增加投资额或调整项目，必须上报原审批机关批准。

当项目被列入国家年度基本建设计划后，建设单位根据国家计划发展委员会颁发的年度基本建设计划控制数字，按照初步设计文件编制本单位的年度基本建设计划。建设单位年度计划报经上级批准后，再编制物资、劳动力、财务计划。这些计划分别经过主管部门审查平衡后，作为国家安排生产、分配物资、调配劳动力和财政拨款或贷款的依据。计划落实后，即可组建工程管理单位，并通过招标的方式或其他方式落实施工单位。

第七，技术设计和施工图设计。按三阶段设计的项目，需要进行技术设计。技术设计应根据初步设计批复的意见、勘察设计合同的要求，对重大、复杂的技术问题通过试验与专题研究，深入勘探调查及分析比较，解决初步设计中尚未解决的技术难题，落实技术方案，计算工程量，提出修正的施工方案，编制修正设计概算，批准后作为编制施工图设计的依据。

两阶段或三阶段施工图设计，应根据初步设计或技术设计的批复意见、勘测设计合同，进一步对所审定的修建原则、设计方案、技术决策加以具体化和深化，通过现场定线勘测，确定路线及结构物的具体位置和设计尺寸，最终确定各项工程数量，提出文字说明和适应施工需要的图表资料及施工组织设计，并编制施工图预算。对于一阶段施工图设计的项目，应根据批复的可行性研究报告，勘测合同和定测、详勘资料进行编制。

根据公路工程建设项目的经验，施工图设计文件一般由以下几部分组成：总说明书、总体设计、路线、路基、路面及排水、桥梁、涵洞、隧道、路线交叉、交通工程及沿线设施、环境保护、渡口码头及其他工程、筑路材料、施工组织计划、施工图预算、附件。其中总体设计只用于高速公路和一级公路，附件内容为补充地质勘探、水文调查及计算等基础资料。一阶段施工图设计的总说明及分篇说明应参照初步设计说明书的内容编写，并补充必要的比较方案图表资料。

第八，施工准备工作。公路工程施工涉及面广，为了保证施工顺利进行，建设主管部门、勘测设计单位、施工单位等都应在施工准备阶段充分做好各自的准备工作，尽到各自应尽的责任和义务。

建设主管部门，应根据计划要求的建设进度组建专门的管理机构，办理登记及征地拆迁，做好施工沿线各有关单位和部门的协调工作，抓紧配套工程项目的落实，组织分工范围内的技术资料、建筑材料、机具设备的供应。

工程勘察是工程建设的先行工作，是保证工程项目安全、顺利、成功实施和追求最大效益（含经济效益和社会效益）的前提条件。勘测设计单位，应按照技术资料供应协议，按时提供各种图纸资料，做好施工图纸的会审及移交工作。

工程施工单位，应组织人员、机具进场，进行施工测量、修筑便道及生产、生活临时设施，组织材料及技术物资的采购、加工、运输、供应、储备，做好施工图纸的接收工作，熟悉图纸并进行现场核对，编制实施性施工组织设计和施工预算，提出开工报告，按投资隶属关系上报有关主管部门核准。

第九，工程施工。施工准备工作完成并经检查合格后，施工单位必须按上级下达的开工日期或工程承包合同规定的日期准时施工。在建设项目的整个施工过程中，应严格执行现行的有关施工技术规程和规范，按照设计要求确保工程质量和安全施工。

在施工过程中，施工单位要坚持正常的施工秩序，加强施工管理，大力推广应用新技术、新工艺，努力缩短工期，降低工程造价，做好施工记录，建立技术档案。

第十，工程竣工验收。公路工程施工全部完成后，应由施工单位按要求进行竣工测量、绘制工程竣工图和工程决算。竣工验收工作由建设单位主持，按照交通部《公路工程竣（交）工验收办法》等相关规定中的要求，认真负责地对工程进行全面验收，对不符合要求的应提出整改意见。

第十一，后评价阶段。建设项目的后评价阶段，是我国建设程序中新增加的一项内容。建设项目竣工投产或使用后，经过 1~2 年的生产运营，对其目标、执行过程、效益和影响进行系统的、客观的分析，并以此确定目标是否达到，检验项目是否合理和有效。总之，后评价是指建设项目已实施完成并且发挥一定效益时所进行的评价。

第三节　公路工程相关法律法规

一、公路规划方面的规定

第一，公路规划应当根据国民经济和社会发展以及国防建设的需要编制，与城市建设发展规划和其他方式的交通运输发展规划相协调。

第二，公路建设用地规划应当符合土地利用总体规划，当年建设用地应当纳入年度建设用地计划。

第三，国道规划由国务院交通主管部门会同国务院有关部门并商国道沿线省、自治区、直辖市人民政府编制，报国务院批准。省道规划由省、自治区、直辖市人民政府交通主管部门会同同级有关部门并商省道沿线下一级人民政府编制，报省、自治区、直辖市人民政府批准，并报国务院交通主管部门备案。县道规划由县级人民政府交通主管部门会同同级有关部门编制，经本级人民政府审定后，报上一级人民政府批准。乡道规划由县级人民政府交通主管部门协助乡、民族乡、镇人民政府编制，报县级人民政府批准。依照有关规定批准的县道、乡道规划，应当报批准机关的上一级人民政府交通主管部门备案。省道规划应当与国道规划相协调。县道规划应当与省道规划相协调。乡道规划应当与县道规划相协调。

第四，专用公路规划由专用公路的主管单位编制，经其上级主管部门审定后，报县级以上人民政府交通主管部门审核。专用公路规划应当与公路规划相协调。县级以上人民政府交通主管部门发现专用公路规划与国道、省道、县道、乡道规划有不协调的地方，应当提出修改意见，专用公路主管部门和单位应当作出相应的修改。

第五，国道规划的局部调整由原编制机关决定。国道规划需要作重大修改的，由原编制机关提出修改方案，报国务院批准。经批准的省道、县道、乡道公路规划需要修改的，由原编制机关提出修改方案，报原批准机关批准。

第六，国道的命名和编号，由国务院交通主管部门确定；省道、县道、乡道的命名和编号，由省、自治区、直辖市人民政府交通主管部门按照国务院交通主管部门的有关规定确定。

第七，规划和新建村镇、开发区，应当与公路保持规定的距离并避免在公路两侧对应进行，防止造成公路街道化，影响公路的运行安全与畅通。

第八，国家鼓励专用公路用于社会公共运输。专用公路主要用于社会公共运输时，由专用公路的主管单位申请或者由有关方面申请，专用公路的主管单位同意后并经省、自治区、直辖市人民政府交通主管部门批准，可以改划为省道、县道或者乡道。

二、公路建设方面的规定

第一，县级以上人民政府交通主管部门应当依据职责维护公路建设秩序，加强对公路建设的监督管理。

第二，筹集公路建设资金，除各级人民政府的财政拨款，包括依法征税筹集的公路建设专项资金转为的财政拨款外，可以依法向国内外金融机构或者外国政府贷款。国家鼓励国内外经济组织对公路建设进行投资。开发、经营公路的公司可以依照法律、行政法规的规定发行股票、公司债券筹集资金。依照本法规定出让公路收费权的收入必须用于公路建设。向企业和个人集资建设公路，必须根据需要与可能，坚持自愿原则，不得强行摊派，并符合国务院的有关规定。公路建设资金还可以采取符合法律或者国务院规定的其他方式筹集。

第三，公路建设应当按照国家规定的基本建设程序和有关规定进行。

第四，公路建设项目应当按照国家有关规定实行法人负责制度、招标投标制度和工程监理制度。

第五，公路建设单位应当根据公路建设工程的特点和技术要求，选择具有相应资格的勘查设计单位、施工单位和工程监理单位，并依照有关法律、法规及规章规定和公路工程技术标准的要求，分别签订合同，明确双方的权利和义务。承担公路建设项目的可行性研究单位、勘查设计单位、施工单位和工程监理单位，必须持有国家规定的资质证书。

第六，公路建设项目的施工，须按国务院交通主管部门的规定报请县级以上地方人民政府交通主管部门批准。

第七，公路建设必须符合公路工程技术标准。承担公路建设项目的设计单位、施工单位和工程监理单位，应当按照国家有关规定建立健全质量保证体系，落实岗位责任制，并依照有关法律、法规、规章以及公路工程技术标准的要求和合同约定进行设计、施工和监理，保证公路工程质量。

第八，公路建设使用土地要依照有关法律、行政法规的规定办理。公路建设应当贯彻切实保护耕地、节约用地的原则。

第九，公路建设需要使用国有荒山、荒地或者需要在国有荒山、荒地、河滩、滩涂上挖砂、采石、取土的，依照有关法律、行政法规的规定办理后，任何单位和个人不得阻挠或者非法收取费用。

第十，地方各级人民政府对公路建设依法使用土地和搬迁居民，应当给予支持和协助。

第十一，公路建设项目的设计和施工，应当符合依法保护环境、保护文物古迹和防止水土流失的要求。公路规划中贯彻国防要求的公路建设项目，应当严格按照规划进行建设，以保证国防交通的需要。

第十二，因建设公路影响铁路、水利、电力、邮电设施和其他设施正常使用时，公路建设单位应当事先征得有关部门的同意；因公路建设对有关设施造成损坏的，公路建设单位应当按照不低于该设施原有的技术标准予以修复或者给予相应的经济补偿。

第十三，改建公路时，施工单位应当在施工路段两端设置明显的施工标志、安全标志。需要车辆绕行的，应当在绕行路口设置标志；不能绕行的，必须修建临时道路，保证车辆和行人通行。

第十四，公路建设项目和公路修复项目竣工后，应当按照国家有关规定进行验收；未经验收或者验收不合格的，不得交付使用。建成的公路，应当按照国务院交通主管部门的规定设置明显的标志、标线。

第十五，县级以上地方人民政府应当确定公路两侧边沟（截水沟、坡脚护坡道，下同）外缘起不少于 1 m 的公路用地。

三、路政管理方面的规定

第一，各级地方人民政府应当采取措施，加强对公路的保护。县级以上地方人民政府交通主管部门应当认真履行职责，依法做好公路保护工作，并努力采用科学的管理方法和先进的技术手段，提高公路管理水平，逐步完善公路服务设施，保障公路的完好、安全和畅通。

第二，任何单位和个人不得擅自占用、挖掘公路。因修建铁路、机场、电站、通信设施、水利工程和进行其他建设工程需要占用、挖掘公路或者使公路改线的，建设单位应当事先征得有关交通主管部门的同意；影响交通安全的，还须征得有关公安机关的同意。占用、挖掘公路或者使公路改线的，建设单位应当按照不低于该段公路原有的技术标准予以修复、改建或者给予相应的经济补偿。

第三，跨越、穿越公路修建桥梁、渡槽或者架设、埋设管线等设施的以及在公路用地范围内架设、埋设管线、电缆等设施的，应当事先经有关交通主管部门同意，影响交通安全的，还须征得有关公安机关的同意；所修建、架设或者埋设的设施应当符合公路工程技术标准的要求。对公路造成损坏的，应当按照损坏程度给予补偿。

第四，任何单位和个人不得在公路上及公路用地范围内摆摊设点、堆放物品、倾倒垃圾、设置障碍、挖沟引水、利用公路边沟排放污物或者进行其他损坏、污染公路和影响公路畅通的活动。

第五，在大中型公路桥梁和渡口周围 200 m、公路隧道上方和洞口外 100 m 范围内以及在公路两侧一定距离内，不得挖砂、采石、取土、倾倒废弃物，不得进行爆破作业及其他危及公路、公路桥梁、公路隧道、公路渡口安全的活动。在以上范围内因抢险、防汛需要修筑堤坝、压缩或者拓宽河床的，应当事先报经省、自治区、直辖市人民政府交通主管部门会同水行政主管部门批准，并采取有效措施保护公路、公路桥梁、公路隧道、公路渡口的安全。

第六，铁轮车、履带车和其他可能损害公路路面的机具，不得在公路上行驶。农业机械因当地田间作业需要在公路上短距离行驶或者军用车辆执行任务需要在公路上行驶的，可以不受前款限制，但是应当采取安全保护措施。对公路造成损坏的，应当按照损坏程度给予补偿。

第七，在公路上行驶的车辆其轴载质量应当符合公路工程技术标准要求。

第八，超过公路、公路桥梁、公路隧道或者汽车渡船的限载、限高、限宽、限长标准的车辆，不得在有限定标准的公路、公路桥梁上或者公路隧道内行驶，不得使用汽车渡船。超过公路或者公路桥梁限载标准确需行驶的，必须经县级以上地方人民政府交通主管部门批准，并按要求采取有效的防护措施；运载不可解体的超限物品的，应当按照指定的时间、路线、时速行驶，并悬挂明显标志。运输单位不能按照以上规定采取防护措施的，由交通主管部门帮助其采取防护措施，所需费用由运输单位承担。

第九，机动车制造厂和其他单位不得将公路作为检验机动车制动性能的试车场地。

第十，任何单位和个人不得损坏、擅自移动、涂改公路附属设施。公路附属设施是指为保护、养护公路和保障公路安全畅通所设置的公路防护、排水、养护、管理、服务、交通安全、渡运、监控、通信、收费等设施、设备以及专用建筑物、构筑物等。

第十一，造成公路损坏的，责任者应当及时报告公路管理机构，并接受公路管理机构的现场调查。

第十二，任何单位和个人未经县级以上地方人民政府交通主管部门批准，不得在公路用地范围内设置公路标志以外的其他标志。

第十三，在公路上增设平面交叉道口，必须按照国家有关规定经过批准，并按照国家规定的技术标准建设。

第十四，除公路防护、养护需要的以外，禁止在公路两侧的建筑控制区内修建建筑物和地面构筑物；需要在建筑控制区内埋设管线、电缆等设施的，应当事先经县级以上地方人民政府交通主管部门批准。以上规定的建筑控制区的范围，由县级以上地方人民政府按照保障公路运行安全和节约用地的原则，依照国务院的规定划定。建筑控制区范围经县级以上地方人民政府划定后，由县级以上地方人民政府交通主管部门设置标桩、界桩，任何单位和个人不得损坏、擅自挪动该标桩、界桩。

四、监督检查方面的规定

第一，交通主管部门、公路管理机构依法对有关公路的法律、法规执行情况进行监督检查。

第二，交通主管部门、公路管理机构负有管理和保护公路的责任，有权检查、制止各种侵占或损坏公路、公路用地、公路附属设施及其他违反有关规定的行为。

第三，公路监督检查人员依法在公路、建筑控制区、车辆停放场所、车辆所属单位等进行监督检查时，任何单位和个人不得阻挠。公路经营者、使用者和其他有关单位、个人，应当接受公路监督检查人员依法实施的监督检查，并为其提供方便。公路监督检查人员执行公务，应当佩戴标志，持证上岗。

第四，交通主管部门、公路管理机构应当加强对所属公路监督检查人员的管理和教育，要求公路监督检查人员熟悉国家有关法律和规定，公正廉洁，热情服务，秉公执法，对公路监督检查人员的执法行为应当加强监督检查，对其违法行为应当及时纠正，依法处理。

第五，用于公路监督检查的专用车辆，应当设置统一的标志和示警灯。

第四节 公路工程项目管理的应用与发展

一、项目管理在我国的应用

我国从引进项目管理理论、开始项目管理实践活动至今，仅有 30 多年历史，然而，在这 30 多年中，不仅发展非常迅速，而且在很多方面有所创新。这些都充分证明，项目管理是适应我国国情的，是可以应用成功并能得到发展的。项目管理在我国的应用有以下特点。

第一，项目管理被引进的时候，正是改革开放开始向纵深发展的时候。改革的内容是多方面的，这集中体现在 1984 年第六届全国人民代表大会第二次会议的政府工作报告中，其中包括建筑施工企业的体制改革，基本建设投资包干、成立综合开发公司、供料体制的改革、工程招投标的开展等。这些改革与建设项目、施工项目有关，都是项目管理被引进我国后遇到的新问题。探索项目管理与改革相结合的问题，在改革中发展我国的项目管理科学，这是当时形势的需要。

第二，由于我国实行开放政策，国外投资者在我国进行项目管理的同时，也给我们带来了项目管理的经验，给我们作出了项目管理的典范，使我国的工程项目管理少走弯路，鲁布革水电站工程的项目管理经验就是典型的代表。相应地，我国的施工队伍走出国门，迈进世界建筑市场，进行各方面综合输出，在国外进行施工管理过程中，也学习了很多项目管理方面的经验。

第三，我国推行项目管理制度与其他国家不同，是在政府的领导和推动下进行的，是有规划、有步骤、有法规、有制度、有号召地推进。这与国外进行项目管理的自发性和民间性是有原则区别的，这种具有强制性和可靠性的项目管理，使项目管理在我国推行具有很强的生命力和广泛性。

第四，由于实行项目管理具有明显的效果，所以在我国，项目管理学术活动非常活跃。我国在 1992 年就成立了项目管理研究组织，与土木建筑工程有关的大学都开设了项目管理课程，在大中型工程中全部实行了项目管理，国内的、国际的项目管理学术交流活动十分频繁，一些很有价值的项目管理研究成果已用于工程。

第五，在各种建设项目中产生了一大批项目管理先进典型，为我国迅速推进项目管理奠定了基础。除鲁布革水电站经验外还有北京的中国国际贸易中心工程、京津唐高速公路工程、葛洲坝水利枢纽工程、引滦入津工程等。这些工程的项目管理水平，不仅已赶上或超过了先进国家，而且创造出了符合中国国情的新经验。

第六，根据我国建设项目管理的实践，自 1988 年以来，项目管理又分为建设监理和施工项目管理两个分支，在每个项目实施过程中，两者能够同时进行，形成互相促进、互相兼顾的局面，不仅使项目管理和监理均获得成功，而且推进了项目管理学科的发展。

第七，在实行项目管理的过程中，我国有一整套十分严格的管理程序，特别注重不断总结经验教训，并以典型经验推动项目管理的全面发展。

第八，我国的工程项目管理大力推进计算机化。随着信息化大潮的到来和我国向市场经济的迅速推进，计算机在项目管理中的应用迅速普及，集约化的精细管理已成为每个企业追求的目标。用计算机进行工程项目全过程管理的研究和实践，必将使项目管理水平跃上新台阶。

二、项目管理的发展趋势

自项目管理问世以来，在各国专家的努力下，迅速健康发展。目前，项目管理的发展主要呈现出以下四大趋势。

（一）工程项目管理的国际化趋势

随着我国改革开放的进一步加快，中国经济日益深刻地融入全球市场，跨国公司和跨国项目越来越多。改革开放以来，我国的许多项目要通过国际招标、咨询或 BOT 方式运作。我国企业走出国门在海外投资和经营的项目也在增加。与此同时，项目管理的国际化正形成趋势和潮流。

特别是我国加入 WTO 后，我国的行业壁垒下降，国内市场国际化，国内外市场全面融合，外国企业必定利用其在资本、技术、管理、人才、服务等方面的优势，挤占我国国内市场，尤其是工程总承包市场。面对日益激烈的市场竞争，我国的企业必须以市场为导向，转换经营模式，增强应变能力，自强不息，勇于进取，在竞争中学会生存，在拼搏中寻求发展。

从项目管理理论研究的角度来看，各国专家都在探讨项目管理的通用体系，国际项目管理协会的各成员国之间每年都要举办很多行业性和学术性的研讨会，交流和研究项目管理的发展问题。对于项目管理活动，目前国际上已形成了一套比较完整的国际法规、标准和惯例，制定了严格的管理制度，形成了通用性较强的国际惯例，各国专家正在探讨完整的通用体系。

（二） 工程项目管理的信息化趋势

随着计算机技术、网络技术和信息技术的飞速发展，项目管理的信息化已成必然趋势。作为当今更新最快的计算机技术和网络技术在企业经营管理中普及应用的速度令人吃惊，而且呈现加速发展的态势。这一方面给项目管理带来很多新的特点，在信息高速膨胀的今天，项目管理越来越依赖于计算机手段，其竞争从某种意义上讲已成为信息战；另一方面，作为 21 世纪的主导经济——知识经济已经来临，与之相应的项目管理也将成为一个热门前沿领域。

知识经济时代的项目管理是通过知识共享、运用集体智慧提高应变能力和创新能力。知识经济可以理解为把知识转化为效益的经济。知识经济利用较少的自然资源和人力资源，而更重视利用智力资源。知识产生新的创意，形成新的成果，带来新的财富。

目前，西方发达国家的项目管理公司，已经运用项目管理软件进行项目管理的运作，利用网络技术进行信息传递，实现了项目管理的自动化、网络化、虚拟化。我国的一些项目管理公司也开始使用项目管理软件进行项目管理，积极组织人员开发研究更高级的项目管理软件，力争用较少的自然资源和人力资源，实现经济效益的最大化。

（三） 逐渐关注"客户化"趋势

在当今竞争激烈的时代，任何经济组织生存和发展的关键不仅是要生产产品，而且还要赢得需要这些产品的客户。在一个项目的实施和管理过程中，应当充分贯彻"以客户满意为关注焦点"的质量标准，充分满足客户明确的需求、挖掘客户隐含的需求，实现并超越客户的期望。只有让客户满意，项目组织才有可能更快地结束项目；只有尽可能地减少项目实施过程中的修改和调整，真正地实现节约成本、缩短工期，才能够增加同客户再次合作的可能性。

（四） 新方法应用普及的趋势

纵观项目管理这些年的发展历程，其中一个最显著的变化是项目管理的内容知识大幅度增加，如项目管理知识体系中的范围管理、质量管理、风险管理和环境管理等内容；项目管理概念大大拓宽，提出了基于项目的管理、客户驱动型项目管理等不同类别的项目管理；项目管理的应用层已不单纯是工程建设部门，而是拓宽普及到各行业的各个领域。目前，新方法在项目管理中的应用，更加体现出项目管理的重要性。

第二章 公路工程施工管理

第一节 公路工程施工成本管理

一、公路工程施工成本概述

(一) 施工项目成本及成本管理的概念

公路施工企业的基本活动是建造公路建筑产品，如公路、桥梁以及其他交通工程设施等。在建造公路建筑产品过程中会产生各种耗费，包括劳动对象的耗费、劳动手段的耗费以及劳动力的耗费等，这些耗费的货币表现成为生产费用。

施工成本是指建设工程项目的施工过程中所发生的全部生产费用的总和。

施工项目成本是施工企业的主要产品成本，亦称"工程成本"，一般以项目的单位工程作为成本核算对象，通过对各单位工程成本核算的综合来反映施工项目成本。

施工项目成本管理就是要在保证工期和质量满足要求的情况下，采取相应的管理措施，包括组织措施、经济措施、技术措施、合同措施，把成本控制在计划范围内，并进一步寻求最大限度的成本节约。

公路项目施工成本，是指在施工现场发生的全部生产费用的总和（制造成本）。包括：所消耗的原材料、辅材、构配件等的费用；周转材料的摊销费或租赁费；施工机械的使用费或租赁费；支付给生产工人的工资、奖金、津贴；施工组织与管理过程中的全部费用支出等。

其研究对象是财务成本（现金成本），是以货币或资金的形式来表现的。非财务成本则是一种不能通过资金形式直接表示的成本。非财务成本虽然耗费了资金，却不能马上表现出资金支出，但是日后也会通过其他途径最终表现在资金形态上，如精神成本、企业形象和企业信誉等。因此，施工成本管理既是对资金要素的管理，又是对各项施工要素管理的综合效果，与其他生产要素管理密不可分。

（二）施工项目成本的分类

1. 按成本管理的要求分类

（1）预算成本

公路工程项目的产品具有多样性、固定性和生产周期长的特点，对工程项目的建设需要通过编制预算来确定产品价格。预算成本是根据施工图，按分部、分项工程的预算单价和取费标准计算的工程预算费用。工程预算成本加间接费、利润和税金，即为工程项目的预算造价。在招标投标时，预算造价是施工企业与发包单位签订承包合同和进行工程价款结算的主要指标。

预算成本是确定工程造价的基础，也是编制计划成本的依据和评价实际成本的依据。

（2）施工项目计划成本

施工项目计划成本，是指施工项目经理部根据计划期有关资料（如工程的具体条件和施工企业为实施该项目的各项技术组织措施），在实际成本发生前预先计算的成本，也就是施工企业考虑降低成本措施后的成本计划数。

计划成本反映了企业在计划期内应达到的成本水平，对于加强施工企业和项目经理部的经济核算，建立和健全施工项目成本管理责任制，控制施工过程中生产费用，降低施工项目成本具有十分重要的作用，是施工项目成本分析考核的重要依据之一。

（3）实际成本

实际成本是施工项目在报告期内实际发生的各项生产费用的总和，是反映施工企业施工管理水平和考核企业成本降低任务完成情况的重要依据。

实际成本与计划成本比较，可揭示成本的节约和超支情况，考核企业施工技术水平及技术组织措施的贯彻执行情况和企业的经营效果。实际成本与预算成本比较，可以反映工程盈亏情况。计划成本和实际成本都是反映施工企业成本水平的，它受企业本身的生产技术、施工条件及生产经济经营管理水平的制约。

2. 按计入成本的方法分类

（1）直接费

直接费是指施工过程中直接耗费的构成工程实体和有助于工程形成的各项费用，包括人工费、材料费、施工机械使用费和其他工程费，是构成施工项目成本的主要部分，是成本管理的重点。

①人工费。人工费是指列入概算、预算定额的直接从事建筑安装工程施工的生产工人开支的各项费用。

②材料费。材料费是指施工过程中耗用的构成工程实体的原材料、辅助材料、构（配）件、零件、半成品、成品的用量和周转材料的摊销量，按工程所在地的材料预算价格计算的费用。材料费在直接费中占有较大的比重。

③施工机械使用费。施工机械使用费是指列入概、预算定额的施工机械台班数量按相应台班费用定额计算的施工机械使用费和小型机具使用费。随着施工机械化程度的提高，该项费用占直接费的比重逐步增大。

④其他工程费。其他工程费是指直接工程费以外施工过程中发生的直接用于工程的费用。内容包括冬季施工增加费、雨季施工增加费、夜间施工增加费、特殊地区施工增加费、高原地区施工增加费、风沙地区施工增加费、沿海地区工程施工增加费、行车干扰工程施工增加费、安全及文明施工措施费、临时设施费、施工辅助费、工地转移费共十二项。通过合理的施工组织，尽量避开冬雨季施工，减少对施工的干扰因素，可以减少其他工程费的开支，降低工程成本。

（2）间接费

间接费由规费和企业管理费组成。

①规费。规费是指法律、法规、规章、规程规定施工企业必须缴纳的费用（简称"规费"），包括养老保险费、失业保险费、医疗保险费、住房公积金、工伤保险费。各项规费以各类工程的人工费之和为基数，按国家或工程所在地法律、法规、规章、规程规定的标准计算。

②企业管理费由基本费用、主副食运费补贴、职工探亲路费、职工取暖补贴和财务费用5项组成。

a. 基本费用。基本费用是指施工企业为组织施工生产和经营管理所需的费用，内容包括管理人员工资、办公费、差旅交通费、固定资产使用费、工具用具使用费、劳动保障费、工会经费、职工教育经费、保险费工程保修费工程排污费、相同、其他费用。

b. 主副食运费补贴。主副食运费补贴是指施工企业在远离城镇及乡村的野外施工，购买生活必需品所需增加的费用。

c. 职工探亲路费。职工探亲路费是指按照有关规定，施工企业职工在探亲期间的往返车船费、市内交通费和途中住宿费等。

d. 职工取暖补贴。职工取暖补贴是指按规定发放给职工的冬季取暖费或在施工地设置的临时取暖设施的费用。

e. 财务费用。财务费用是指施工企业为筹集资金而发生的各项费用，包括企业经营期间发生的短期贷款利息净支出、汇兑净损失、调剂外汇手续费、金融机构手续费以及企业筹集资金发生的其他财务费用。

（3）税金

税金指按国家规定应计入工程造价内的营业税、城市建设维护税及教育费附加。它有一个固定的数额标准。

按上述分类方法，能正确反映施工项目成本的构成，考核各项生产费用的使用是否合理，便于找出降低成本的途径。

（三）施工项目成本管理的环节

1. 施工项目成本预测

施工项目成本预测是采用科学的预测方法，根据掌握的各类信息资料，对未来生产经营活动进行定性研究和定量分析，从而预测未来的成本水平及其变动趋势。通过成本预测，可以使项目经理部在满足业主和企业要求的前提下，选择成本低、效益好的最佳成本方案并能够在施工项目成本形成过程中，针对薄弱环节，加强成本控制，克服盲目性，提高预见性。因此，施工项目成本预测是施工项目成本决策与计划的依据。

2. 施工项目成本计划

施工项目成本计划是项目经理部对项目施工成本进行计划管理的工具。它是以货币形式编制施工项目在计划期内的生产费用、成本水平、成本降低率以及为降低成本所采取的主要措施和规划的书面方案。它是该施工项目降低成本的指导性文件，是建立施工项目成本管理责任制、开展成本控制和核算的基础，也是设立目标成本的依据。施工企业应当在认真总结上期成本计划完成情况的基础上，根据企业计划期内计划完成的施工生产任务和相应的技术组织措施、施工组织设计以及成本预测等资料，制订既切实可行又具有先进性的成本计划。

编制成本计划，既要以有关的计划为依据，又要与有关计划特别是与利润计划相衔接。成本计划的实现，对于实现企业提高经济效益的要求或具有重要意义。因此，成本计划提出的降低成本的目标，对于动员企业广大职工挖掘潜力、控制消耗、降低成本具有指导作用。

3. 施工项目成本控制

施工项目成本控制是按照成本计划制定的成本水平和降低成本目标、对成本形成过程的生产耗费进行严格的计算、调节和监督，及时发现与预定的成本目标之间的差异并采取措施解决存在的问题，使工程的实际成本控制在预定的目标范围内，促使成本降低的管理活动。通过成本控制，最终达到实现甚至超过预期的成本目标的目的。

施工项目成本控制应贯穿在施工项目从招投标阶段开始直到项目竣工验收的全过程，是企业全面成本管理的重要环节。由于成本费用涉及企业生产经营活动的各个方面和各个环节，因此，必须实施全面的成本控制。所谓全面的成本控制，是指在生产经营全过程实施成本控制，对全部生产耗费实施成本控制和全体职工都参与成本控制。实施成本控制，还必须采取一定的组织形式，建立有效的成本责任制，即将构成成本的生产耗费，按生产耗费发生的范围进行分解，具体落实到有关职责部门或个人。实行责任成本，采取责任、权利相结合，成本控制与业绩考核相结合的办法，促进成本得到控制，实现降低成本、提高经济效益的目标。

4. 施工项目成本核算

成本核算是对企业工程施工所发生的生产费用进行事后核算，以便确定产品实际制造成本和归集期间费用，及时反映成本目标和成本计划的完成情况。在进行工程成本核算时，首先，应对发生的费用进行审核，确认其是否属于生产耗费，能否计入工程成本，应计入哪类产品的成本等；其次，还要将确认的生产费用按用途进行归集、分配，按既定的成本核算对象分别计算其制造成本，确定最终产品的成本。

施工项目成本核算所提供的各种成本信息，是成本预测、成本计划、成本控制、成本分析和成本考核等环节的依据。因此，加强施工项目成本核算工作，对降低施工项目成本、提高企业的经济效益有积极的作用。

5. 施工项目成本分析

施工项目成本分析是指在成本形成过程中，对施工项目成本进行的对比评价和剖析总结工作。也就是说，施工项目成本分析主要利用施工项目的成本核算资料（成本信息），与目标成本（计划成本）、预算成本以及类似的施工项目的实际成本等进行比较，了解成本的变动情况。同时，也要分析主要技术经济指标对成本的影响，系统地研究成本变动的因素，检查成本计划的合理性；通过成本分析，揭示成本变动规律，寻找降低施工项目成本的途径。它贯穿于施工项目成本管理的全过程。

6. 施工项目成本考核

所谓成本考核，就是施工项目完成后，对施工项目成本形成中的各责任者，按施工项目目标责任制的有关规定，将成本的实际指标与计划、定额、预算进行对比和考核，评定施工项目成本计划的完成情况和各责任者的业绩并以此给予相应的奖励和处罚。通过成本考核，做到有奖有惩，赏罚分明，才能有效地调动企业的每一个职工在各自的施工岗位上努力完成目标成本的积极性，为降低施工项目成本和增加企业的积累作出自己的贡献。

综上所述，施工项目成本管理系统中每一个环节都是相互联系和相互作用的。成本预测是成本计划的前提，成本计划是成本目标的具体化。成本控制则是对成本计划的实施进行监督的手段，保证成本目标实现，而成本核算又是对成本计划是否实现的最后检验，它所提供的成本信息又对下一个施工项目成本预测和决策提供基础资料。成本考核是实现成本目标责任制的保证和实现决策目标的重要手段。

（四）施工项目成本管理的基本原则

施工项目成本管理是企业成本管理的基础和核心，在对项目施工过程进行成本管理时，必须遵循以下基本原则。

1. 成本管理科学化原则

成本管理是企业管理学中的一个重要内容，企业管理要实行科学化，必须把有关自然科学和社会科学中的理论、技术和方法运用于成本管理。例如，在施工项目成本管理中，可以运用预测与决策方法、目标管理方法、量本利分析方法和价值工程方法等。

2. 成本管理最低化原则

施工项目成本管理的根本目的，是通过运用成本管理的各种手段，不断降低施工项目的成本，达到可能实现最低的目标成本的要求，但是，在实行成本最低化原则时应注意研究降低成本的可能性和成本最低的合理性。一方面，挖掘各种降低成本的潜力，使可能性变为现实；另一方面，要从实际出发，制定通过主观努力可能达到合理的最低成本水平并据此进行分析、考核和评比。

3. 成本管理责任制原则

为了实行全面成本管理，施工管理人员应对企业下达的指标负责，班组和个人对施工管理人员的成本目标负责，以做到层层分解，以分级、分工、分人的成本责任制作为保证，定期考核评定。成本责任制的关键是划清责任，并与奖惩制度挂钩，使各部门、各班组和个人都关心施工项目成本。

4. 成本管理有效化原则

所谓成本管理有效化，主要有两层含义：一是以最少的人力和财力，完成较多的管理工作，提高工作效率；二是促使施工管理人员以最少的投入，获得最大的产出。

提高成本管理有效性，一是采用行政方法，通过行政隶属关系，下达指标，制定实施措施，定期检查监督；二是采用经济方法，利用经济杠杆、经济手段实行管理；三是用法制方法，根据国家的政策方针和规定，制定具体的规章制度，使人照章办事，用法律手段进行成本管理。

5. 成本管理全面性原则

全面成本管理是全企业、全员和全过程的管理，亦称"三全"管理。长期以来，在施工项目成本管理中，存在"三重三轻"问题（重实际成本的核算和分析，轻全过程的成本管理和对其影响因素的控制；重施工成本的计算分析，轻采购成本、工艺成本和质量成本；重财会人员的管理，轻群众性的日常管理）。为了确保不断降低施工项目成本，达到成本最低化目的，必须实行全面成本管理。

（五）施工项目成本管理的措施

为取得施工成本管理的理想成效，应当从多方面采取措施实施管理，通常可以将这些措施归纳为组织措施、技术措施、经济措施和合同措施。

1. 组织措施

组织措施一方面是从施工成本管理的组织方面采取的措施。施工成本控制是全员的活动，如实行项目经理责任制，落实施工成本管理的组织机构和人员，明确各级施工成本管理人员的任务和职能分工、权力和责任。施工成本管理不仅是专业成本管理人员的工作，各级项目管理人员都负有成本控制责任。

组织措施的另一方面是编制施工成本控制工作计划、确定合理详细的工作流程。要做好施工采购计划，通过生产要素的优化配置、合理使用、动态管理，有效控制实际成本；加强施工定额管理和施工任务单管理，控制活劳动和物化劳动的消耗；加强施工调度，避免因施工计划不周和盲目调度造成窝工损失、机械利用率降低、物料积压等。成本控制工作只有建立在科学管理的基础之上，具备合理的管理体制、完善的规章制度、稳定的作业秩序、实现完整准确的信息传递，才能取得成效。组织措施是其他各类措施的前提和保障，而且一般不需要增加额外的费用，运用得当即可取得良好的效果。

2. 技术措施

施工过程中降低成本的技术措施包括：进行技术经济分析，确定最佳的施工方案；结合施工方法，进行材料使用的比选；在满足功能要求的前提下，通过代用、改变配合比、使用外加剂等方法降低材料消耗的费用；确定最合适的施工机械、设备使用方案；结合项目的施工组织设计及自然地理条件，降低材料的库存成本和运输成本；应用先进的施工、技术，运用新材料，使用先进的机械设备等。在实践中，也要避免仅从技术角度选定方案而忽视对其经济效果的分析论证。

3. 经济措施

经济措施是最易为人们所接受和采用的措施。管理人员应编制资金使用计划，确定、分解施工成本管理目标。对施工成本管理目标进行风险分析并制定防范性对策。对各种支出，应认真做好资金的使用计划并在施工中严格控制各项开支。及时准确地记录、收集、整理、核算实际降低支出的费用。对各种变更，应及时做好增减账、落实业主签证并结算工程款。通过偏差分析和未完工程预测，可发现一些潜在的可能引起未完工程施工成本增加的问题，对这些问题应以主动控制为出发点，及时采取预防措施。因此，经济措施的运用不仅仅是财务人员的事情。

4. 合同措施

采用合同措施控制施工成本，应贯穿整个合同周期，包括从合同谈判开始到合同终结的全过程。对于分包项目，首先是选用合适的合同结构，对各种合同结构模式进行分析、比较，在合同谈判时，要争取选用适合于工程规模、性质和特点的合同结构模式。其次，在合同的条款中应仔细考虑一切影响成本和效益的因素，特别是潜在的风险因素。通过对引起成本变动的风险因素的识别和分析，采取必要的风险对策，如通过合理的方式增加承担风险的个体数量以降低损失的比例并最终将这些策略体现在合同的具体条款中。

二、公路工程施工成本计划与控制

（一）施工项目成本计划

在施工企业的综合经营计划中，不仅要有工作量完成计划、机械使用计划和劳动力调配计划等，而且还要有成本计划、利润计划。施工企业的施工项目成本计划是在成本预测的基础上进行的，是施工企业为确定计划年度降低成本水平和成本目标而变质的指导性计划，是计划年度施工企业各项降低成本措施及其经济效益的综合反映。

编制施工成本计划，首先，需要广泛收集相关资料并进行整理，以这些资料作为施工成本计划编制的依据。其次，根据有关技术文件、工程承包合同、施工组织设计、施工成本预测资料等，按照施工项目应投入的生产要素，结合各种因素变化的预测和拟采取的各种措施，估算施工项目生产费用支出的总水平，进而提出施工项目成本计划控制指标，确定目标总成本。再次，应将总目报分解落实到各级部门，以便有效地进行控制。最后，通过综合平衡，编制完成施工成本计划。编制施工项目成本计划，必须指标先进、切实可行、有科学论证、能具体落实。

（二）施工项目成本控制

所谓成本控制，是指在施工过程中，对生产经营所消耗的人力资源、物质资源和费用开支进行指导、监督、检查和调整，及时纠正将要发生和已经发生的偏差，把各项生产费用控制在计划成本的范围内，以实现降低成本的目标。施工项目成本控制具有三方面含义：一是对目标成本本身的控制；二是对目标成本形成过程的控制和监督；三是在过程控制的基础上，着眼未来，为之后降低成本指明方向。

三、施工项目成本核算、分析与考核

（一）施工项目成本核算

施工项目成本核算，是把一定时期内企业施工过程中所发生的费用，按照其性质分类归集、汇总、核算，计算出该时期生产经营费用发生总额并分别计算出各种产品的实际成本和单位成本的管理活动。施工项目成本核算所提供的各种成本信息，是成本预测、成本计划、成本控制、成本分析和成本考核等成本管理的各环节的依据。

施工项目成本核算是施工项目成本管理中最基本的职能，离开了成本核算，就谈不上成本管理，也就谈不上其他职能的发挥。施工项目成本核算在施工项目成本管理中的这种重要地位体现在两个方面：首先，它是施工项目进行成本预测、制订成本计划和实行成本控制所需信息的重要来源；其次，它是施工项目进行成本分析和成本考核的基本依据。工程项目成本核算包括两个两个环节：一是按照规定的成本开支范围对施工费用进行归集和分配，计算出施工费用的实际发生额；二是根据成本核算对象，采用适当的方法，计算出该施工项目的总成本和单位成本。

（二）施工项目成本分析

施工项目成本分析，是在成本形成过程中，对施工项目成本进行的对比评价和总结工作。施工项目成本分析是施工项目成本管理的重要组成部分。通过施工项目的成本分析，一方面，可以确定实际成本达到水平，查明影响成本升降的因素，解释节约浪费原因，寻找进一步降低成本的方法途径；另一方面，可从账簿、报表反映的成本现象看清成本的实质，从而增强项目成本的透明度和可控性，为加强成本控制，实现项目成本创造条件。

（三）施工项目成本考核

施工项目成本考核，是贯彻项目成本责任制的重要手段，也是项目管理激励机制的体现。施工成本考核的目的是通过衡量项目成本降低的实际成果，对成本指标完成情况进行总结和评价。

项目成本考核的内容应包括责任成本完成情况考核和成本管理工作业绩考核。施工成本考核的做法是分层进行，企业对项目经理部进行成本管理考核，项目经理部对项目内部各岗位及各作业层进行成本管理考核。因此，企业和项目经理部都应建立健全项目成本考核的组织，公正、公平、真实、准确地评价项目经理部及管理人员的工作业绩和问题。

项目成本考核应按照下列要求进行：企业对施工项目经理部进行考核时，应以确定的责任目标成本为依据。项目经理部应以控制过程的考核为重点，控制过程的考核应与竣工考核相结合。各级成本考核应与进度、质量、成本等指标完成情况相联系。项目成本考核的结果应形成文件，为奖罚责任人提供依据。

第二节　公路工程施工合同管理

一、合同的基本知识

（一）合同的基本概念

合同是平等主体的自然人、法人、其他组织之间设立、变更、终止民事权利义务关系的协议。

土木建设工程合同是承包人进行土木工程建设、发包人支付价款的合同，主要包括工程勘察、设计、施工合同。土木建设工程合同是一种诺成合同，合同订立生效后，双方应当严格履行；土木建设工程合同也是一种双务、有偿合同，当事人双方在合同中都有各自的权利和义务，在享有权利的同时必须履行义务。

土木建设工程合同当事双方分别称为发包人和承包人。发包人是指具有土木工程发包主体资格和支付工程价款能力的当事人以及取得该当事人资格的合法继承人，有时也称发包单位、建设单位或业主、项目法人。承包人是指被发包人接受的具有工程承包主体资格的当事人以及取得该当事人资格的合法继承人，有时也称承包单位、施工企业、施工人。土木建设工程合同的承包人必须具有企业法人资格，同时持有工商行政管理机关核发的营业执照和建设行政主管部门颁发的资质证书，在核准的资质等级许可范围内承揽工程。

（二）土木工程合同的分类

1. 按计价方式分类

（1）总价合同

总价合同适用于规模较小，工期较短，技术简单，风险不大，设计图纸准确、详细的工程项目，又可细分为固定总价合同和可调总价合同。

第一，固定总价合同。固定总价合同是指承包工程的合同款总额已经确定，工程结算款不随物价上涨及工程量的变化而变化。

第二，可调总价合同。可调总价合同是指在固定总价合同的基础上增加合同履行过程中因市场价格浮动、通货膨胀等外因对承包价格调整的条款；由于设计变更，工程量变化和其他工程条件变化所引起的费用变化也可进行调整。

这两种合同相比较，采用可调总价合同，通货膨胀、价格浮动的风险由业主承担，不利于业主进行投资控制，但对于承包商而言，风险相对较小。

（2）单价合同

单价合同是指签约时双方在合同中明确每一个单项工程的单价，工程完工时按照实际完成工程量乘以单项工程单价计算结算款额。适用于招标文件中已列出分部、分项工程量，但整体工程量尚未最后确定的工程项目，又分为固定单价合同和可调单价合同。

第一，固定单价合同。固定单价合同是指工程实施中合同所确定的各项单价保持不变，工程量调整时按合同单价追加合同价款，工程全部完工时按竣工图的工程量结算工程款。

第二，可调单价合同。可调单价合同是指签约时按照时价暂定某些分部、分项工程单价，工程实施中如果物价等不确定因素发生变化，则根据合同约定调整单价，结算工程款。

（3）成本加酬金合同

成本加酬金合同是指成本费按承包人的实际支出由发包人支付，发包人同时向承包人支付一定数额或百分比的利润。具体又可分为以下三种。

第一，成本加固定百分比酬金合同。成本加固定百分比酬金合同是指发包人对承包人的实际成本全部据实补偿，同时按照实际成本的固定百分比付给承包人一笔酬金，作为承包人的利润。

第二，成本加固定酬金合同。成本加固定酬金合同发包人付给承包人的酬金是一笔固定金额。

第三，成本加浮动酬金合同。签约时双方首先约定限额成本、报价成本和最低成本。当实际成本低于最低成本时，承包人除了得到实际成本和酬金的补偿外，还与发包人一起分享节约额；当实际成本高于最低成本而低于报价成本时，承包人可以得到实际成本和酬金的补偿；当实际成本高于报价成本而低于最高限额成本时，承包人只能得到全部实际成本的补偿；当实际成本超过最高限额成本，则超过部分发包人不予支付。

2. 按承包范围分类

（1）全过程承发包合同

全过程承发包合同又称为总承包、统包、交钥匙合同，是指发包人只是提出使用要求、竣工期限或对其他重大决策性问题作出决定，承包人对项目建议书、可行性研究、勘察设计、材料设备采购、工程施工、竣工验收、投产使用和建设后评估等全过程实行总承包，全面负责对各项分包任务和参与部分工程建设的发包人进行统一组织、协调和管理。

（2）阶段承发包合同

阶段承发包合同是指发包人和承包人就工程建设过程中某一阶段或某些阶段的工作，如勘察、设计、施工、材料设备供应等签订的合同。在施工阶段，依据承发包的具体内容还可再细分为包工包料合同、包工部分包料合同、包工不包料合同。

（3）专项合同

专项合同是指发包人和承包人就某建设阶段中的一个或几个专门项目签订承发包合同。专项合同主要适用于可行性研究阶段的辅助研究项目，勘察设计阶段的工程地质勘察、供水水源勘察，基础或结构工程设计、工艺设计，供电系统设计等施工阶段的深基础施工、金属结构制作和安装、通风设备和电梯安装建设准备阶段的设备选购和生产技术人员培训等专门项目。

3. 土木工程项目其他合同

土木工程项目其他合同除了工程勘察、设计、施工合同，还包括：工程监理合同、工程保险合同、工程借贷合同、物资采购（租赁）合同、工程担保合同、工程咨询合同、工程分包合同、劳务分包合同等。

（三）土木工程合同的签订

工程合同的订立与其他合同的订立程序相同，也采取要约和承诺方式。根据《中华人民共和国招标投标法》中对招标、投标的规定，招标、投标、中标的过程实质就是要约、承诺的一种具体方式。招标人发布招标公告或向符合要求的投标人发出要求，为要约邀请；而投标人根据招标文件内容向招标人提交投标文件，为要约；招标人评标确定中标人并发出中标通知书，为承诺；招标人和中标人按照中标书、招标文件和投标文件等订立书面合同时，合同成立并生效。

公路建设工程施工合同的订立往往要经历一个较长的过程。在明确中标人并发出中标通知书后，双方即可就建设工程施工合同的细则和有关条款展开谈判，直至最终签订合同。

二、公路工程合同的形式

（一）工程项目合同及特点

1. 工程项目合同

一个建设工程项目的实施，涉及的建设任务很多，往往需要许多单位共同参与，不同的建设任务往往由不同的单位分别承担，这些参与单位与业主之间应该通过合同明确其承担的任务和责任以及所拥有的权利。

工程项目合同是指业主与勘察、设计、施工、器材供应等单位，为完成一定的建设工程任务而签订的，旨在明确相互权利、义务和责任关系的合法合同。

由于建设工程项目的规模和特点的差异，不同项目的合同数量可能会有很大的差别，大型建设项目可能会有成百上千个合同。但不论合同数量的多少，根据合同中的任务内容可划分为勘察合同、设计合同、施工承包合同、物资采购合同、工程监理合同、咨询合同、代理合同等。根据《中华人民共和国合同法》的规定，勘察合同、设计合同、施工承包合同属于建设工程合同，工程监理合同、咨询合同等属于委托合同。

2. 工程合同的特点

工程合同除了具有经济合同的一般法律特点以外，还具有以下特点。

第一，经济、法律关系的多元性。在合同签订和实施过程中会涉及多方面的关系，如承包方会涉及专业分包、材料供应、构配件生产和设备加工、银行保险等多方单位，产生错综复杂的关系。这些关系都要通过经济合同来体现。

第二，合同的多变性。由于工程项目庞大、复杂、施工周期长，而在建设过程中又受到地区、环境、气候、地质、政治、经济及市场变化等多方面因素影响，在项目实施过程中经常出现设计变更、季度计划修改，以及合同某些条款的变更。在项目管理中，要有专人及时做好设计或施工变更洽谈记录，明确变更而产生的经济责任并妥善保存好相关资料，作为索赔、变更或终止合同的依据。

第三，合同的复杂性。由工程项目经济法律关系的多元性及工程项目的单件性所决定的每个工程项目的特殊性和建设项目受到的多方面、多因素的制约和影响，都相应地反映在工程项目合同中，导致合同内容庞杂、条款多，工程项目合同除了工作范围、工期、质量、造价等一般条款外，每个项目合同还有特殊条款并涉及保险、税收、文物、专利等多种内容，条款往往多达几十条。因此在签订合同时，要全面考虑多种关系和因素，仔细斟酌每一条款，否则可能产生严重的不良后果。

第四，合同履行方式的连续性和履约周期长。由于建设项目实施必须连续而循序渐进地进行，建设工程的特殊性决定了履约方式的连续性和渐进性。项目合同管理人员要随时按照合同的规定并结合实际情况对工程质量、进度等予以检查，以确保合同的顺利实施。

工程项目规模大、内容复杂决定了履约期长。在长时间内，如何按照合同约定的权利，认真履行合同规定的义务是工程项目合同管理应注意的问题。项目负责人要加强对项目合同实施全过程的管理，防止因建设周期长而造成有关资料的散失。

第五，合同的风险性。由于建设项目关系的多元性、复杂性、多变性、履约周期长、金额大、市场竞争激烈等特征，增加了项目承包合同的风险性。慎重分析研究各种风险因素，在签订合同中尽量避免承担风险的条款，在履行合同中采取有效措施，防范风险的发生，是十分重要的。

（二）工程合同的形式

工程合同的形式是指在工程项目建设中根据合同的标的物而订立的合同。

1. 土木工程施工合同

（1）《建设工程施工合同（示范文本）》的组成

《建设工程施工合同（示范文本）》由合同协议书、通用合同条款和专用条款三个部分组成。

①合同协议书。

《建设工程施工合同（示范文本）》合同协议书主要包括：工程概况、合同工期、质量标准、签约合同价和合同价格形式、项目经理、合同文件构成、承诺、词语含义、签订时间、签订地点、补充协议、合同失效条件及合同份数等重要内容，集中约定了合同当事人基本的合同权利义务，是经合同双方签字和盖章认可而使合同成立的重要文件。

②通用合同条款。

通用合同条款是合同当事人根据《中华人民共和国建筑法》《中华人民共和国合同法》等法律的规定，就工程建设的实施及相关事项，对合同当事人的权利义务作出的原则性约定。

通用合同条款的具体条款一般包括：一般约定、发包人、承包人、监理人、工程质量、安全文明施工与环境保护、工期和进度、材料与设备、试验与检验、变更、价格调整、合同价格、计量与支付、验收和工程试车、竣工结算、缺陷责任与保修、违约、不可抗力、保险、索赔和争议解决。前述条款安排既考虑了现行法律法规对工程建设的有关要求，也考虑了建设工程施工、管理的特殊需要。

③专用合同条款。

专用合同条款是对通用合同条款原则性约定的细化、完善、补充、修改或另行约定的条款。合同当事人可以根据不同建设工程的特点及具体情况，通过双方的谈判、协商对相应的专用合同条款进行修改补充。

（2）《建设工程施工合同（示范文本）》的性质和适用范围

《建设工程施工合同（示范文本）》为非强制性使用文本，适用于土木工程、房屋建筑工程、线路管道和设备安装工程、装修工程等建设工程的施工承发包活动，合同当事人可结合建设工程具体情况，根据《建设工程施工合同（示范文本）》订立合同并按照法律法规规定和合同约定承担相应的法律责任及合同权利义务。

（3）土木工程施工合同文件构成

组成合同的各项文件应互相解释，互为说明。除专用合同条款另有约定外，土木工程施工合同文件及优先解释顺序如下：合同协议书；中标通知书（如果有）；投标函及其附录；已标价工程量清单或预算书；其他合同文件。

上述各项合同文件包括合同当事人就该项合同文件所作出的补充和修改，属于同一类内容的文件，应以最新签署的为准。此外，在合同订立及履行过程中形成的与合同有关的文件均构成合同文件组成部分并根据其性质确定优先解释顺序。

2. 土木工程监理合同

（1）《建设工程监理合同（示范文本）》的组成

《建设工程监理合同（示范文本）》由协议书、通用条件和专用条件三个部分组成。

①协议书。

《建设工程监理合同（示范文本）》协议书共计 8 条，包括工程概况、词语限定、组成本合同的文件、总监理工程师、签约酬金、期限、双方承诺、合同订立等内容。

②通用条件。

通用条件适用于所有工程监理业务的委托，是所有签约工程都应遵守的基本条件。通用条件共计 20 条，分别为定义与解释、监理人的义务、委托人的义务、违约责任、支付、合同生效、变更、暂停、解除与终止、争议解决和其他需要明确的内容。

③专用条件。

专用条件是在通用条件的基础上，结合委托监理工程的项目特点、地域特点、专业特点等对通用条件中的某些条款进行补充、修改或细化。

（2）土木工程监理合同文件构成

土木工程监理合同文件及优先解释顺序如下：协议书；中标通知书（适用于招标工程）或委托书（适用于非招标工程）；专用条件及附录 A（相关服务的范围和内容）、附录 B（委托人派遣的人员和提供的房屋、资料、设备）；通用条件；投标文件（适用于招标工程）或监理与相关服务建议书（适用于非招标工程）。

合同签订后，双方依法签订的补充协议也是合同文件的组成部分。

3. 土木工程勘察设计合同

（1）勘察、设计合同概念

①勘察合同。勘察合同是指发包人和勘察人为查明、分析、评价建设工程地质地理环境特征和岩土工程条件，明确双方的权利义务关系而签订的合同。

②设计合同。设计合同是指发包人和设计人为综合分析、论证建设工程所需的技术、经济、资源、环境等条件，明确双方的权利义务关系而签订的合同。

勘察或设计合同的发包人应当是法人或者自然人，是建设单位或项目管理部门；勘察人或设计人必须具有法人资格，是持有建设行政主管部门颁发的工程勘察或设计资质证书、工程勘察或设计收费资格证书及工商行政管理部门核发的企业法人营业执照的工程勘察或设计单位。

（2）建设工程勘察、设计合同（示范文本）

为了加强工程勘察设计市场管理，规范市场行为，保证勘察、设计合同的内容完备、责任明确、风险分担合理，住房和城乡建设部和国家工商行政管理总局制定了《建设工程勘察合同（示范文本）》和《建设工程设计合同（示范文本）》。

4. 土木工程物资采购合同

（1）土木工程物资采购合同概念

土木工程物资采购合同是指具有平等主体的自然人、法人、其他组织之间，为实现土木工程物资的买卖，设立、变更、终止相互权利义务关系的协议。合同中，出卖人转移土木工程物资的所有权于买受人、买受人接受土木工程物资并交付价款。土木工程物资采购合同属于买卖合同，具有买卖合同的一般特征。土木工程物资采购合同按照标的所属建设物资的种类不同可分为材料采购合同和设备采购合同。

（2）土木工程物资采购合同的主要内容

①材料采购合同。材料采购合同是指以工程项目所需材料为标的，以材料买卖为目的，明确当事双方的权利义务关系而签订的合同。土木工程材料采购合同的主要条款内容包括：当事双方基本情况；合同标的；技术标准和质量要求；材料数量及计量方法；材料的包装；材料支付方式；材料的交货期限；材料的价格；结算；违约责任；特殊条款；争议解决方式等。

②设备采购合同。设备采购合同是指以工程项目所需设备为标的，以设备买卖为目的，明确当事双方的权利义务关系而签订的合同。土木工程设备采购合同的主要条款内容包括：定义；技术规范及标准；知识产权；包装要求；装运条件及运输；交货验收；保险；价款支付；质量保证；检验、安装、调试与保修；违约责任；不可抗力；履约保证金；争议解决方式；因破产而终止合同；合同修改；转让或分包；适用法律；有关税费；合同生效、修改等其他内容。

三、公路工程项目施工合同管理

（一）工程项目施工合同管理

1. 工程项目合同管理的定义

工程项目合同管理是指对工程合同的签订、履行、变更和解除进行监督检查，对合同履行过程中发生的争议或纠纷进行处理，以确保合同依法订立和全面履行。工程项目合同管理贯穿于从合同签订、履行到合同终结直至归档的全过程。

2. 工程项目合同管理的任务

工程项目合同管理的任务是根据法律、政策和企业经营目标的要求，运用指导、组织、监督等手段，促使当事人依法签订、履行、变更合同和承担违约责任，制止和查处利用工程合同进行违法活动，保证工程项目建设顺利进行。

必须依法确定与承包人之间的经济权利和经济义务关系并通过签订的有关工程建设合同将这种关系进一步的确立。有关的法律、法规是签订合同的重要依据和保障，严格履行与科学管理工程建设合同是控制工程投资、确保工程质量的重要手段。还应通过工程合同的管理防范和化解合同双方间的纠纷。因此，要求合同双方在签订有关合同时，应就合同条款的内容进行认真研究、推敲，力求条款内容完善、词句严密、签订合同程序合法、双方的权益和义务明确。合同双方认真地按有效合同履行其责任，可以预防和减少合同纠纷的发生，而且即使发生合同纠纷，也可以通过调解或仲裁的方式，依据合同保护双方各自的合法权益。

3. 工程项目合同管理的内容

第一，对合同履行情况进行监督检查。检查《中华人民共和国合同法》《中华人民共和国合同管理法》以及有关法律法规贯彻执行情况，检查合同签订和履行情况。通过检查，发现问题及时协调解决，减少和避免合同纠纷的发生，提高合同履约率。

第二，经常对项目经理及有关人员进行《中华人民共和国合同法》及有关法律知识教育，提高合同管理人员素质。

第三，建立健全工程项目合同管理制度。包括项目合同归口管理制度，考核制度，合同用章管理制度，合同台账统计及归档制度等。

第四，对合同履行情况进行统计分析。包括工程合同份数、造价、履约率、纠纷次数、违约原因，变更次数及原因等，通过统计分析发现问题，及时协调解决，提高利用合同进行生产经营的能力。

第五，组织和配合有关部门做好有关工程项目合同的签证、公证和调解、仲裁及诉讼活动。

（二）工程索赔

1. 工程索赔的概念

由于工程建设的复杂性，在市场经济条件下，发生工程索赔是一种正常的现象。加强对索赔理论和方法的研究，认真对待和搞好工程索赔，对维护国家和企业利益都有十分重要的意义，同时有利于保证工程建设保质保量，按时完成。

工程索赔是指在合同履行过程中，合同当事一方因对方不履行或未能正确履行合同或者由于非自身因素而受到经济损失或权利损害时，通过合同约定的程序向对方提出经济或时间补偿要求的行为。

凡超出原定合同规定的行为给承包人带来的损失，无论是时间上的还是经济上的，只要承包人认为不能从原合同规定中获得支付的额外开支，应该得到经济和时间补偿的，均有权向发包人提出索赔。

索赔包括承包人向发包人提出的索赔和发包人向承包人提出的索赔。通常前者为索赔，后者为反索赔。反索赔是发包人为维护自身的利益对承包人的一种防卫行为，发包人的这种行为也是正当的。

索赔是一门融社会科学、自然科学为一体的边缘科学，涉及工程技术、工程管理、贸易、法律、财会、公共关系等在内的众多学科的知识。在索赔过程中，要注重对这些知识的有机结合和综合应用。

2. 工程索赔的原因

引起索赔的原因有很多，从现代土木工程项目特点分析，包括以下几个方面。

①现代土木工程项目的特殊性。项目规模大、技术性强、工期长；项目的差异性大、综合性强、风险大，实施中的不确定因素多。

②项目内外部环境的复杂性和多变性。项目技术环境、经济环境、社会环境、法律环境的变化，使实际情况与计划不一致，导致工期和费用的变化。

③项目实施主体的多元性。项目参与单位多、关系复杂、相互影响、协调不一致，易导致索赔。

④合同的复杂性及易出错性。土木工程项目签订的合同多而且复杂，容易造成合同当

事人对合同条款理解差异，提出索赔。

⑤投标的竞争性。竞争激烈，承包人利润低，索赔成为工程风险再分配的手段。

3. 索赔的分类

根据索赔的范围、性质、依据等不同，可对其进行以下几种分类。

①按索赔的目的分为费用索赔和工期索赔。

②按索赔的依据分为合同明示的索赔、合同默示的索赔、道义索赔。

③按索赔的有关当事人分为承包人与业主间的索赔、总承包人与分包人间的索赔、承包人与供应商间的索赔、承包人与业主共同向保险公司索赔和其他索赔。

④按索赔的处理方式分为单项索赔和总索赔。

⑤按索赔的性质分为工程变更索赔、工程中断索赔、工程终止索赔、不可预见因素索赔，以及由于物价、汇率、货币、政策法令变化等引起的索赔。

⑥按索赔的发生时间分为合同履行期间的索赔、合同终止后的索赔。

4. 索赔的程序

（1）意向通知

发现索赔或意识到存在潜在的索赔机会后，承包人应立即将索赔意向书面通知监理工程师（发包人）。这种意向通知是非常重要的，它标志着一项索赔的开始。在引起索赔事件第一次发生之后28天内，承包人将他的索赔意向通知监理工程师，同时将一份副本呈交业主。事先向监理工程师通知索赔意向，这不仅是承包人要取得补偿的必须首先遵守的基本要求，也是承包人在整合整个合同实施期间保持良好的索赔意识的最好方法。

索赔意向通知通常包括事件发生的时间和情况的简单描述、合同依据的条款和理由、有关后续资料的提供（包括及时记录和提供事件发展的动态）、对工程成本和工期产生的不利影响的严重程度等方面的内容。一般索赔意向通知仅仅是表明意向，应写得简明扼要，涉及索赔内容但不涉及索赔数额。

（2）资料准备

索赔的成功很大程度上取决于承包人对索赔作出的解释和具有强有力的证明材料。承包人在正式提出索赔报告前的资料准备工作极为重要。承包人要注意记录和积累保存相关资料，并可随时从中索取与索赔事件有关的证据资料。

（3）索赔报告的编写

索赔报告是承包人向监理工程师（发包人）提交的一份要求业主给予一定经济（费用）补偿和（或）延长工期的正式报告。承包人应在索赔事件对工程产生的影响结束后的 28 天内，向监理工程师提交正式的索赔报告。如果索赔事件在整合工程施工期间持续影响，就不能在工程结束后才提出索赔报告，由监理工程师或按合同规定，应每隔一段时间向监理工程师报告。

索赔报告文件的正文包括：报告的标题，简明地概括索赔的核心内容；事实与理由，陈述客观事实，引用合同规定，建立事实与索赔之间的因果关系，说明索赔的合理合法性；损失计算及要求补偿的金额与工期，在此只需列举各项明细数字及汇总即可。

（4）提交索赔报告

索赔报告编写完毕后，应及时提交监理工程师（发包人），正式提出索赔。索赔报告提交后，承包人不能被动等待，应隔一定的时间，主动向对方了解索赔处理的情况，根据所提出的问题进一步做资料方面的准备，或提供补充资料，尽量为监理工程师处理索赔提供帮助、支持和合作。

（5）索赔报告的评审

监理工程师接到承包人的索赔报告后，应马上仔细阅读其报告并对不合理的索赔进行反驳或提出疑问，监理工程师将根据自己掌握的资料和处理索赔的工作经验就以下问题提出质疑：索赔事件不属于业主和监理工程师的责任，而是第三方的责任；事实和合同依据不足；承包人未能遵守意向通知的要求；合同中的开脱责任条款已经免除了业主补偿的责任；索赔是由不可抗力而引起的，承包人没有划分和证明双方责任的大小；承包人没有采取适当措施避免或减少损失；承包人必须提供进一步的证据；损失计算夸大；承包人以前已明示或暗示放弃了此次索赔的要求等。

在评审过程中，承包人应对监理工程师提出的各种质疑作出圆满的答复。

（6）谈判解决

经过监理工程师对索赔报告的评审，与承包人进行了较充分的讨论后，监理工程师应提出对索赔处理决定的初步意见并参加发包人和承包人之间进行的索赔谈判，通过谈判，作出索赔的最后决定。

（7）争端的解决

如果索赔在发包人和承包人之间不能通过谈判解决，可就其争端的问题进一步提交监理工程师解决直至仲裁。

第三节 公路工程施工技术管理

一、概述

（一）技术管理的概念

1. 技术管理的作用

为保证施工活动的正常开展，获得高效、优质、低成本的效果，必须采取一定的施工技术措施。因此，制定技术措施、组织及协调技术活动等工作，就成为施工管理的重要内容。概括起来，技术管理工作的作用有以下四点。

第一，保证施工过程符合施工技术规范和合同文件的要求，在设计文件和图纸规定的技术要求及技术标准的控制下，使施工生产正常有序地进行。

第二，不断提高技术管理水平和施工人员的技术素质。依据一定的管理程序，有目的地分析施工中可能存在的技术薄弱环节并预先采取有针对性的措施，力求高质量地完成工程施工任务。

第三，通过对技术的动态管理，发掘施工中人工、材料及机械设备等资源的潜力，从而在保证工程质量和生产计划的前提下，降低工程成本，提高经营效益。

第四，通过技术管理，积极研究、开发与推广新技术、新工艺、新材料、新机具，促进企业技术管理现代化，增加技术储备和技术积累，提高企业竞争能力。

2. 技术管理的任务

技术管理的任务，就是对项目施工全过程运用计划、组织、指挥、协调和控制等管理职能促进技术工作的开展，贯彻国家的技术政策、技术法规和上级有关技术工作的指示与决定。动态地组织各项技术工作，优化技术方案，推进技术进步，使施工生产始终在技术标准的控制下按设计文件和图纸规定的技术要求进行，使技术规范与施工进度、质量与成本达到统一，从而保证安全、优质、低耗、高效地按期完成项目施工任务。具体体现在以下三个方面。

第一，增强科学研究工作的开展，提高生产的现代化水平。通过提升科学研究，在工程结构设计方面尽量采用国内外先进的理论和技术；在施工方面要采用切实可行的先进工艺来缩短建设周期、降低工程成本；在工程质量方面要不断地进行研究和改进，确保工程质量要大力开展挖潜、革新、改造，提高施工生产的现代化水平。

第二，科学地组织各项技术工作，建立良好的技术管理秩序。建立和健全各项技术管理制度；贯彻执行技术规程、技术规范和技术标准，充分发挥技术力量的作用，大力开展技术革新和开发工作，不断采用新技术；开展全面质量管理，确保工程质量，组织安全生产和文明施工。

第三，加强技术研究的组织和技术教育的开展，努力提高机械化施工水平，做好信息情报和技术资料的管理，促进管理工作现代化。

3. 技术管理的原则

为实现技术管理的任务，技术管理工作的基本要求如下。

第一，尊重科学技术原理，按照科学技术的要求办事。公路项目施工中的技术要求可分为两类：一类是只适用于公路施工活动的具体技术要求，主要包括施工工艺技术、操作方法、机械设备的使用、安全施工技术等方面的技术要求；另一类是适用于任何生产领域、带有普遍性的技术要求，如一切新技术的采用应先经过试验等要求。

第二，全面讲求经济效果，即技术管理工作要符合经济节约的原则。全面经济效果是与狭隘的经济效果相对立的。狭隘的经济效果是只求本单位的和当前的经济效果，并把它作为衡量经济效果的唯一标准和尺度。全面经济效果则与此不同。首先，既要注意本单位的经济效果，还要看为整个国民经济带来的经济效果；其次，不仅要看当前的经济效果，还要看远期的经济效果，要把两者结合起来，为此，就要全面地进行技术经济分析，对重要的施工部分进行多方面比较。

第三，要贯彻执行国家的技术经济政策。国家根据不同时期的技术经济状况和自然资源的特点，依据科学技术发展规律，对国民经济中的重大技术问题，制定一系列的技术政策。这些政策保护了技术和经济的统一，应该贯彻执行。如在公路建设方面的技术政策有节约木材的政策；节约能源和节约稀缺材料的政策；节约土地、保护农田的政策；保护环境的政策等。技术政策是有时间性即阶段性的，随着生产技术和经济水平的发展而变化。

（二）技术管理的特点

在公路工程项目施工过程中，施工技术管理工作呈现出有动有静、动静结合的特点。从管理因素和管理效益来说，它们又表现出不同的规律性。

1. 因素性特点

技术管理因素主要指人员、措施及规章制度的影响，其表现出以下特点。

①项目施工技术管理的现场工作是明确固定的，即该项目的施工技术管理的各项制度、标准、要求是确定的。

②项目主要技术负责人、工程各部分和工序的技术负责人是稳定的，以保证项目及工序的技术管理工作的连续性和交工、竣工资料的齐全、完整。

③项目的一般技术工作人员是随着工程进展的需要而增减、调整的，其技术措施是随着项目的内外条件变化而变动的。

④工程队的主要技术负责人根据施工项目的需要巡回流动于各项目之间，检查、指导该队的技术工作。

2. 效益性特点

施工技术管理还具有先导性、时效性、动态性、规范性和经济性五个特点。

①先导性。所谓先导性是指技术工作要先行，要抓紧抓好施工前的技术准备和施工过程中的超前服务和预控。这是项目动态管理在空间上的"动"。推行项目动态管理，要充分利用公司智力密集的优势，组织好施工组织设计的编制工作，结合工程项目的特点，尽量采用新技术、新工艺、新材料、新机具。在项目实施前，集中力量做好施工方案，确定主要施工机械的进出场时间并采取预控措施优化劳动组合。对特殊工种，采取先培训后上岗的办法。根据实际需要在不同项目之间动态调度各种生产要素，为工程项目的实施创造良好的技术条件。这种先导性的技术管理是项目动态管理取得成功的重要保证。

②时效性。所谓时效性就是要强调时间观念，提高工作效率。这是项目技术管理在时间上的"动"。对于一定的项目，施工过程有其客观规律性、阶段性和工期目标，而各生产要素的需求在时间上是变化的，动态管理就是一个寻求动态平衡的过程，因此，必须按网络计划的部署，准确、及时地完成施工准备、队伍调动、机械调配和材料供应等工作。而技术管理就要在动态中跟踪做好超前服务，如及时进行交工技术资料的整理，做到与施工同步等。

③动态性。动态性是指把动态管理作为技术管理的核心，贯穿于项目技术管理的全过程。要求改变把施工队伍成建制地固定在某一施工点上进行管理的传统静态做法，而应采取灵活机动的措施，因地制宜地使用人力、财力、机械、物资等活生产要素。一个施工队伍往往同时参与几个施工项目，各项目之间工期交叉，或处于不同的施工阶段，因此对资源的需求是此消彼长、错落起伏的。这就要求随时掌握资源、气候条件等施工要素的信息动向，及时收集整理各种原始资料，反馈质量信息，优化施工方案，制定切实可行的技术措施，做好技术管理工作。同时应指出，推行项目动态管理时，虽然人力、财力和物资诸

生产要素是流动的，但由于实行了技术工作的统一领导和分级管理、项目总工程师责任制和岗位责任制等管理制度，使技术系统的质量保证体系在每一项目内保持了相对稳定，因而可以充分发挥人的主观能动性和实现资源的优化配置。

④规范性。规范性即要求施工技术管理向标准化、规范化的方向发展。规范化是针对具体的工程项目，将先进的适用技术制定出规范性的施工方法并予以推广应用。项目动态管理条件下，技术管理规范化的一项重要内容就是采用工法制度。工法是以工程为对象、以工艺为核心，用系统工程方法，将先进技术与科学管理相结合，形成具有实用价值的综合配套的新技术。工法既规定了工序、工艺要求、操作规程，又规定了相应的机械设备、劳动组合、质量标准、安全措施、材料消耗、经济分析及工程实例等内容，这与项目动态管理条件下的技术管理的特点和要求是一致的。这有利于增强企业的技术积累、技术储备和竞争能力，提高工作效率，确保安全和质量，最终提高企业的综合技术经济效益。所以，标准化工作是企业技术管理的重要工作之一。

⑤经济性。就是要以明确的经济观点指导项目的技术管理，用有效的技术管理工作达到实现更好的综合经济效益的目的。因为竣工工程所具有的价值，由消耗资源、占用土地等要素的价值转移而形成，其中科技含量越高则经济效益越好。为此，要求通过科学合理的施工方案、先进可行的技术措施和周密细致的技术管理，以此来节省投资，提高经济效益。项目动态管理追求企业的整体效益，以提高企业整体技术水平为最高目标，技术管理的经济性是以整个施工企业为对象的。企业技术管理的综合经济效益，运用投入产出的观点，计算技术投资与其经济效益效果间的比率来衡量。据此，可用技术进步年效益率来考核施工企业的技术进步工作。其表达式为：

技术进步年效益率＝技术进步取得的年直接经济效益/年施工产值×100%。

企业的施工产值一般是逐年增加的，这就促使企业通过加强技术管理，推进技术进步，提高经济效益来保证技术进步年效益率的稳步增长。

二、技术管理的基础工作

（一）建立技术管理组织系统及管理制度

1. 组织系统

（1）系统机构

公路工程施工技术管理组织如图2-1所示。

```
                    ┌──────────┐
                    │ 公司经理 │
                    └─────┬────┘
              ┌───────────┴───────────┐
        ┌─────┴─────┐         ┌────────┴────┐
        │ 项目经理  │         │ 公司质量处  │
        └─────┬─────┘         └────────┬────┘
     ┌────┬────┼────┬──────────────────┤
  ┌──┴─┐┌─┴──┐┌┴───┐┌─┴──┐
  │专 ││技 ││技 ││质 │
  │业 ││术 ││术 ││检 │
  │工 ││负 ││员 ││员 │
  │长 ││责 ││  ││  │
  │   ││人 ││  ││  │
  └──┬─┘└─┬──┘└┬───┘└─┬──┘
     └────┴────┼────┴──────┘
          ┌────┴──────┐
          │ 施工班组长 │
          └────┬──────┘
          ┌────┴──────┐
          │ 班组质量员 │
          └───────────┘
```

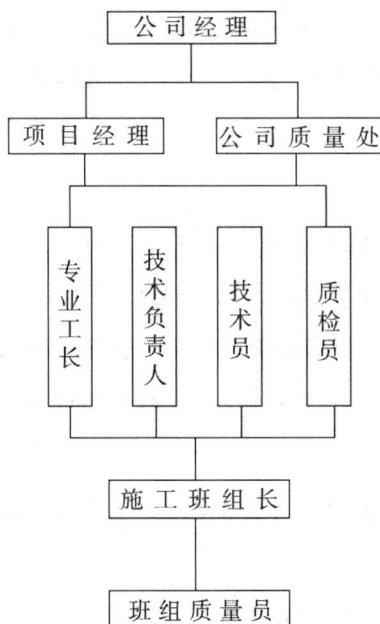

图 2-1 技术管理组织图

（2）企业组织系统

企业设总工程师和技术管理部门，对各工程项目的技术管理工作实行集中统一领导。通过各项管理活动，对各工程项目在施工全过程中的技术要求，包括现代化施工水平、施工技术难点等进行预测、预控，对施工技术力量进行综合协调平衡。充分发挥企业整体的技术优势，对高难度的技术问题组织攻关，以保证各项目的施工活动正常、有效地进行。

（3）项目组织机构

项目经理部设项目总工程师和负责项目施工全过程技术管理职能的机构，针对具体工程项目的技术需要开展工作。该机构的职能人员来自企业技术管理部门，在业务上受企业技术管理部门的指导。参与项目施工的作业层施工队的项目技术负责人和单位工程技术负责人，在业务上受该项目的施工技术管理机构领导。项目总工程师、施工队项目技术负责人和单位，工程技术负责人，在项目施工期间应保持相对稳定。

2. 管理制度

公路工程施工具有分散、多变和内容繁杂等特点，难于进行连续的规律性强的技术管理。然而，建立健全严格的技术管理制度，把整个企业的技术管理工作科学地组织起来，使技术活动无论在室内或作业现场，都有明确的目标、具体的内容和严格的检查制度，从而增强技术活动的可操作性和可检验性，保证管理工作有章可循，这对于有条不紊、有目的地开展技术工作，建立正常的生产技术秩序都有很重要的意义。

管理制度的内容，决定于施工管理体制和管理水平，难于形成统一的标准或规定。一般认为，根据在施工过程中通常开展的技术活动，主要应建立以下几种管理制度。

（1）图纸会审制度

①概述。

图纸会审是一项极其严肃和重要的技术工作，认真做好图纸会审，对于减少施工图纸中的差错，保证和提高工程质量有重要作用。搞好图纸会审工作，首先要求参加会审的人员应熟悉图纸。各专业技术人员在领到施工图纸后首先必须认真地全面了解图纸，搞清设计图纸及技术标准的规定要求，还要熟悉工艺流程和结构特点等重要环节。

②图纸会审的步骤。

第一，初审。初审指在熟悉图纸的基础上，在某专业内部组织有关人员对本专业施工图的所有细节进行审查。

第二，内部会审。内部会审是指施工企业内部各专业工种之间对施工图纸的会同审查，其任务是对各专业、各工种间相关的交接部分。如设计高程、尺寸、施工程序配合、交接等有无矛盾，施工中协作配合作业等事宜做好仔细会审。

第三，综合会审。综合会审是指在内部会审的基础上，由土建施工单位与各分包施工单位共同对施工图进行全面审查。图纸综合会审工作，一般由建设单位负责组织，设计单位进行技术交底，施工单位参加。

③图纸会审的主要内容。

在各阶段会审工作中，抓住施工图的主要内容，与现行的国家技术标准及经济政策对照进行会审。

④图纸会审记录。

图纸经过会审后，会审组织者应将会审中提出的有关设计问题、需及时解决的问题建议做好详细的记录。图纸会审记录上应填写单位工程名称、设计单位、建设单位和主持单位及参加会审人员名单等。对会审提出的问题，凡是设计单位变更修改的，要在会审记录"解决意见"栏内填写清楚，请设计部门尽快发"设计变更通知单"，施工时按"设计变更通知单"的内容执行。

（2）施工日记和施工记录制度

施工日记是在整个施工阶段，对施工活动（包括施工组织管理和施工技术）和施工现场情况变化的综合性记录。从开始施工时，就应以单位工程技术负责人为主，全体技术人员参与，按单位工程分别记录，直至工程竣工。施工日记应逐日记录，不允许中断，必须保证其完整性。在工程竣工验收时，施工日记是质量评定的一项重要依据。施工日记在工程竣工后，由承包单位列入技术档案保存。施工日记的主要内容如下。

第一，日期、气候。

第二，工程部位、施工队组。

第三，施工活动记载。施工活动记载主要包括以下内容。

①主要分部、分项工程施工的起止日期。

②施工中的特殊情况（停电、停水、停工等）记录。

③质量、安全、设备事故（或未遂事故）发生的原因，处理意见和处理方法的记录。

④设计单位在现场解决问题的记录，若设计变更应由设计单位出具变更设计联系单。

⑤改变施工方法，或在紧急情况下采取的特殊措施和施工方法的记录。

⑥进行技术交底、技术复核和隐蔽工程验收等的摘要记载。

⑦有关领导或部门对该项工程所作的指示、决定或建议。

⑧其他活动，如混凝土、砂浆试块编号、日期等。

施工记录是按工程施工技术、规范及验收规范中规定填写的各种记录，是检验施工操作和工程质量是否符合设计要求的原始数据，其中有些记录（如隐蔽工程、地质钻孔资料等），须经有关各方签证后方可生效。作为技术资料，在工程完工时，应交建设单位列入工程技术档案保存。

（3）技术交底制度

技术交底是为了使参与施工任务的全体职工明确所担负工程任务的特点、技术要求、施工工艺等，做到心中有数，以利于有计划、有组织、又快又好地完成任务。技术交底工作原则上应在正式施工前做好。

工程施工前必须进行技术交底，交底记录作为施工管理的原始技术资料。交底内容包括：合同有关条款、设计图、设计文件规定的技术标准、施工技术规范和质量要求、施工进度和总工期、使用的施工方法和材质要求等。

（4）"四新"试验制度

"四新"试验是指新材料、新结构、新工艺、新技术实验。正式施工前，在做好技术准备工作的基础上，要进行和通过有关试验。组织试验的程序如下。

①拟定试验的技术规程，包括工艺规程和操作规程。

②组织现场试验。

③根据现场试验结果，修订原拟定的技术规程。

④根据试验修订后的技术规程，对有关的技术工种、组织人员进行培训。

⑤对操作人员进行考核，合格后，方能上岗。

（5）材料、构（配）件检验制度

材料、构配件质量的优劣，很大程度上决定了公路工程产品质量的好坏。正确合理地使用材料、构配件是确保工程质量、降低成本、减少原材料的关键，因此，应重视材料、构配件的试验检验工作。

凡用于施工的原料、材料、构配件等物资，必须由供应部门提供合格证明文件。对于那些没有合格证明文件或虽有证明文件，但技术领导或质量管理单位认为有必要时，在使用前应按规定程序进行抽查、复验、证明合格后，才能使用。

为了做好材料、构配件的检验工作，施工企业及各个项目经理部都应根据需要，建立健全实验、试验机构，配备试验人员，充实仪器设备。严格按照国家有关的试验操作规定，对各种材料进行试验，为工程选定各种合格优质的原材料，提供各种施工配合比，作为施工的依据。

凡初次使用的材料、结构件或特殊材料、代用材料，必须经过试验的鉴定，并制定操作规程，经上级领导批准后，才能正式用于施工或推广应用。

（6）安全施工制度

公路项目施工的特点是点多面广且流动面大、工种多，常年露天作业、深水和高空作业、立体交叉作业多，因此不安全因素多。安全工作要以预防为主，消除事故隐患，一定要克服麻痹思想，重视劳动保护，提高企业施工队伍的安全意识，真正做到"安全生产，人人有责"。

（7）工程验收制度

工程验收是检查评定工程质量的重要一环。在施工过程中除按有关质量标准逐项检查操作质量以外，还必须根据公路工程的施工特点，对隐蔽工程、结构工程和竣工工程进行验收。

①隐蔽工程验收

所谓隐蔽工程是指那些在施工过程中上一工序的工作结果，被下一工序所掩盖，今后无法进行复查的工程部位。例如，湿软地基的换填层、挡土墙及涵洞的基坑和基础、钢筋混凝土工程中的钢筋等。因此，这些工程在下一工序施工前，应由作业层技术员通知工程监理人员对隐蔽工程进行检查、验收并认真办好隐蔽工程验收签证手续。做好隐蔽工程验收是保证工程质量、防止留下质量隐患的重要措施。对于公路工程，隐蔽工程项目的主要内容如下。

第一，软基处理素砼施工隐蔽检查，主要内容包括：原地面清表及碾压情况；按照设计图纸要求画出布桩平面图，检查布桩根数和间距是否满足图纸要求；桩长及桩径尺寸检查；碎石垫层的厚度及钢塑土工格栅搭接长度；留存现场检查的照片及音像资料，按照分部分项工程划分编号和存档。

第二，涵通基础及地基承载力、碎石垫层、八字墙基础，主要内容包括：检查基底平面位置、尺寸大小、基底标高；检查基底地质情况和地基承载力是否与设计资料相符；检查基底处理和排水情况是否符合公路桥涵施工技术规范要求；检查施工记录及有关试验资料等；检查碎石垫层厚度；基槽（坑）的几何尺寸和槽底标高或挖土深度应符合设计要求。如有局部加深、加宽者，应附图说明其原因及部位；基槽施工中遇有坟穴、地窖、废井、旧基础、管道、泉眼、橡皮土等局部异常现象时，应将其所处部位、深度、特征及处理方法进行描述并有附图说明；对地质复杂的或重要的工程，对地基变形有特殊要求以及地基开挖后对地基土有疑义的工程，应根据设计要求或验槽磋商的意见进行有关试验。经过技术处理的地基基础及验槽中存在的问题，处理后须进行复验，复验意见和结论要明确，签证应齐全。必要时应有勘察部门参加并签字。

第三，混凝土灌注桩钢筋笼，主要内容包括：混凝土灌注桩钢筋笼，必须在钢筋检验批质量验收合格后，提请质监部门进行隐蔽工程验收并填写隐蔽工程验收记录；放置钢筋笼前，应对原材料、钢筋连接件、钢筋笼进行检查；主筋、箍筋直径、间距和长度应符合设计和规范要求；钢筋的材质检验应符合设计要求；钢筋笼埋置位置应符合设计要求。

第四，钢筋混凝土工程，主要内容包括：钢筋混凝土工程钢筋必须在钢筋检验批质量验收合格，在模板合模前或浇捣混凝土前，提请有关单位进行隐蔽工程验收并填写隐蔽工程验收记录。纵向受力钢筋的品种、规格、数量、位置等必须符合设计和规范要求。钢筋的连接方式、接头位置、接头数量、接头面积百分率等必须符合设计和规范要求。箍筋、横向钢筋品种、规格、数量、间距等必须符合设计和规范要求。预埋件的规格、数量、位置等必须符合设计要求。重要构件的钢筋结点隐蔽应附简图。

②中间验收

中间验收是在分部或单位工程施工过程中，经由监理工程师隧道工序检查认可的基础上，待该项目工程完工后，再由项目经理部总工程师及时通知监理工程师，对工程质量进行全面检查和评定。

中间验收的内容包括：感官验收，即检查工程外观质量是否符合质量标准和设计要求；各项工程技术鉴定，包括原材料试验、试块强度、隐蔽工程验收、技术复核、质量评定，必要时需要进行实测或复验。中间验收合格后，须由双方共同签字存档。

③竣工验收。

工程竣工验收由建设业主、监理工程师和工程承包施工方共同组织，对所建项目进行全面的、综合的、最终的检查验收。验收的依据是承包合同和有关的通用工程质量验收管理办法及标准等。在交工过程中，若存在不合格的项目，应限期修复完工，到时再行验收，直至合格。竣工验收合格后，应评定质量等级，办理工程交接手续，形成技术档案存档，同时开放交通。这时，施工方应将工程使用管理权交还建设业主，但施工方仍负有一定期限的保修职责。

（8）变更设计制度。

施工图的修改权为设计单位及项目设计者所拥有，施工单位只应按施工图进行施工。未经设计单位及项目设计负责人允许，施工单位无权修改设计。

若施工方提出工程变更，施工方需向监理方提出工程变更要求，监理方确定合理性和可行性，提出对进度和费用相应变化的建议并向业主方提交，业主方依据审批权限批准并通知设计方出设计变更文件，交总监签发"工程变更通知"后方可实施。

若设计方提出设计变更要求，应由监理方确定变更的可行性并对进度和费用向业主方提交审核意见，业主方依据审批权限批准，并通知设计方签发设计变更文件，交总监签发"工程变更通知"后方可实施。

若监理方提出应变，应由监理工程师提出，变更，应列明进度及费用意见，业主方依据审批权限批准，并通知设计方出设计变更文件，交总监签发"工程变更通知"后方可实施。

（9）工程质量检验评定制度

①各工序施工完毕后应按《公路工程质量检验评定标准》（JTG F80—2017）进行质量评定，及时填写工序质量评定表，检查项目、实测项目填写齐全，签字手续完备。

②部位工程完成后及时汇总各工序质量评定表，填写部位质量评定表，计算部位合格率，签字手续完备。

③单位工程完成后及时汇总各部位质量评定表，填写单位工程质量评定表，由施工主要技术负责人签字，加盖单位印章作为竣工验收和质量监督部门核定质量等级的依据之一。

（10）技术总结制度

①概述。工程完工后，项目经理部应及时组织有关人员编写工程技术总结，科研课题、"四新"项目的负责人，在课题或项目完成后应及时撰写专题报告和学术论文。

②技术总结的主要内容。工程概况、技术难度、施工方案、主要技术措施、"四新"应用情况、QC 成果、出现的技术问题及处理措施、安全技术措施实施、技术管理制度、技术档案管理、技术经济效益分析。

③学术活动。鼓励专业技术人员撰写与本职工作或专业相关的学术论文并以此来推动技术进步、人才的培养。

（11）技术档案制度

①概述。

基本建设档案资料是指在整个建设过程中形成的、应当归档的文件，包括基本项目的提出、调研、可行性研究、评估、决策、计划、勘测、设计、施工、调试、生产准备、竣工、测试生产等工作活动中形成的文字材料、图纸、图表、计算材料、声像材料等形式与载体的文件材料。

②公路工程施工技术档案管理。

第一，项目应配备专职或者兼职人员负责工程文件材料收集，形成一套完整的竣工资料上交有关单位。

第二，施工过程中应按交通运输部《公路工程竣工文件材料归档范围及保管期限》的要求收集有关工程施工活动的文字材料、图纸、图表、计算材料、声像材料。

第三，项目竣工时，应按交通运输部《公路工程竣工文件材料立卷归档管理办法》或者按照建设单位要求组卷归档、装订，并且在 3 个月内向上级单位及建设单位办理移交手续。

（二）技术负责制

1. 项目总工程师

项目总工程师是项目施工现场的技术总负责人，业务上受企业总工程师的直接领导，在项目经理的具体领导下，对该项目的技术工作全面负责，其主要职责如下。

①全面负责工程项目的技术工作和技术管理工作。

②贯彻执行国家的技术政策和上级提出的技术标准规范、验收规范和技术管理制度。

③领导编制工程项目的总体施工组织。设计、组织重大施工方案的制订和技术攻关项

目的实施，审定重要的技术文件，处理重大质量事故的安全事故。

④领导工程竣工验收和总结工作。

2. 主任工程师

施工队主任工程师是工程队长在技术管理、推行技术进步和现代化管理等方面的助手，是施工队技术管理的负责人，对工程队的技术工作负全面责任。其主要职责如下。

①全面负责单位工程的技术工作和技术管理工作。

②主持编制和审定单位工程的施工组织设计，施工组织的方案制订工作。

③参加单位工程的图纸会审和技术交底。

④组织技术人员学习和贯彻各项技术政策、技术标准、技术规范、规程和各项技术管理制度。

⑤组织制定质量保证和安全技术措施，主持单位工程的质量检查，处理施工技术、施工质量和安全问题。

⑥负责单位工程的技术总结，汇总竣工资料、原始技术凭证，做到工完资料清。

⑦领导技术学习和技术练兵。

3. 单位工程技术负责人

单位工程技术负责人是施工队主任工程师在技术管理方面的助手，在施工队长的领导下，合理安排施工顺序，具体指导作业班组按施工图的设计要求组织施工，其主要责任如下。

①开工前参与施工预算编制、审定工作，工程竣工后参与工程结算工作。

②参与编制施工组织设计并贯彻执行。

③负责所管理工程的图纸审查，向工人进行必要的技术交底。

④负责技术复核，如中线、高程、坐标的测量与复核。

⑤贯彻执行各项专业技术标准，严格操作规程、施工规范及质量验收标准。

⑥负责材料试验准备工作，如原材料试验及混凝土等混合材料的试配。

⑦向上级提供技术档案的全部资料并整理施工技术总结及绘制竣工图。

⑧参加质量检查活动及竣工验收工作。

4. 共性的职责

各级技术管理机构的职责和业务范围有所不同，但都存在以下几个方面的共性职责。

①各级技术管理机构都要深入实际，调查研究，总结和推广先进经验，为工程项目的顺利完工创造良好条件。

②向各级领导提供必要的分析资料、技术情况、技术咨询、技术建议方案和措施，便于领导决策。

③经常检查下属各职能部门和人员贯彻执行有关技术规范和规程的情况，发现问题，及时反映。

④在各自的业务范围内，负责经常性的业务工作。

（三）收集信息和开展科学技术研究

随着科学技术和社会生产力的发展，现代化大生产的生产力要素构成已经不仅仅是劳动力、简单工具和生产资料三要素，生产要素的内涵也发生了重大变化。技术和管理作为智力型生产力要素，在生产形成过程中起着越来越重要的作用。因此，要高质量、高速度、高效益地完成工程项目的建设，必须依靠科学技术的进步。技术进步的内涵和内容，已由单纯对技术成果的开发与管理发展为"全面技术进步"的概念。在具体实施过程中，就是通过大量占用企业内外及国内外的信息资料，密切结合本企业的施工实际，以提高企业施工效益和社会信誉为总目标，针对工程项目实施过程中存在的各种问题，不断进行科学的分析、试验和研究，提出行之有效的技术方法、手段和措施，积极指导和运用于施工实际，使技术进步的巨大作用，在工程项目建设中得到更大的发挥。因此，这是一项全面的、长期的和准备性的技术管理工作，要促进这项工作积极地开展，有效的办法就是建立固定的有组织和制定明确的制度，有计划地开展活动，定期检查总结，使这项技术管理工作真正贯穿于整个技术活动之中。

对于科技信息，必须重视信息资源，建立信息系统，组织交流。科技信息交流的内容主要包括有关资料的收集、整理和推广等。科技信息的获取方式，可采用人工和计算机检索、参观学习等，对于生产中的关键问题，可按专题系统收集资料，组织小型研讨会、专题讲座、现场交流等。

技术文件是根据施工的必要在施工过程中产生的，是技术管理的重要手段和对象。技术和保密等工作环节，都应该建立起一套严格的管理制度，以保证技术文件的完整性、正确性和及时性。文件的内容十分丰富，主要包括各种施工图纸和说明书、各种技术标准以及施工中的记录、签证材料等有关的技术档案。技术文件的管理，应根据实际需要建立健全专职管理机构。总公司和公司一级应建立技术档案室，项目经理部等基层单位应做好装订、归档、保管、借用和保密等环节，都应建立起一套严格的管理制度，以保证技术文件的完整性、正确性和及时性，以满足施工生产和科学研究的需要。

三、施工技术管理

(一) 施工准备阶段的技术管理

施工前的技术准备工作是为了创造有利的施工条件, 以保证施工任务顺利完成。其主要工作内容及基本任务是了解和分析建设工程特点、进度要求, 摸清施工的客观条件, 编制施工组织设计, 合理部署和全面规划施工力量, 制订合理的施工方案, 充分、及时地从技术、物资、人力和组织等方面为工程施工创造一切必要的条件, 使施工过程连续地、均衡地、有节奏地进行, 保证工程在规定期限内交付使用, 同时使工程施工在保证质量的前提下, 做到提高劳动生产率和降低工程成本。在施工准备的诸项工作之中, 以网络计划技术为手段的施工组织设计的编制应列为中心内容。

施工组织设计既是指导一个工程项目进行施工准备和施工的基本技术经济文件, 又是企业做好项目之间动态平衡的依据。根据各工程项目的施工组织设计, 企业可在人力和物力、时间和空间、技术和施工组织上作出一个全面合理的安排, 最大限度地满足人力、财力、物资、机械等在项目之间的合理流动, 达到在动态中实现平衡的目的。项目动态管理加快了各项工作的节奏, 施工组织设计的编制也适应动态管理的需要。

(二) 施工过程中的技术管理

施工过程的技术管理也即施工现场技术管理, 是施工技术管理的主要内容。项目经理部为了实现质量、工期、成本、安全的预定目标, 搞好现场文明施工, 必须加强施工过程的技术管理, 其主要内容如下。

第一, 搞好图纸会审, 坚持按图施工。

第二, 编制并优化施工方案或施工措施, 包括施工技术组织、降低成本措施、合理化建议等。

严格按照施工组织设计和施工方案的各项要求组织施工, 做好技术交流, 认真执行规范和规程, 保证施工质量和施工安全。

第三, 及时检查施工进度和计划执行情况并根据实际变化有效地调整资源使用计划, 确保工程按期完成。

第四, 认真做好施工记录和隐蔽工程检查记录。

第五, 做好施工技术资料的积累和整理, 确保与施工进度保持同步。

在项目动态管理过程中，施工节奏快，工序施工周期短，人员流动频繁。因此，各种施工记录和隐蔽工程检查记录以及一切施工技术资料的积累必须及时，与施工进度保持同步。在施工过程中，记好施工日志，按规定填写各种交工技术表格，由各有关人员签证认可，并办理质量评定验收手续。对于每个分部工程，一旦施工完毕，必须及时将施工结果的真实情况记录在案。为此，项目经理部应结合网络计划节点考核，同时考核施工技术资料的积累是否与工程进度保持同步。企业管理部门也应定期组织到各项目施工现场巡回跟踪服务，检查和督促这项工作的开展情况。

在施工过程中推行技术系统目标控制管理，对于顺利完成各项技术管理工作是非常有效的。技术系统目标管理是方针目标管理在技术系统管理中的具体应用。其要求从技术管理、质量管理、安全技术、试验检测、计量管理、技术进步等方面，将方针目标层层展开，抓住主要控制环节，制定出实施对策并明确责任单位和完成日期。其核心是用现代化的管理技术与方法实行目标预控，体现管理的先导性和规范性。其措施和方法是从基础工作入手，进行全过程与全员的控制并通过层层相关的计划执行—检查—总结循环运作，在动态中逐个实现分解的具体目标，从而在项目实施过程中保证总目标的最终实现。

（三）竣工验收阶段的技术管理

竣工验收是工程施工的最后一个环节，是全面考核施工成果、检验施工质量的重要技术管理阶段。它开展的主要工作如下。

第一，组织试验人员进行以试通车为主的全面实验检查。

第二，按单位工程组织预验收，填报竣工报告。

第三，整理交工报告，编写技术总结。

第四，向业主及监理工程师办理竣工验收和交工技术文件归档。

竣工验收阶段时间短，工作量大。因此，在该阶段应特别重视做好交工资料的收集和整理并与工程完工尽可能同步，保证迅速交工。

交工技术资料的整理有两项内容：一是指将平时积累的资料审查整理，检查有无错项和遗漏，使之成为一套完整齐全、先后有序、真实可靠、质量达标的竣工资料；二是指竣工图的绘制。由施工企业负责绘制的竣工图有两种情况。一种是按原图施工没有变动的，只要在原施工图上加盖"竣工图"章后，即作为竣工图归档。这种情况比较简单，工作量不大；另一种情况是在施工中仅作一般性设计变更，则要求在施工图上说明修改的部位，并附设计变更文件，或直接在施工图上修改，再加盖"竣工图"章。作为竣工图，这种情况的工作量较大。为了减少工作量，提高功效，缩短绘制时间，可采用刻有"此处有修改，见××号设计变更联络笺"和"此处有修改，见×月×日技术签证"的印章，并印在施工图的修改部位附近，再填上联络笺字号或技术签证日期，最后再加盖"竣工图"章。

为了抓紧抓好交工验收及竣工验收工作，作业层和项目经理部必须在工程竣工后一定时间（一般是 1 个月）内，将交工技术资料和竣工图整理装订成册，送交项目监理工程师审核，在 1 个月内与业主办理手续并返回技术资料 1 份，送交企业综合档案室存档。这一工作应视为施工进度控制网络计划延伸的最后一个节点，列入节点考核内容。

第三章 公路工程建设管理

第一节　公路工程进度管理

一、公路工程进度计划的编制特点

（一）公路工程进度计划的主要形式

1. 横道图

公路工程的进度横道图是以时间为横坐标，以各分部（项）工程或工作内容为纵坐标，按一定的先后施工顺序，用带时间比例的水平横线表示对应工作内容持续时间的进度计划图表。公路工程中常常在横道图的对应分项的横线下方表示当月计划应完成的累计工程量或工作量百分数，横线上方表示当月实际完成的累计工程量或工作量百分数。

2. S 曲线

S 曲线是以时间为横轴，以累计完成的工程费用的百分数为纵轴的图表化曲线。一般在图上标注有一条计划曲线和实际支付曲线，实际线高于计划线则实际进度快于计划，否则就慢；曲线本身的斜率也反映进度推进的快慢。有时，为反映实际进度另增加一条实际完成线（"支付"滞后于"完成"）。在公路工程中，常常将 S 曲线和横道图合并于同一张图表中，称为"公路工程进度表"，既能反映各分部（项）工程的进度，又能反映工程总体的进度。

3. 垂直图（也称"斜条图""时间里程图"）

垂直图是以公路里程或工程位置为横轴，以时间为纵轴，而各分部（项）工程的施工进度则相应地以不同的斜线表示。在图中可以辅助表示平面布置图和工程量的分布。垂直图很适合表示公路、隧道等线形工程的总体施工进度。斜线越陡进度越慢，斜线越平进度越快。

4. 斜率图

斜率图是以时间（月份）为横轴，以累计完成的工程量的百分数为纵轴，将分项工程的施工进度相应地用不同斜率表示的图表化曲（折）线。事实上就是分项工程的 S 曲（折）线，主要是作为公路工程投标文件中施工组织设计的附表，以反映公路工程的施工进度。

（二）公路施工过程组织方法和特点

公路施工过程基本组织方法有顺序作业法、平行作业法、流水作业法。

1. 顺序作业法（也称"依次作业法"）的主要特点

第一，没有充分利用工作面进行施工，（总）工期较长。

第二，每天投入施工的劳动力、材料和机具的种类比较少，有利于资源供应的组织工作。

第三，施工现场的组织、管理比较简单。

第四，不强调分工协作，若由一个作业队完成全部施工任务，不能实现专业化生产，不利于提高劳动生产率；若按工艺专业化原则成立专业作业队（班组），各专业队是间歇作业，不能连续作业，材料供应也是间歇供应，劳动力和材料的使用可能不均衡。

2. 平行作业法的主要特点

第一，充分利用了工作面进行施工，（总）工期较短。

第二，每天同时投入施工的劳动力、材料和机具数量较大，材料供应特别集中，所需作业班组很多，影响资源供应的组织工作。

第三，如果各工作面之间需共用某种资源时，施工现场的组织管理比较复杂，协调工作量大。

第四，不强调分工协作，各作业单位都是间歇作业，此点与顺序作业法相同。

这种方法的实质是用增加资源的方法来达到缩短（总）工期的目的，一般适用于需要突击性施工时施工作业的组织。

3. 流水作业法的主要特点

第一，必须按工艺专业化原则成立专业作业队（班组），实现了专业化生产，有利于提高劳动生产率，保证工程质量。

第二，专业化作业队能够连续作业，相邻作业队的施工时间能最大限度地搭接。

第三，尽可能地利用了工作面进行施工，工期比较短。

第四，每天投入的资源量较为均衡，有利于资源供应的组织工作。

第五，需要较强的组织管理能力。

这种方法可以充分利用工作面，有效地缩短工期，一般适用于工序繁多、工程量大而又集中的大型构筑物的施工，如大型桥梁工程、立交桥、隧道工程、路面等施工的组织。

（三）公路工程常用的流水施工组织

1. 公路工程常用的流水参数

（1）工艺参数：施工过程数 n（工序个数），流水强度 V。

（2）空间参数：工作面 A、施工段 m、施工层。

（3）时间参数：流水节拍 t、流水步距 K、技术间歇 Z、组织间歇、搭接时间。

2. 公路工程流水施工分类

（1）按节拍的流水施工分类

①有节拍（有节奏）流水：等节拍（等节奏）流水，所有的流水节拍相同且流水步距＝流水节拍，是理想的流水施工；异节拍（异节奏）流水，可进一步分为成倍流水（等步距异节拍）和分别流水（异步距异节拍）。

②无节拍（无节奏）流水：流水节拍一般不相同，用累加数列错位相减取大差的方法求流水步距。

（2）按施工段在空间分布形式的流水施工分类：流水段法流水施工；流水线法流水施工。

3. 路面工程的线性流水施工组织

一般路面各结构层施工的速度不同，从而持续时间往往不相同。组织路面流水施工时应注意的要点。

（1）各结构层的施工速度和持续时间。要考虑影响每个施工段的因素，水泥稳定碎石的延迟时间、沥青拌和能力、温度要求、摊铺速度、养护时间、最小工作面的要求等。

（2）相邻结构层之间的速度决定了相邻结构层之间的搭接类型，前道工序的速度快于后道工序时选用开始到开始搭接类型；否则选用完成到完成搭接类型。

（3）相邻结构层工序之间的搭接时距的计算。时距＝最小工作面长度/两工序中快的速度。

4. 通道和涵洞的流水段施工组织

在实际的公路通道和涵洞施工中，全等节拍流水较少见，更多的是异节拍流水和无节拍流水。对于通道和涵洞的流水组织主要是以流水段方式组织流水施工，而流水段方式的流水施工往往会存在窝工（资源的闲置）或间歇（工作面的闲置）。根据流水施工的组织原理，异步距异节拍流水实质上是按无节拍流水组织，引入流水步距概念就是为了消除流水施工中存在的窝工现象。消除窝工和消除间歇的方法都采用累加数列错位相减取大差的方法，构成累加数列的方法，当不窝工的流水组织时，其流水步距计算是同工序各节拍值累加构成数列；当不间歇（无多余间歇）的流水组织时，其施工段的段间间隔计算是同段各节拍值累加构成数列；错位相减取大差的计算方法，两种计算方法相同。

（1）不窝工的无节拍流水工期＝流水步距和＋最后一道工序流水节拍的和＋技术间歇和。

（2）无多余间歇的无节拍流水工期＝施工段间间隔和＋最后一个施工段流水节拍的和＋技术间歇和。

（3）有窝工并且有多余间歇的无节拍流水工期，一般通过绘制横道图来确定。如果是异节拍流水时往往是不窝工或者无多余间歇流水施工中的最小值，此时一般是无多余间歇流水工期最小。

5. 桥梁工程流水施工组织

多跨桥梁的桥梁基础或桥梁下部结构施工由于受到专业设备数量的限制，不宜配备多台，因此只能采取流水施工。桥梁的流水施工也是属于流水段法流水施工，应注意尽可能组织成有节拍的形式。工期计算与通道涵洞相同。

二、公路工程进度控制管理

（一）公路工程项目进度管理原理

公路工程项目进度管理是以现代科学管理原理作为其理论基础的，主要有动态控制原理、系统控制原理、信息反馈原理、弹性原理、封闭循环原理、网络计划技术原理。

（二）进度计划的审批

1. 进度计划的提交

（1）总体性进度计划

在中标通知书发出后合同规定的时间内，承包人应向监理工程师书面提交以下文件：

一份详细和格式符合要求的工程总体进度计划及必要的各项关键工程的进度计划；一份有关全部支付的现金流动估算；一份有关施工方案和施工方法的总说明（通过施工组织设计提出）。

（2）阶段性进度计划

在将要开工以前或在开工以后合理的时间内，承包人应向监理工程师提交以下文件：年、月（季）度进度计划及现金流动估算和分项（或分部）工程的进度计划。

2. 进度计划的审查要点

施工单位编制完进度计划后，应重点从以下几方面对进度计划进行审查。

（1）工期和时间安排的合理性

①施工总工期的安排应符合合同工期。

②各施工阶段或单位工程（包括分部、分项工程）的施工顺序和时间安排与材料和设备的进场计划相协调。

③易受冰冻、低温、炎热、雨季等气候影响的工程应安排在适宜的时间，并应采取有效的预防和保护措施。

④对动员、清场、假日及天气影响的时间，应充分考虑并留有余地。

（2）施工准备的可靠性

①所需主要材料和设备的运送日期已有保证。

②主要骨干人员及施工队伍的进场日期已经落实。

③施工测量、材料检查及标准试验的工作已经安排。

④驻地建设、进场道路及供电、供水等已经解决或已有可靠的解决方案。

（3）计划目标与施工能力的适应性

①各阶段或单位工程计划完成的工程量及投资额应与设备和人力实际状况相适应。

②各项施工方案和施工方法应与施工经验和技术水平相适应。

③关键线路上的施工力量安排应与非关键线路上的施工力量安排相适应。

（三）进度计划的检查与调整

1. 进度计划的检查

（1）公路工程项目进度检查应包括下列内容

①工作量的完成情况。

②工作时间的执行情况。

③资源使用及进度的互配情况。

④上次检查提出问题的处理情况。

（2）进度计划检查的方式

①项目部定期收集由承包单位提交的有关进度报表资料。

②由驻地监理人员现场跟踪检查公路工程的实际进展情况。

③由监理工程师定期组织现场施工负责人召开现场会议。

④上次检查提出问题的处理情况。

（3）进度计划检查的方法

①横道图比较法。横道图比较法是指将在项目实施中检查实际进度收集的信息，经整理后直接用横道线并列标于原计划的横道线处，进行直观比较的方法。

②S曲线比较法。S曲线比较法与横道图比较法不同，它不是在编制的横道图进度计划上进行实际进度与计划进度比较。它是以横坐标表示进度时间，纵坐标表示累计完成任务量，而绘制出一条按计划时间累计完成任务量的S曲线，将施工项目的各检查时间实际完成的任务量与S曲线进行实际进度与计划进度相比较的一种方法。

③香蕉曲线比较法。香蕉曲线是由两条以同一开始时间、同一结束时间的S曲线组合而成的，而且时间最好采用工期的百分数表示。其中：一条S曲线是工程按最早完成时间安排进度所绘制的S曲线，简称"ES曲线"；另一条S曲线是工作按最迟完成安排进度所绘制的S曲线，简称"LS曲线"。除了项目的开始和结束点外，ES曲线在LS曲线的上方，同一时刻两条曲线所对应完成的工作量是不同的。在项目实施过程中，理想的状况是任一时刻的实际进度在这两条曲线所包区域内的曲线R上。

④前锋线比较法。前锋线比较法是通过绘制某检查时刻工程项目实际进度前锋线，进行工程实际进度与计划进度比较的方法，它主要适用于时标网络计划。所谓前锋线，是指在原时标网络计划上，从检查时刻的时标点出发，用点划线依此将各项工作实际进展位置点连接而成的折线。前锋线比较法，是通过实际进度前锋线与原进度计划中各工作箭线交点的位置来判断工作实际进度与计划进度的偏差，进而判定该偏差对后续工作及总工期影响程度的一种方法。

通过检查，能反映出目前工作的进展情况，工作是否正常（按时）、延误或提前，是否对整个工期有影响。如果有工作延误或可能会造成延期，则需关注或采取措施进行处理。

2. 进度计划的调整

当公路工程项目施工实际进度影响到后续工作时，总工期需要对进度计划进行调整时，通常采用以下两种方法。

（1）改变某些工作间的逻辑关系

当工程项目实施中产生的进度偏差影响到总工期，且有关工作的逻辑关系允许改变时，可以改变关键工作或超过计划工期的原非关键工作（新关键工作）之间的逻辑关系，达到缩短工期的目的。例如，将顺序进行的工作改为平行作业、搭接作业以及分段组织流水作业等，都可以有效地缩短工期。

但要注意压缩过程中关键线路会随着压缩关键工作而改变或增加条数。

（2）缩短某些工作的持续时间

这种方法是不改变工程项目中各项工作之间的逻辑关系，而通过采取增加资源投入、提高劳动效率等措施来缩短某些工作的持续时间，使工程进度加快，以保证按计划工期完成该工程项目。这些被压缩持续时间的工作是位于关键线路上的（关键工作，还包括原来是非关键工作但是现在已经超过计划工期的新关键工作）。同时，这些工作又是其持续时间可被压缩的工作。这种调整方法通常可以在网络图上直接进行。

三、工程施工进度计划实施

（一）进度监测的系统过程

1. 进度计划执行中的跟踪检查

对进度计划的执行情况进行跟踪检查是计划执行信息的主要来源，是进度分析和调整的依据，也是进度控制的关键步骤。

跟踪检查的主要工作是定期收集反映工程实际进度的有关数据，收集的数据应当全面、真实、可靠，不完整或不正确的进度数据将导致判断不准确或决策失误。为了全面、准确地掌握进度计划的执行情况，监理工程师应该认真做好以下三个方面的工作。

第一，定期收集进度报表资料。进度报表是反映工程实际进度的主要方式之一。进度计划执行单位应按照进度监理制度规定的时间和报表内容，定期填写进度报表。监理工程师通过收集进度报表资料掌握工程实际进展情况。

第二，现场实地检查工程进展情况。派监理人员常驻现场，随时检查进度计划的实际执行情况，这样可以加强进度监测工作，掌握工程实际进度的第一手资料，以便使获取的数据更加及时、准确。

第三，定期召开现场会议。定期召开现场会议，既可以了解工程实际进度状况，又可以协调有关方面的进度关系。

一般情况下，进度控制的效果与收集数据资料的时间间隔有关。如果不经常地、定期地收集实际进度数据，就难以有效地控制实际进度。

进度检查的时间间隔与工程项目的类型、规模、监理对象及有关条件等多方面因素相关，可视工程的具体情况，每月、每半月或每周进行一次进度检查。在特殊情况下，甚至需要每日进行一次进度检查。

2. 实际进度数据的加工处理

为了进行实际进度与计划进度的比较，必须对收集到的实际进度数据进行加工处理，形成与计划进度具有可比性的数据。

3. 实际进度与计划进度的对比分析

将实际进度数据与计划进度数据进行比较，可以确定建设工程实际执行状况与计划目标之间的差距。为了直观反映实际进度偏差，通常采用表格或图形进行实际进度与计划进度的对比分析，从而得出实际进度比计划进度超前、滞后还是一致的结论。

（二）进度调整的系统过程

1. 分析进度偏差产生的原因

通过实际进度与计划进度的比较，发现进度偏差时，为了采取有效措施调整进度计划，必须深入现场进行调查，分析产生进度偏差的原因。

2. 分析进度偏差对后续工作和总工期的影响

当查明进度偏差产生的原因之后，要分析进度偏差对后续工作和总工期的影响程度，以确定是否应采取措施调整进度计划。

3. 确定后续工作和总工期的限制条件

当出现的进度偏差影响到后续工作或总工期而需要采取进度调整措施时，应当首先确定可调整进度的范围，主要包括关键节点允许变化的范围。这些限制条件往往与合同条件有关，需要认真分析后确定。

4. 采取措施调整进度计划

采取进度调整措施，应该以后续工作和总工期的限制条件为依据，确保要求的进度目标得到实现。

5. 实施调整后的进度计划

进度计划调整之后，应该采取相应的组织、经济、技术措施执行它，并继续监测其执行情况。

（三）横道图比较法

1. 匀速进展横道图比较法

在工程项目中，每项工作在单位时间内完成的任务量都是相等的，即工作的进展速度是均匀的，这称为匀速进展。此时，每项工作累计完成的任务量与时间呈线性关系。完成的任务量可以用实物工程量、劳动消耗量或费用支出表示。为了便于比较，通常用上述物理量的百分比表示。

采用匀速进展横道图比较法的步骤如下。

（1）编制横道图进度计划。

（2）在进度计划上标出检查日期。

（3）将检查收集到的实际进度数据经加工整理后按比例用涂黑的粗线标于计划进度的下方。

（4）对比分析实际进度与计划进度。

①如果涂黑的粗线右端落在检查日期左侧，表明实际进度拖后。

②如果涂黑的粗线右端落在检查日期右侧，表明实际进度超前。

③如果涂黑的粗线右端与检查日期重合，表明实际进度与计划进度一致。该方法仅适用于工作从开始到结束的整个过程中，其进展速度均为固定不变的情况。如果工作的进展速度是变化的，则不能采用这种方法进行实际进度与计划进度的比较，否则，会得出错误的结论。

2. 非匀速进展横道图比较法

采用非匀速进展横道图比较法的步骤如下。

（1）编制横道图进度计划。

（2）在横道线上方标出各主要时间工作的计划完成任务量累计百分比。

（3）在横道线下方标出相应时间工作的实际完成任务量累计百分比。

（4）用涂黑粗线标出工作的实际进度，从开始之日标起，同时反映出该工作在实施过程中的连续与间断情况。

（5）通过比较同一时刻实际完成任务量累计百分比和计划完成任务量累计百分比，判断工作实际进度与计划进度之间的关系。

①如果同一时刻横道线上方累计百分比大于横道线下方累计百分比，表明实际进度拖后，拖欠的任务量为二者之差。

②如果同一时刻横道线上方累计百分比小于横道线下方累计百分比，表明实际进度超前，超额完成的任务量为二者之差。

③如果同一时刻横道线上、下方两个累计百分比相等，则表明实际进度与计划进度一致。

由于工作进展速度是变化的，因此，在图中的横道线，无论是计划的还是实际的，只能表示工作的开始时间、完成时间和持续时间，并不能表示计划完成的任务量和实际完成的任务量。此外，采用非匀速进展横道图比较法，不仅可以进行某一时刻（如检查日期）实际进度与计划进度的比较，而且还能进行某一时间段实际进度与计划进度的比较。当然，这需要实施部门按规定的时间记录当时的任务完成情况。

横道图比较法虽然有记录和比较简单、形象直观、易于掌握、使用方便等优点，但是由于其以横道计划为基础，因而带有不可克服的局限性。在横道计划中，各项工作之间的逻辑关系表达不明确，关键工作和关键线路无法确定。一旦某些工作实际进度出现偏差时，难以预测其对后续工作和工程总工期的影响，也就难以确定相应的进度计划调整方法。因此，横道图比较法主要用于工程项目中某些工作实际进度与计划进度的局部比较。

（四）进度计划的调整方法

1. 改变某些工作间的逻辑关系

当工程项目实施中产生的进度偏差影响到总工期，并且有关工作的逻辑关系允许改变时，可以改变关键线路和超过计划工期的非关键线路上的有关工作之间的逻辑关系，达到缩短工期的目的。

2. 缩短某些工作的持续时间

这种方法是不改变工程项目中各项工作之间的逻辑关系，而通过采取增加资源投入、提高劳动效率等措施来缩短某些工作的持续时间，使工程进度加快，以保证按计划工期完成该工程项目。这些被压缩持续时间的工作是位于关键线路和超过计划工期的非关键线路上的工作。同时，这些工作又是其持续时间可被压缩的工作。

这种调整方法通常可以在网络图上直接进行。其调整方法根据限制条件及对其后续工作的影响程度不同而有所不同，一般有以下三种情况。

第一，网络计划中某项工作进度拖延的时间已超过其自由时差但未超过其总时差。此时该工作的实际进度不会影响总工期，而只对其后续工作产生影响。因此，在进行调整前，需要确定其后续工作允许拖延的时间限制，并以此作为进度调整的限制条件。该限制条件的确定常常较复杂，尤其是当后续工作由多个平行的承包单位负责实施时更是如此。后续工作如果不能按原计划进行，在时间上产生的任何变化都可能使合同不能正常履行，从而导致蒙受损失的一方提出索赔。因此，寻求合理的调整方案，把进度拖延对后续工作的影响减少到最低限度是监理工程师的一项重要工作。

第二，网络计划中某项工作进度拖延的时间超过其总时差。如果网络计划中某项工作进度拖延的时间超过其总时差，则无论该工作是否为关键工作，其实际进度都将对后续工作和总工期产生影响。此时，进度计划的调整方法又可分为以下三种情况：

其一，项目总工期不允许拖延。如果工程项目必须按照原计划工期完成，则只能采取缩短关键线路上后续工作持续时间的方法来达到调整计划的目的。

其二，项目总工期允许拖延。如果项目总工期允许拖延，则只需要以实际数据代替原计划数据，并重新编制实际进度检查日期之后的简化网络计划即可。

其三，项目总工期允许拖延的时间有限。如果项目总工期允许拖延，但允许拖延的时间有限。则当实际进度拖延的时间超过此限制时，也需要对网络计划进行调整，以便满足要求。具体的调整方法是以总工期的限制时间作为规定工期，对检查日期之后尚未实施的网络计划进行工期优化，即通过缩短关键线路上后续工作持续时间的方法来使总工期满足规定工期的要求。

以上三种情况都是以总工期为限制条件调整进度计划的。

需要注意的是，当某项工作实际进度拖延的时间超过其总时差而需要对进度计划进行调整时，除需考虑总工期的限制条件外，还应考虑网络计划中后续工作的限制条件，特别是对总进度计划的控制更应注意这一点。因为在这类网络计划中，后续工作也许就是一些独立的合同段。时间上的任何变化，都会带来协调上的麻烦或者引起索赔。因此，当网络计划中某些后续工作对时间的拖延有限制时，同样需要以此为条件，按前述方法进行调整。

第三，网络计划中某项工作进度超前。监理工程师对建设工程实施进度控制的任务就是在工程进度计划的执行过程中，采取必要的组织协调和控制措施，以保证建设工程按期完成。

在建设工程计划阶段所确定的工期目标，往往是综合考虑各方面因素而确定的合理工期。因此，时间上的任何变化，无论进度是拖延还是超前，都有可能造成其他目标的失控。

第二节　公路工程施工招标投标管理

一、公路工程施工招标投标管理要求

（一）公路工程施工项目必须进行招标的范围和规模

下列公路工程施工项目必须进行招标，但涉及国家安全、国家秘密、抢险救灾或者利用扶贫资金实行以工代赈等不适宜进行招标的项目除外。

1. 投资总额在 3000 万元人民币以上的公路工程施工项目。

2. 施工单项合同估算价在 200 万元人民币以上的公路工程施工项目。

3. 法律、行政法规规定应当招标的其他公路工程施工项目。

（二）公路工程施工招标投标的监督管理

交通运输部依法负责全国公路工程施工招标投标活动的监督管理。县级以上地方人民政府交通主管部门按照各自职责依法负责本行政区域内公路工程施工招标投标活动的监督管理。

（三）公路工程施工招标的招标人要求

公路工程施工招标的招标人应当是提出公路工程施工招标项目、进行公路工程施工招标的项目法人。

具备下列条件的招标人，可以自行办理招标事宜。

1. 具有与招标项目相适应的工程管理、造价管理、财务管理能力。

2. 具有组织编制公路工程施工招标文件的能力。

3. 具有对投标人进行资格审查和组织评标的能力。

（四）公路工程标准施工招标文件的主要内容和相关规定

1. 公路工程标准施工招标文件的使用说明

交通运输部《公路工程标准施工招标文件（2009 年版）》是以《标准施工招标文件（2007 年版）》（以下简称《标准施工招标文件》）为依据，考虑公路工程施工的招标特点和管理需要编制而成的。《标准施工招标文件》规定通用部分，《公路工程标准施工招标文件》不加修改地引用了《标准施工招标文件》的部分只标注相关条款号，其内容详见《标准施工招标文件》。

《公路工程标准施工招标文件（2009年版）》适用于各等级公路和桥梁、隧道建设项目，且设计和施工不是由同一承包人承担的工程施工招标。招标人根据《公路工程标准施工招标文件》编制项目招标文件时不得修改"投标人须知"和"评标办法"正文，但可在前附表中对"投标人须知"和"评标办法"进行补充、细化，补充和细化的内容不得与"投标人须知"和"评标办法"正文内容相抵触。

2. 投标人须知的主要内容

（1）投标人须知前附表

投标人须知前附表的内容对应于投标人须知正文相关条款号，主要有：项目概况，资金来源和落实情况，招标范围、计划工期和质量要求，踏勘现场，投标预备会的时间和地点，偏离范围和幅度；构成招标文件的其他材料；投标截止时间，投标有效期，工程量清单的填写方式（固化或书面），投标人须知前附表规定的其他材料；投标人递交投标文件的地点等。

（2）投标人须知正文

投标人须知正文有10点：总则，招标文件，投标文件，投标，开标，评标，合同授予，重新招标和不再招标，纪律和监督，需要补充的其他内容。

3. 公路工程招标文件的主要内容

（1）招标公告（或投标邀请书）。

（2）投标人须知。

（3）评标办法。

（4）合同条款及格式。

（5）工程量清单。

（6）图纸。

（7）技术规范。

（8）投标文件格式。

（9）投标人须知前附表规定的其他材料。

招标文件所作的澄清、修改，构成招标文件的组成部分。当招标文件、招标文件的澄清或修改等在同一内容的表述上不一致时，以最后发出的书面文件为准。

4. 公路工程投标文件的组成

（1）投标函及投标函附录。

（2）法定代表人身份证明或附有法定代表人身份证明的授权委托书。

（3）联合体协议书（如果有）。

（4）投标保证金。

（5）已标价工程量清单。

（6）施工组织设计。

（7）项目管理机构。

（8）拟分包项目情况表。

（9）资格审查资料。

（10）承诺函。

（11）调价函及调价后的工程量清单（如有）。

（12）投标人须知前附表规定的其他材料。

5. 投标文件废标的情况

（1）在开标时的两种废标情况

开标过程中，若招标人发现投标文件出现以下任一情况，经监标人确认后当场宣布为废标：

①未在投标函上填写投标总价；

②投标报价或调整函中的报价超出招标人公布的投标控制价上限。

（2）在评标时的废标情况

在相应评标办法前附表中约定的各种情况，主要针对重大偏差情况明确了废标规定。

（五）招标公告发布和编制招标文件的时间要求

招标人应当按照招标公告或者投标邀请书规定的时间、地点出售资格预审文件和招标文件。资格预审文件和招标文件的发售时间不得少于5天。招标人应当合理确定资格预审申请文件和投标文件的编制时间。编制资格预审申请文件的时间，自开始发售资格预审文件之日起至潜在投标人提交资格预审申请文件截止时间止，不得少于14天。编制投标文件的时间，自招标文件开始发售之日起至投标人提交投标文件截止时间止，高速公路、一级公路、技术复杂的特大桥梁、特长隧道不得少于28天，其他公路工程不得少于20天。

（六）招标文件的批准或备案

国道主干线和国家高速公路网建设项目的工程施工招标文件应当报交通运输部备案，其他公路建设项目的工程施工招标文件应当按照项目管理权限报县级以上地方人民政府交通主管部门备案。

交通主管部门发现招标文件存在不符合法律、法规及规章规定内容的，应当在收到备案文件后的7天内，提出处理意见，及时行使监督检查职责。

招标人如需对已出售的招标文件进行必要的澄清或修改，应当在投标截止日期15天前以书面形式通知所有招标文件收受人，并应当按照上述规定进行备案。

对招标文件澄清或者修改的内容为招标文件的组成部分。

（七）标底的编制要求

招标项目可以不设标底，进行无标底招标。招标人设定标底的，可自行编制标底或者委托具备相应资格的单位编制标底。标底编制应当符合国家有关工程造价管理的规定，并应当控制在批准的概算以内。招标人应当采取措施，在开标前做好标底的保密工作。

（八）对投标人的资质要求和资格审查要求的公平性

招标文件中关于投标人的资质要求，应当符合法律、行政法规的规定。招标人不得在招标文件中制定限制性条件阻碍或者排斥投标人，不得规定以获得本地区奖项等要求作为评标加分条件或者中标条件。

招标人审查潜在投标人的资格，应当严格按照资格预审的规定进行，不得采用抽签、摇号等博彩性质的方式进行资格审查。

（九）资格审查

1. 投标人的资格要求

（1）投标人应具备承担本标段施工的资质条件、能力和信誉。包括：资质条件、财务要求、业绩要求、信誉要求、项目经理资格和其他要求。

（2）投标人须知前附表规定接受联合体投标的，除应符合投标人应具备承担本标段施工的资质条件、能力和信誉要求和投标人须知前附表的要求外，还应遵守以下规定。

①联合体各方应按招标文件提供的格式签订联合体协议书，明确联合体牵头人和各方

权利义务。

②由同一专业的单位组成的联合体，按照资质等级较低的单位确定资质等级。

③联合体各方不得再以自己名义单独或参加其他联合体在同一标段中投标。

④联合体所有成员数量不得超过投标人须知前附表规定的数量。

⑤联合体牵头人所承担的工程量必须超过总工程量的 50%。

⑥联合体各方应分别按照本招标文件的要求，填写投标文件中的相应表格，并由联合体牵头人负责对联合体各成员的资料进行统一汇总后一并提交给招标人，联合体牵头人所提交的投标文件应认为已代表了联合体各成员的真实情况。

⑦尽管委任了联合体牵头人，但联合体各成员在投标、签约与履行合同过程中，仍负有连带的和各自的法律责任。

（3）投标人不得存在下列情形之一

①招标人不具有独立法人资格的附属机构（单位）。

②为本标段前期准备提供设计或咨询服务的，但设计施工总承包的除外。

③本标段的监理人。

④本标段的代建人。

⑤为本标段提供招标代理服务的。

⑥与本标段的监理人或代建人或招标代理机构为同一个法定代表人的。

⑦与本标段的监理人或代建人或招标代理机构相互控股或参股的。

⑧与本标段的监理人或代建人或招标代理机构相互任职或工作的。

⑨被责令停业的。

⑩被暂停或取消投标资格的。

⑪财产被接管或冻结的。

⑫在最近 3 年内有骗取中标或严重违约或重大工程质量问题的。

⑬经审查委员会认定会对承担本项目造成重大影响的正在诉讼的案件。

⑭被省级及以上交通主管部门取消项目所在地的投标资格或禁止进入该区域公路建设市场且处于有效期内的。

⑮为投资参股本项目的法人单位的。

2. 资格审查的诚信要求和激励以及不诚信的处理

各省级交通主管部门要加快市场信用体系建设，充分利用现有信用信息资源，体现"褒奖诚信，惩戒失信"的政策导向。对诚实守信单位，在招投标、履约保证金、质量保证金等方面给予一定的奖励，对存在不良信用信息的从业单位，在市场准入、招标评标等方面适当惩戒，并加大对其承建项目的监管力度。项目法人应正确使用信用信息，对于省级交通主管部门作出的取消从业单位投标资格或禁止进入区域公路建设市场的行政处罚，要严格按照确定的市场范围和处罚期限执行，不得再以其他任何条件限制潜在投标人参与投标。

3. 资格预审的办法

资格预审办法由资格审查办法前附表和资格审查办法正文两部分组成，正文部分不得修改，只能在前附表中补充、细化，且不能与正文内容相抵触。资格预审办法分为合格制和有限数量制。资格预审的程序如下。

（1）初步审查

审查委员会依据初步审查标准，对资格预审申请文件进行初步审查。有一项因素不符合审查标准的，不能通过资格预审。审查委员会可以要求申请人提交"申请人须知"标准规定的有关证明和证件的原件，以便核验（注：申请人资质、财务、业绩等）。

（2）详细审查

审查委员会依据详细审查标准，对通过初步审查的资格预审申请文件进行详细审查。有一项因素不符合审查标准的，不能通过资格预审。通过详细审查的申请人，除应满足初步审查标准和详细审查标准外，还不得存在下列任何一种情形。

①不按审查委员会要求澄清或说明的；

②有"申请人须知"标准规定的任何一种情形的；

③在资格预审过程中弄虚作假、行贿或有其他违法违规行为的。

（3）资格预审申请文件的澄清

在审查过程中，审查委员会可以书面形式，要求申请人对所提交的资格预审申请文件中不明确的内容进行必要的澄清或说明。申请人的澄清或说明采用书面形式，并不得改变资格预审申请文件的实质性内容。申请人的澄清和说明内容属于资格预审申请文件的组成部分。招标人和审查委员会不接受申请人主动提出的澄清或说明。

（4）评分

通过详细审查的申请人不少于 3 个且没有超过资格审查办法前附表中所规定数量的，均通过资格预审，不再进行评分。

通过详细审查的申请人数量超过资格审查办法前附表中所规定数量的，审查委员会依据资格审查办法前附表中评分标准进行评分，按得分由高到低的顺序进行排序。

合格制的资格预审办法只需通过初步审查和详细审查即可，不设人数限制并且不进行评分。

二、公路工程施工招标条件与程序

（一）公路工程施工招标的条件

1. 公路工程施工招标的项目应具备的条件

规定公路工程施工招标的项目应当具备下列条件。

（1）初步设计文件已被批准。

（2）建设资金已经落实。

（3）项目法人已经确定，并符合项目法人资格标准要求。

2. 初步设计文件的内容和批准

（1）初步设计文件的内容，包括初步设计的概算以及招标所需的设计图纸及技术资料等。

（2）初步设计文件的批准。初步设计文件应当履行审批手续的，已经获得批准。招标范围、招标方式和招标组织形式等应当履行核准手续的，已经核准。

3. 建设资金已经落实的具体要求

根据《建筑工程施工许可管理办法》的规定：建设资金已经落实，是指建设工期不足1年的，到位资金原则上不得少于工程合同价的50%；建设工期超过1年的，到位资金原则上不得少于工程合同价的30%。建设单位应当提供银行出具的到位资金证明，有条件的可以实行银行付款保函或者其他第三方担保。

4. 项目法人的确定与资格要求

《公路建设市场管理办法》第十一条和第十二条的对于项目法人的规定如下：公路建设项目依法实行项目法人责任制。项目法人可自行管理公路建设项目，也可委托具备法人资格的项目建设管理单位进行项目管理。收费公路建设项目法人和项目建设管理单位进入公路建设市场实行备案制度。

5. 招标条件的公告格式

本招标项目项目名称已由项目审批、核准或备案机关名称以批文名称及编号批准建设，项目业主为项目法人，建设资金来自资金来源，项目出资比例为填入数字，招标人为项目法人、代建单位。项目已具备招标条件，现进行公开招标，特邀请有兴趣的潜在投标人（以下简称申请人）提出资格预审申请。

6. 施工招标的法定方式

公路工程施工招标分为公开招标和邀请招标。

（二）公路工程施工招标的程序

1. 公路工程施工招标的法定程序

公路工程施工招标应当按下列程序进行：

第一，确定招标方式，采用邀请招标的，应当按照国家规定报有关主管部门审批；

第二，编制投标资格预审文件和招标文件，招标文件按照本办法规定备案（国道主干线和国家高速公路网建设项目的工程施工招标文件应当报交通运输部备案，其他公路建设项目的工程施工招标文件应当按照项目管理权限报县级以上地方人民政府交通主管部门备案）；

第三，发布招标公告，发售投标资格预审文件，采用邀请招标的，可直接发出投标邀请书，发售招标文件；

第四，对潜在投标人进行资格审查；

第五，向资格预审合格的潜在投标人发出投标邀请书和发售招标文件；

第六，组织潜在投标人考察（或踏勘）招标项目工程现场，召开标前会（投标预备会）；

第七，接受投标人的投标文件，公开开标；

第八，组建评标委员会评标，推荐中标候选人；

第九，确定中标人，评标报告和评标结果按照本办法规定备案并公示；

第十，发出中标通知书；

第十一，与中标人订立公路工程施工合同。

2. 接受投标人的投标文件并公开开标

招标人对投标人按时送达并符合密封要求的投标文件，应当签收，并妥善保存。招标人不得接受未按照要求密封的投标文件及投标截止时间后送达的投标文件。

3. 评标并推荐中标人

评标办法有三种，分别是综合评估法、合理低标价法、经评审的最低投标价法。公路工程施工招标评标，一般应当使用合理低标价法。使用世界银行、亚洲开发银行等国际金融组织贷款的项目和规模较小、技术含量较低的工程，可使用经评审的最低投标价法。不同的评标方法其分值构成和评分标准不同，但是三种方法都是由评标办法前附表和评标办法正文组成。

除"投标人须知"前附表授权直接确定中标人外，评标委员会按照得分由高到低的顺序推荐中标候选人。

4. 定标

除"投标人须知"前附表规定评标委员会直接确定中标人外，招标人依据评标委员会推荐的中标候选人确定中标人，评标委员会推荐中标候选人的人数依照"投标人须知"前附表的规定人数一般不超过 3 人。

三、公路工程施工投标条件与程序

（一）公路工程施工投标的条件

1. 投标人应具备的条件

（1）投标人资质要求

①企业资质。

投标人基本情况表应附企业法人营业执照副本（全本）的复印件（并加盖单位章）、施工资质证书副本（全本）的复印件（并加盖单位章）、安全生产许可证副本（全本）的复印件（并加盖单位章）、基本账户开户许可证的复印件（并加盖单位章）。

②人员资质。

拟委任的项目经理和项目总工资历表应附项目经理（以及备选人）和项目总工（以及备选人）的身份证、职称资格证书以及资格审查条件所要求的其他相关证书（如建造师注册证书、安全生产考核合格证书等）的复印件，应提供其担任类似项目的项目经理和项目总工的相关业绩证明材料复印件，并应附投标人所属社保机构出具的拟委任的项目经理和项目总工参加社保的有效证明材料（并加盖社保机构单位章）。投标人在投标文件中填报的项目经理（以及备选人）和项目总工（以及备选人）不允许更换。

（2）财务状况要求

近年财务状况表应附经会计师事务所或审计机构审计的财务会计报表，包括资产负债表、现金流量表、利润表和财务情况说明书的复印件，具体年份要求见投标人须知前附表。

（3）工程业绩

近年完成的类似项目情况表应附中标通知书和（或）合同协议书、工程接收证书（工程竣工验收证书）的复印件，具体年份要求见投标人须知前附表。每张表格只填写一个项目，并标明序号。

工程接受证书（工程竣工验收证书）可以是发包人出具的公路工程（标段）交工验收证书或竣工验收委员会出具的公路工程竣工验收鉴定书或质量监督机构对各参建单位签发的工作综合评价等级证书。

正在施工和新承接的项目情况表应附中标通知书和（或）合同协议书复印件。每张表格只填写一个项目，并标明序号。

2. 投标的要求

投标人应当按照招标文件的要求，按时参加招标人主持召开的标前会并勘查现场。投标人应当按照招标文件的要求编制投标文件，并对招标文件提出的实质性要求和条件作出响应。

投标文件中投标函及投标函附录、投标报价部分应当由投标人的法定代表人或其授权的代理人签字，并加盖投标人印章，其他部分应当按照招标文件的要求签署。

投标文件按照要求送达后，在招标文件规定的投标截止时间前，投标人如需撤回或者修改投标文件，应当以正式函件提出并作出说明。修改投标文件的函件是投标文件的组成部分，其形式要求、密封方式、送达时间，适用对投标文件的规定。

投标人未按照要求密封的投标文件以及投标截止时间后送达的投标文件。招标人不得接受。

（二）公路工程施工投标的程序

1. 公路工程施工投标的程序

公路工程施工投标的程序，如图 3-1 所示。

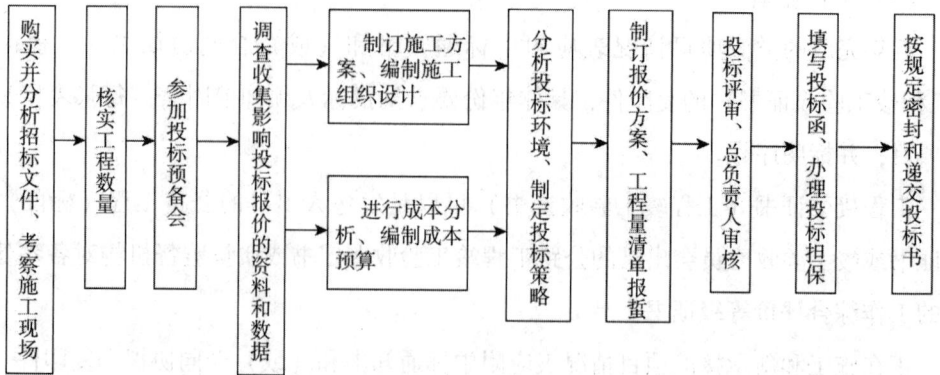

图 3-1　公路工程施工投标的程序

2. 承诺函的格式

（招标人名称）：

我方参加了（项目名称）标段施工投标，若我方中标，我方在此承诺：

若本项目资格预审文件或招标文件未要求我方在资格预审申请文件或投标文件中填报派驻本标段的其他主要管理人员和技术人员及主要机械设备和试验检测设备，在招标人向我方发出中标通知书之前，我方将按照合同附件提出的最低要求填报派驻本标段的其他主要管理人员和技术人员及主要机械设备和试验检测设备，在经招标人审批后作为派驻本标段的项目管理机构主要人员和主要设备且不进行更换。

若我方已按本项目资格预审文件或招标文件要求在资格预审申请文件或投标文件中填报派驻本标段的其他主要管理人员和技术人员及主要机械设备和试验检测设备，我方将严格按照在资格预审申请文件或投标文件中填报的其他主要管理人员和技术人员及主要机械设备和试验检测设备组织进场施工，且不进行更换。

如我方违背了上承诺，本项目招标人有权取消我方的中标资格，并由招标人将我方的违约行为上报省级交通主管部门，作为不良记录纳入公路建设市场信息管理系统。

投标人：（盖单位章）

法定代表人或其委托代理人：（签字）

年　月　日

3. 签订合同

招标人和中标人应当自中标通知书发出之日起 30 天内，根据招标文件和中标人的投标文件订立书面合同。中标人无正当理由拒签合同的，招标人取消其中标资格，其投标保证金不予退还；给招标人造成的损失超过投标保证金数额的，中标人还应当对超过部分予以赔偿。

4. 投标人被没收投标保证金的情况

（1）投标人在规定的投标有效期内撤销或修改其投标文件。

（2）中标人在收到中标通知书后，无正当理由拒签合同协议书或未按招标文件规定提交履约担保。

（3）投标人不接受依据评标办法的规定对其投标文件中细微偏差进行澄清和补正。

（4）投标人提交了虚假资料。

第四章 公路工程质量管理

第一节 公路工程质量管理概述

一、工程质量的定义

（一）质量

我国国家标准（GB/T 19000—2000）和国际标准（ISO 9000:2000）中，质量的定义为一组固有特性满足要求的程度。

该定义中的质量不仅针对产品，即过程的结果，也可以是某项行动或过程的工作质量，还可以是质量管理体系运行的质量。质量是由一组固有特性组成的，这些固有特性是指满足顾客和其他相关方要求的特性，且将在其行动、态度、活动和过程中体现，并由其满足要求的程度加以表征。

定义中的特性是指事物所特有的性质。质量特性是固有的特性，是通过产品、过程或体系设计和开发及实现过程形成的属性。固有的意思是指在某事或某物中本来就有的，尤其是那种永久的特性。赋予的特性（如某一产品的价格）并非产品、过程或体系的固有特性，不是它们的质量特性。

定义中的满足要求就是应满足明示的（如合同、规范、标准、技术、文件、图纸中明确规定的）、通常隐含的（如组织的惯例、一般习惯）或必须履行的（如法律、法规、行业规则）的需要和期望。与要求相比较，满足要求的程度才反映为质量的好坏。对质量的要求除考虑满足顾客的需要外，还应考虑其他相关方，即组织自身利益、提供原材料和零部件等供方的利益和社会的利益等多种需求。例如，需考虑安全性、环境保护、节约能源等外部的强制要求。只有全面满足这些要求，才能评定为好的质量或优秀的质量。

另外，有关方面对产品、过程或体系的质量要求是动态的、发展的和相对的。质量要求随着时间、地点、环境的变化而变化。如随着技术的发展、生活水平的提高，人们对产品、过程或体系会提出新的质量要求。因此，应定期评定质量要求、修订规范标准，不断开发新产品、改进老产品，以满足已变化的质量要求。另外，不同国家和不同地区因自然环境条件、技术发达程度、消费水平和民俗习惯等的不同会对产品提出不同的要求，产品应具有对环境的适应性，对不同地区提供不同性能的产品，以满足该地区用户的明示或隐含的要求。

（二）产品质量

产品质量是指产品满足人们在生产及生活中所需要的使用价值及其属性。它体现为产品的内在和外观质量指标。

（三）工程项目质量

工程项目质量包括工程产品实体和服务两类特殊产品的质量。其中，工程实体作为一种综合加工的产品，其质量是指建筑工程产品适合于某种规定的用途，满足人们要求所具备的质量特性的程度。"服务"是一种无形的产品，服务质量是指企业在推销、销售、售后服务过程中满足用户要求的程度。其质量特性依服务业内不同行业而异，但一般包括服务时间、服务能力、服务态度等。

公路工程建设项目具有须实行招标投标、投资额大、生产周期长的特点，因此服务质量同样是公路工程项目质量的主要因素之一。公路行业的服务质量既可以是定量的，也可以是定性的。例如，施工工期是定量的，而现场布置、施工单位与现场监理之间的协作配合、工程竣工后的保修等则是定性的。

（四）工作质量

工作质量是指参与工程的建设者为了保证工程项目质量所从事工作的水平和完善程度。工作质量包括社会工作质量、生产过程工作质量等，它是质量的广义内容。工作质量不像产品质量那样直观，它体现在整个企业的一切技术和管理活动中，要保证工作质量，就要求有关部门和人员精心工作，协调配合，对影响工程质量的所有因素严格控制，通过工作质量来保证工程质量。

要保证公路工程建设处于较高的工作质量水平，必须从人（man）、材料（material）、设备（machine）、方法（method）和环境（environment）五大要素入手，简称"4MIE"。

二、工程项目质量管理

（一）质量策划

质量策划是为质量和采用的质量体系要素确定目标和要求而进行的一系列活动。它包括如下内容。

第一，工程策划。对质量特性进行识别、分类和重要性评定，确定质量目标、要求和要素条件。

第二，管理和作业策划。为实施质量体系做准备，包括组织与进度安排。

第三，编制质量计划并为质量改进做好准备。

（二）质量控制

质量控制也就是施工质量控制，即为满足工程质量要求所采取的施工作业技术和活动。施工作业技术和活动的主要内容如下。

第一，确定控制计划与标准。

第二，实施控制计划与标准，并在实施过程中进行连续监视、评价和验证。

第三，纠正不符合计划与程序的现象。

第四，排除质量形成过程中的不良因素与偏离规范现象，使其恢复正常状态。

（三）质量保证

为使人们确信所建造的公路能满足质量要求，在质量体系内所开展的并按需要进行证实的有计划和有系统的全部活动，称为质量保证。质量保证的核心在于使政府监督部门、工程业主和监理部门确信，施工单位有能力满足规定的质量要求，给它们提供信任感。为此，施工单位必须做到下述两点。

第一，提供充分必要的证据和记录。

第二，接受评价，例如政府质量监督部门、工程业主、监理部门和企业高层管理者组织实施的质量审核、质量监督、质量认证、质量评价（评审）。

质量保证还分为内部质量保证和外部质量保证。为了使本企业高层管理者确信本施工单位具备满足质量要求的能力所进行的活动，称为"内部质量保证"。其中，包括质量审核、质量体系复审、质量评价、工序质量验证等。它是企业质量管理职能的活动内容之一。为了使政府质量监督部门、工程业主和监理部门确信施工单位具备满足质量要求的能力所进行的活动，称为"外部质量保证"。在外部质量保证活动中，首先，应把工程业主对施工单位的质量要求（如依照何种标准，需补充的保证要求及其水平）列入合同；其次，对施工单位的质量体系进行审核、验证和评价。施工单位应向施工监理部门提供有关质量体系能满足合同要求的证据，包括质量手册程序性文件、质量计划、质量凭证与记录、见证材料等。

（四）质量体系

质量体系是为实施质量管理，由组织机构、职责、程序、过程和资源构成的有机整体。其中，所表述的"组织机构、职责"是指影响工程质量的组织体制。一般包括：领导职责与质量管理职能；质量机构的设置；各机构的质量职能、职责以及它们之间的纵向与横向关系；质量工作网络与质量信息传递与反馈等。所表述的"程序"是指为完成某项活动所规定的活动目的、范围、做法、时间进度、执行人员、控制方法与记录等。这些一般应通过管理标准、工作标准、规章制度、规程等予以体现。所表述的"有机整体"是指质量体系应由若干相互紧密联系的要素构成。它们一般包括工程设计、施工承包合同、标准规范、人员、物资采购、施工准备、质量管理方法的应用、工程安全与责任、测量和试验设备的控制、施工过程控制、不合格控制、纠正措施、工程竣工验证、竣工养护、质量文件和记录等。此外，还应有必要的体系文件，即质量手册工程序性文件（包括管理性程序文件、技术性文件）、质量计划等。

（五）质量管理、质量保证、质量控制、质量体系之间的关系

通过对上述概念的分别阐述，可以得出质量管理涵盖了质量保证、质量控制、质量体系。其中，质量保证、质量控制是质量管理的具体实施方法与手段；质量体系是质量管理的组织、程序与资源的规范化、系统化。

（六）质量职能

质量管理在很大程度上是对质量职能的管理。所谓质量职能，是指质量形成全过程所必须发挥的质量管理功能及其相应的质量活动。从公路工程质量形成的规律来看，直接影响公路工程质量的主要质量职能有研究设计、投标承包、施工准备、采购供应、施工建造、质量检验、使用养护等。

一般来说，质量职能不同于质量职责。质量职能是针对质量形成全过程的客观需要提出来的质量活动属性与功能，具有科学性，是相对稳定的；而质量职责是为了实现质量职能，对部门、岗位与个人提出的具体的质量工作任务，并赋予责、权、利，具有规定性与法定性，是人为的、可变的。因而，可以说质量职能是制定质量职责的依据，质量职责是落实质量职能的方式或手段。

三、工程质量的形成过程

公路工程项目质量的形成是随着工程建设进程的完成而形成的。

公路工程建设的不同阶段，对工程项目质量的形成起着不同的作用及影响。

（一）项目可行性研究

项目可行性研究是在项目建议书和项目策划的基础上，运用经济学原理对投资项目的技术、经济、社会、环境及所有方面进行调查研究，对各种可能的拟建方案和建成投产后的经济效益、社会效益和环境效益等进行技术经济分析、预测和论证，确定项目建设的可行性，并在可行的情况下通过多方案比较从中选择出最佳建设方案，作为项目决策和设计的依据。在此阶段，需要确定工程项目的质量要求并与投资目标相协调。因此，项目的可行性研究直接影响项目的决策质量和设计质量。

（二）项目决策

项目决策阶段是通过项目可行性研究和项目评估，对项目的建设方案作出决策，使项目的建设充分反映业主的意愿并与地区环境相适应，做到投资、质量、进度三者协调统一。所以，项目决策阶段对工程质量的影响主要是确定工程项目应达到的质量目标和水平。

（三）工程勘察、设计

工程的勘察是为工程建设路线的选择和工程的设计与施工提供资料依据。而工程设计是根据建设项目总体需求（包括已确定的质量目标和水平）和勘察报告，对工程的外形和内在的实体进行筹划、研究、构思、设计和描绘，形成设计说明书和图纸等相关文件，使得质量目标和水平具体化，为施工提供直接依据。在一定程度上，设计的完美性也反映了一个国家的科技水平和文化水平。设计的严密性、合理性也决定了工程建设的成败，是建设工程的安全、适用、经济与环境保护等措施得以实现的保证。

（四）工程施工

工程施工是指按照设计图纸和相关文件的要求，将设计意图付诸实现的测量、作业、检验，形成工程实体、建成最终产品的活动。任何优秀的勘察设计成果，只有通过施工才能变为现实。因此，工程施工活动决定了设计意图能否体现，它直接关系到工程是否安全可靠、使用功能是否得以保证以及外表观感能否体现建筑设计的艺术水平。在一定程度上，工程施工是形成实体质量的决定性环节。

（五）工程竣工验收

工程竣工验收就是对项目施工阶段质量的检查评定，考核项目质量是否达到设计的要求，是否符合决策阶段确定的质量目标和水平，并通过验收确保工程项目的质量。

第二节 工程项目质量控制

一、工程项目施工质量控制

（一）工程项目施工质量控制的依据

1. 质量管理与控制的基础资料

（1）工程承包合同文件

工程施工承包合同文件和监理合同中分别规定了参与建设的各方在质量控制方面的权利和义务的条款，有关各方必须履行在合同中的承诺。

（2）设计文件

按图施工是施工阶段质量控制的一项重要原则。因此，经过批准的设计图纸和技术说明书等设计文件，无疑是质量管理的重要依据。

（3）国家及政府有关部门颁布的有关质量管理方面的法律、法规性文件全国人大常委会和国务院颁布的法律法规有《中华人民共和国合同法》《中华人民共和国建筑法》《中华人民共和国公路法》《中华人民共和国招标投标法》《工程建设质量管理条例》等；交通运输部颁布的部门规章有《公路工程监理规范》等。

2. 质量检验与控制的法规

（1）质量检验与验收标准；

（2）有关材料、设备质量检验标准；

（3）有关工序质量控制标准。

对于公路工程施工来说主要有《公路工程质量检验评定标准》和其他公路工程的设计和施工技术规范。

（二）工程项目施工质量控制的过程和阶段

1. 质量控制的过程

任何工程项目都是由分项工程、分部工程和单位工程所组成的，而分项工程项目又是通过一道道工序来完成的。根据工程实体的形成过程，工程项目施工质量系统控制过程为工序质量、分项工程质量、分部工程质量、单位工程质量。

2. 工程施工项目质量控制的阶段

为了加强对施工项目的质量控制，明确各施工阶段质量控制的重点，可把施工项目质量控制分为事前控制、事中控制和事后控制三个阶段。

（1）事前质量控制

是指在正式施工前进行的质量控制，其控制重点是做好施工准备工作。

①施工准备的范围。全场性施工准备是以整个项目施工现场为对象而进行的各项施工准备。单位工程施工准备是以一个建筑物或构筑物为对象而进行的施工准备。分项（部）工程施工准备是以单位工程中的一个分项（部）工程或冬季、雨季施工为对象而进行的施工准备。项目开工前的施工准备是在拟建项目正式开工前所进行的一切施工准备。项目开工后的施工准备是在拟建项目开工后，每个施工阶段正式开工前所进行的施工准备，每个阶段的施工内容不同，其所需的物质技术条件、组织要求和现场布置也不同，因此必须做好相应的施工准备。

②施工准备的内容。

a. 技术准备，包括项目扩大初步设计方案的审查，熟悉和审查项目的施工图纸，项目建设地点的自然条件，技术经济条件调查分析，编制项目施工组织设计等。

b. 物质准备，包括建筑材料准备、构配件和制品加工准备、施工机具准备、生产工艺设备准备等。

c. 组织准备，包括建立项目组织机构，集结施工队伍，对施工队伍进行入场教育等。

d. 施工现场准备，包括控制网、水准点、标桩的测量；五通一平，生产、生活临时设施等的准备；组织机具、材料进场；拟订有关试验、试制和技术进步项目计划；编制季节性施工措施；制定施工现场管理制度等。

（2）事中质量控制

是指在施工过程中进行的质量控制。

事中质量控制的策略是全面控制施工过程，重点控制工序质量。

具体措施有：工序交接时进行检查；质量预控制定对策；施工项目有配套方案；技术措施有交底文件；图纸的会审记录；材料配制有相应试验；隐蔽工程验收；计量仪器定期校正；设计变更有手续；钢筋代换制度；质量处理复查；成品保护措施；质量文件档案等。

（3）事后质量控制

是指在完成施工过程形成产品的质量控制。

事中控制具体工作内容如下。

①组织试通车。

②准备竣工验收资料，组织自检和初步验收。

③按规定的质量评定标准和办法，对完成的分项、分部工程及单位工程进行质量评定。

④组织竣工验收，按设计文件规定的内容和合同规定的内容完成施工，并保证质量达到国家质量标准，能满足生产和使用要求；主要大型结构物完工，投入试通车，交工验收的建筑物能正常使用，交工验收的工程现场清理完毕；技术档案资料齐全。

（三）施工工程项目质量控制的方法

施工工程项目质量控制的方法主要是审核有关技术文件、报告和直接进行现场检查或必要的试验等。

1. 审核有关技术文件、报告或报表

对技术文件、报告、报表的审核是项目经理对工程质量进行全面控制的重要手段。其具体内容有：审核有关技术资质证明文件；审核开工报告，并通过现场核实审核施工方案、施工组织设计和技术措施；审核有关材料、半成品的质量检验报告；审核反映工序质量动态的统计资料或控制图表；审核设计变更、修改图纸和技术核定书；审核有关质量问题的处理报告；审核有关应用新工艺、新材料、新技术、新结构的技术鉴定书；审核有关工序交接检查、分项、分部工程质量检查报告；审核并签署现场有关技术签证、文件等。

2. 现场质量检查

（1）现场质量检查的内容

①开工前检查。其目的是检查是否具备开工的条件，开工后能否连续正常施工，能否保证工程质量。

②工序交接检查。对于重要的工序或对工程质量有重大影响的工序，在自检、互检的基础上，还要组织专职人员进行工序交接检查。

③分项、分部工程完工后，应经检查认可，签署验收记录后，才能进行下一个工程项目施工。

④隐蔽工程检查。凡是隐蔽工程均应检查认证后方能掩盖。

⑤停工后复工前的检查。因处理质量问题或某种原因停工后需复工时，也应经检查认可后方能复工。

⑥成品保护检查。检查成品有无保护措施，或保护措施是否可靠。

此外，还应经常深入现场，对施工操作质量进行巡视检查；必要时，还应进行跟班检查或追踪检查。

（2）现场质量检查的方法

现场进行质量检查的方法有目测法、实测法和试验法三种：

①目测法是指通过看、摸、敲、照的手段进行质量检查；

②实测法是指通过实测数据与施工规范及质量标准所规定的允许偏差对照，来判断质量是否合格；

③试验法是指通过试验手段对质量进行判断的检查方法。

（四）工序质量控制

工程质量是在施工工序中形成的，而不是靠最后检验形成的。为了把工程质量从事后检查把关转向事前控制，达到"以预防为主"的目的，必须加强施工工序的质量控制。

1. 工序质量控制的概念

工程项目的施工过程是由一系列相互关联、相互制约的工序所构成的，工序质量是基础，其将直接影响到工程项目的整体质量。要控制工程项目施工过程的质量，首先必须控制工序的质量。

工序质量包含工序活动条件的质量和工序活动效果的质量两个方面的内容。从质量控制的角度来看，这两者是互为关联的，一方面要控制工序活动条件的质量，即每道工序投入品的质量是否符合要求；另一方面要控制工序活动效果的质量，即每道工序施工完成的工程产品是否达到有关质量标准。

工序质量的控制就是对工序活动条件的质量控制和工序活动效果的质量控制，据此来实现对整个施工过程的质量控制。

工序质量控制的原理是采用数理统计方法，通过对工序一部分（子样）检验的数据进行统计、分析，来判断整道工序的质量是否稳定、正常。若不稳定或产生异常情况，必须及时采取相应对策和措施予以改善，从而实现对工序质量的控制，其控制步骤如下。

第一，实测。采用必要的检测工具和手段，对抽出的工序子样进行质量检验。

第二，分析。对检验所得的数据通过直方图法、排列图法或管理图法等进行分析，了解这些数据所遵循的规律。

第三，判断。根据数据分布规律分析的结果，如数据是否符合正态分布曲线、是否在上下控制线之间、是否在公差（质量标准）规定的范围内等，对整个工序的质量进行判断，从而确定每道工序是否达到质量标准。若出现异常情况时，即可寻找原因，采取相应对策和措施加以预防，这样便可达到控制工序质量的目的。

2. 工序质量控制的内容

第一，严格遵守工艺规程。施工工艺和操作规程是进行施工操作的依据和法规，是确保工序质量的前提，任何时候都必须严格执行，不得违反。

第二，主动控制工序活动条件的质量。工序活动条件的内容较多，主要是指影响质量的五大因素，即施工操作者、材料、施工机械设备、施工方法和施工环境等。只要使这些因素处于切实有效的控制状态，确保工序投入品的质量，避免系统性因素变异发生，就能保证每道工序的质量正常、稳定。

第三，及时检验工序活动效果的质量。工序活动效果是评价工序质量是否符合标准的尺度，必须加强质量检验工作，对质量状况进行综合统计与分析，及时掌握质量动态，一旦发现质量问题，随即研究处理，自始至终使工序活动效果的质量满足规范和标准的要求。

第四，设置工序质量控制点。控制点是指为了保证工序质量而进行控制的重点、关键部位或薄弱环节，以便在一定时期内、一定条件下进行的强化管理，使工序处于良好的控制状态。

二、工程质量控制的特点

（一）影响质量的因素多

工程中的设计、材料、机械、地形、地质、水文、气象、施工工艺、操作方法、技术措施、管理制度等，均能够直接影响施工项目的质量。

（二）容易产生质量变异

项目施工不像工业产品生产那样，有固定的自动性和流水线，有规范化的生产工艺和完善的检测技术，有成套的生产设备和稳定的生产环境，有相同系列规格和相同功能的产品。同时，由于影响施工项目质量的偶然性因素和系统性因素都较多，很容易产生质量变异。例如，材料性能微小的差异、机械设备正常的磨损、操作微小的变化、环境微小的波动等，均会引起偶然性因素的质量变异；当使用材料的规格、品种有误，施工方法不妥当，操作不按规程，发生机械故障、仪表失灵、设计计算错误等，则会引起系统性因素的质量变异，造成工程质量事故。为此，在施工中要严防出现系统性因素的质量变异，要把质量变异控制在偶然性因素范围内。

（三）容易产生第一、第二判断错误

施工项目由于工序交接多，中间产品多，隐蔽工程多，若不及时检查实质，事后再看表面，就容易产生第二判断错误，容易将不合格的产品判定为合格产品；若检查不认真，测量仪表不准确，读数有误，则会产生第一判断错误，容易将合格产品判定为不合格的产品。在进行质量检查验收时，应特别注意。

（四）质量检查不能解体、拆卸

公路工程项目建成后，不可能像某些工业产品那样，再拆卸或解体检查内在的质量，或者重新更换零件；即使发现质量有问题，也不可能像工业产品那样实行"包换"或"退款"。

（五）质量问题的暴露性

公路建筑产品的特殊性决定其质量受到全社会的关注和监督，一旦出现质量问题将很快引起媒体和社会的广泛关注。公路建筑产品的使用者具有广泛的社会性；汽车工业的发展使车辆的机械性能得到极大的改善，车速的提高和公路网的形成使公路的使用者可以不受任何地区的限制，这就要求发包人与承包人必须树立高度的质量责任感，以优异的工作质量，保证公路工程质量，树立政府和企业的社会形象。

（六）质量要受投资、进度的制约

公路施工项目的质量受投资、进度的制约较大，一般情况下，投资大、进度慢，质量就好；反之，质量就差。项目在施工中，必须正确处理质量、投资、进度三者之间的关系，使其达到对立的统一。

三、影响工程项目质量控制的因素

（一）人的因素

人的因素是指领导者的素质，操作人员的理论、技术水平、生理缺陷、粗心大意、违纪违章等因素。施工时要考虑到对人的因素的控制。人是施工过程的主体，工程质量的形成受到所有参加工程项目施工的工程技术干部、操作人员、服务人员的共同作用，他们是形成工程质量的主要因素。首先，应提高他们的质量意识。施工人员应牢固树立质量第一、预控为主、为用户服务、用数据说话以及社会效益、企业效益（质量、成本、工期相结合）和综合效益相结合这五大观念。其次，领导层、技术人员的素质要高。应有较高的质量规划、目标管理、施工组织和技术指导、质量检查的能力。最后，应有完善的管理制度、得力的技术措施。操作人员应严格执行质量标准和操作规程的法制，有精湛的技术技能、一丝不苟的工作作风。服务人员应做好技术服务和生活服务，以出色的工作质量，间接地保证工程质量。

（二）材料的因素

材料（包括原材料、半成品、成品、构配件）是工程施工的物质条件，材料质量是工程质量的基础，材料质量如果不符合要求，工程质量就不可能符合标准。加强材料的质量控制是提高工程质量的重要保证。影响材料质量的因素主要是材料的成分、物理性能、化学性能等，材料控制的要点有：优选材料质量鉴定水平高、有一定专业知识的采购人员；掌握材料信息，优选供货厂家；合理组织材料供应，确保正常施工；加强材料的检查验收，严把质量关；抓好材料的现场管理并做好合理使用；搞好材料的试验、检验工作。

建筑工程中材料费用约占总投资的 70% 或更多。一些承包人在拿到工程后，为谋取更多利益，不按工程技术规范要求的品种、规格、技术参数等采购相关的成品或半成品，或因采购人员素质低下，对原材料的质量不进行有效的控制，从采购环节收取回扣和好处。还有的企业没有完善的管理机制和约束机制，无法杜绝不合格的假冒产品、伪劣产品及原材料进入工程施工中，给工程留下了质量隐患。国家在有关施工技术规范中对材料的检验方法进行了详细的介绍，实际施工中只要严格执行，就能确保施工所用材料的质量。

（三）机械的因素

施工阶段必须综合考虑施工现场条件、建筑结构形式、施工工艺和方法、建筑技术经济等合理选择机械的类型和性能参数，合理使用机械设备，正确操作。操作人员必须认真执行各项规章制度，严格遵守操作规程，并加强对施工机械的维修、保养、管理。

（四）方法的因素

施工过程中的方法包含整个建设周期内所采取的技术方案、工艺流程、组织措施、检测手段、施工组织设计等。施工方案正确与否，直接影响着工程质量控制能否顺利实现。施工方案考虑不周将拖延进度、影响质量、增加投资。制订和审核施工方案时，必须结合工程实际，从技术、管理、工艺、组织、操作、经济等方面进行全面分析、综合考虑，力求方案技术可行、经济合理、工艺先进、措施得力、操作方便，有利于提高质量、加快进度、降低成本。

（五）环境的因素

影响工程质量的环境因素较多，有工程地质、水文、气象、噪声、通风、振动、照明、污染等。环境因素对工程质量的影响具有复杂多变的特点，如气象条件就千变万化，温度、湿度、大风、暴雨、酷暑、严寒都会直接影响工程质量，往往前一工序就是后一工序的环境，前一分项、分部工程也是后一分项、分部工程的环境。冬雨期、炎热季节、风季施工时，应针对工程的特点，尤其是混凝土工程、土方工程、水下工程及高空作业等，拟定季节性的保证施工质量的有效措施，以免工程质量受到冻害、干裂、冲刷等的危害。要不断改善施工现场的环境，尽可能减少施工所产生的危害。为杜绝对环境的污染，应遵守施工现场管理制度，实行文明施工。根据工程特点和具体条件，应对影响质量的环境因素，采取有效的措施并严加控制。通过科技进步和全面的质量管理，提高质量控制水平。

四、工程项目质量管理的原则

在工程质量管理过程中，还应遵循以下几条原则。

（一）坚持质量第一的原则

公路工程建设产品使用年限长，并直接关系到人民生命财产的安全，应坚持"百年大计，质量第一"的原则，在工程建设中自始至终把"质量第一"作为对工程质量管理的基本原则。

（二）坚持以人为核心的原则

人是工程建设的决策者、组织者、管理者和操作者。在工程质量管理中，要以人为核心，重点控制人的素质和人的行为，充分发挥人的积极性和创造性，以人的工作质量保证工程质量。

（三）坚持以预防为主的原则

工程质量管理要重点做好质量的事前管理和事中管理，以预防为主，加强过程和中间产品的质量检查和管理。

（四）坚持质量标准的原则

质量标准是评价产品质量的尺度，工程质量是否符合合同规定的质量标准要求，应通过质量检验并和质量标准对照，进行严格检查。

（五）坚持科学、公正、守法的职业道德规范

在工程质量管理中，监理人员必须要坚持科学、公正、守法的职业道德规范，要尊重科学、尊重事实，以数据资料为依据，客观地、公正地处理质量问题。

第三节 公路工程施工质量问题处理

一、质量问题处理的原则

第一，质量问题处理的目标是消除质量问题或者隐患，以达到工程的安全可靠和正常使用的各项功能要求，并保证施工的正常进行。

第二，质量问题的处理要体现以预防为主的原则。在施工中要及时发现事故苗头，把质量问题消灭在萌芽状态，在质量问题处理的过程中，要采取措施防止问题的再次发生。

第三，在质量问题处理的过程中要及时采取措施，防止质量问题的继续发展，尽可能减少损失。

第四，对质量问题的处理应不降低质量控制指标和验收标准。处理的方法应是技术规范允许、行业公认的良好工程技术。

二、质量问题的处理

（一）质量问题性质的确定

质量问题性质的确定是最终确定问题处理办法的首要工作和根本依据。一般通过下列方法来确定问题的性质。

1. 了解和检查

对有问题（缺陷）的工程进行现场情况、施工过程、施工设备和全部基础资料的了解和检查，主要包括调查及检查质量实验检测报告、施工日志、施工工艺流程、施工机械情况以及气候情况等。

2. 检测与试验

通过检查和了解可以发现一些表面的问题，得出初步的结论，但往往还需要进一步的检测与试验来加以验证。

3. 专门调研

有些质量问题，仅仅通过以上两种方法仍不能确定。如某工程出现异常现象，但在发现问题时，有些指标却无法被证明是否满足规范要求，只能采用参考的检测方法。

为了得到这样的参考依据并对其进行分析，往往有必要组织有关方面的专家或成立专题调查组，提出检测方案，对所得到的一系列参考依据和指标进行综合分析研究，找出产生问题的原因，确定问题的性质，这种专题研究对问题的妥善解决作用重大，因此经常被采用。

（二）质量问题的处理

对质量问题的处理概括起来应做好以下两项工作。

1. 质量问题分析

工程项目质量问题表现的形式多种多样，如桥台跳车，路基沉陷，路面开裂，结构物倾斜、倒塌、开裂、强度不足、断面尺寸不准等。究其原因，可归纳如下。

（1）违背建设程序

不经可行性论证，不做调查分析就拍板定案；没有搞清工程地质、水文地质就仓促开工；无证设计，无图施工；任意修改设计，不按图纸施工；不经验收就交付使用等。致使不少工程项目留有严重隐患，结构物倒塌事故也常有发生。

（2）工程地质勘查原因

未认真进行地质勘查，提供的地质资料、数据有误；地质勘查时，钻孔间距过大，不能全面反映其他地基的实际情况，如当基岩地面起伏变化较大时，软土层厚薄相差甚大；地质勘查钻孔深度不够，没有查清地下软土层、滑坡、墓穴、孔洞等地层构造；地质勘查报告不详细、不准确等。均会导致采用错误的方案，造成基础不均匀沉降、失稳，使上部结构开裂、破坏、倒塌等。

（3）未加固处理好基础

软弱土、冲填土、杂填土、湿陷性黄土、膨胀土、岩层出露、熔岩、土洞等不均匀地基未进行加固处理或处理不当，均是导致重大质量问题的原因。

（4）设计计算问题

设计考虑不周，结构构造不合理，计算简图不正确，计算荷载取值过小，内力分析有误，沉降缝设置不当，都是诱发质量问题的隐患。

（5）建筑材料及制品不合格

例如，水泥受潮、过期、结块、安定性不良，钢筋物理力学性能不符合标准，砂石级配不合理、有害物含量过多，混凝土配合比不准，外加剂性能、掺量不符合要求等，均会影响混凝土的强度、和易性、密封性、抗渗性，导致混凝土结构强度不足、裂缝、渗漏、蜂窝、露筋等质量问题。预制构件断面尺寸不准,支承锚固长度不够,未建立可靠预应力值,钢筋漏放、错位,板面开裂等,必然会出现断裂、垮塌。

(6) 施工和管理问题

许多工程质量问题往往是由施工和管理所造成的,列举如下。

①不熟悉图纸,盲目施工。图纸未经会审,仓促施工;未经监理、设计部门同意,擅自修改设计。

②不按图纸施工。例如,把简支梁做成连续梁,把铰接做成刚接,抗裂结构用光圆钢筋代替变形钢筋等。

③不按有关施工验收规范施工。例如,现浇混凝土结构不按规定的位置和方法留设施工缝;不按规定的强度拆除模板砌体;不按要求错缝砌筑等。

④不按有关操作规程施工。例如,用插入式振捣器捣实混凝土时,不按插入点均布、快插慢拔、上下抽动、层层扣搭的操作方法,致使混凝土振捣不实而整体性差。

⑤缺乏基本结构知识,施工蛮干。例如,将钢筋混凝土预制梁倒放安装;将悬臂梁的受拉钢筋放在受压区;结构构件吊点选择不合理;不了解结构使用受力和吊装受力的状态等,都将给质量和安全造成严重的后果。

⑥施工管理紊乱,施工方案考虑不周,施工顺序错误。例如,技术组织措施不当,技术交底不清,违章作业,不重视质量检查和验收工作等,都将导致质量问题发生。

(7) 自然条件影响

工程施工周期长,露天作业多,受自然条件影响大,温度、湿度、日照、雷电、洪水、大风、暴雨都能造成重大的质量事故,施工中应特别重视,并采取有效措施予以预防。

(8) 建筑结构使用问题

建筑物使用不当,也易造成质量问题,例如,不经校核、验算就在原有建筑物上任意加荷,使用荷载超过原设计的容许荷载,任意开洞、打洞削弱承重结构的截面等。

2. 质量问题的处理

(1) 质量问题的现场处理

在各项工程的施工过程中或完工以后,现场管理人员如发现工程项目存在技术规范所不容许的质量问题,应根据质量问题的性质和严重程度,按以下方式进行处理。

①因施工而引起的质量问题处在萌芽状态时,应及时纠正,立即换掉不合格的材料、设备或不称职的施工人员,或立即改变不正确的施工方法及操作工艺。

②因施工而引起的质量问题已经出现时，承包人应暂停施工，并对质量缺陷进行正确的补救处理后，方可恢复施工。

③质量问题发生在某道工序或单项工程完工以后，而且质量缺陷的存在将对下道工序或分项工程产生质量影响时，应在对质量问题产生的原因及责任作出判断并确定补救方案后，再进行质量问题的处理或下道工序或分项工程的施工。

④在交工使用后的缺陷责任期内发现施工质量问题时，施工单位应进行修补加固或返工处理。

（2）质量问题的修补与加固

对于由施工原因产生的质量问题的修补和加固，应先由施工单位提出修补方案及方法，经监理工程师批准后方可进行；对因设计原因而产生的质量问题，应通过发包人提出处理方案及方法，由施工单位进行修补。修补措施及方法应不降低质量控制指标和验收标准，并应是技术规范允许的或是行业公认的良好工程技术。

如果已完工程出现了问题，但并不构成对工程安全的危害，并且满足设计和使用要求，征得发包人同意后，可不进行加固或者变更处理。

（3）质量事故的处理

发生质量事故应按下列程序处理。

①承包人暂停该项工程的施工，并采取有效的安全措施。

②承包人尽快提交质量事故报告并报告业主，质量事故报告应翔实反映该项工程名称、部位、事故原因、应急措施、处理方案以及损失的费用等。

③组织有关人员在对质量事故现场进行审查、分析、诊断、测试或验算的基础上，对提出的处理方案予以审查、修正、批准，在得到监理方指令后恢复该项工程施工。

④对有争议的质量事故责任，由监理方予以责任判定。监理方判定时会全面审查有关施工记录、设计资料及水文地质现状，必要时还要实际检验测试。在划分技术责任时，应明确事故处理的费用数额、承担比例及支付方式。

处理质量事故还应当注意无论是质量缺陷问题的补救或质量事故的处理，不应以降低质量标准或使用要求为前提，而且还要考虑对外形及美观的影响。当别无选择且不影响使用要求的情况下而降低标准时，应征得业主的同意并应在竣工报告及竣工资料中特别提出。

第四节 公路工程施工质量检验评定与验收

一、公路工程质量检验和评定的标准

公路工程质量检验和评定的标准是：交通运输部颁布的《公路工程质量检验评定标准·第一册土建工程》（JTGF 80/1—2017）及项目专用技术规范。

二、单位工程、分部工程和分项工程的划分

（一）单位工程

单位工程是指在建设项目中，根据签订的合同，具有独立施工条件的工程。

（二）分部工程

在单位工程中，应按照结构部位、路段长度及施工特点或施工任务划分为若干个分部工程。

（三）分项工程

在分部工程中，应按照不同的施工方法、材料、工序及路段长度等划分为若干个分项工程。

三、工程质量评分方法

第一，工程质量检验评分以分项工程为单元，采用百分制进行。在分项工程评分的基础上，逐级计算各相应分部工程、单位工程、合同段和建设项目评分值。

第二，工程质量评定等级分为合格与不合格，应按分项、分部、单位工程、合同段和建设项目逐级进行评定。

第三，施工单位应对各分项工程按《公路工程质量检验评定标准·第一册土建工程》所列基本要求、实测项目和外观鉴定进行自检。

第四，工程监理单位应按规定要求对工程质量进行独立抽检，对施工单位检评资料进

行签认，对工程质量进行评定。

第五，建设单位根据对工程质量的检查及平时掌握的情况，对工程监理单位所做的工程质量评分及等级进行审定。

第六，质量监督部门、质量检测机构依据《公路工程质量检验评定标准·第一册土建工程》对公路工程质量进行检测评定。

四、工程质量评分方法

（一）分项工程质量评分

分项工程质量检验内容包括基本要求、实测项目、外观鉴定和质量保证资料四个部分。只有在其使用的原材料、半成品、成品及施工工艺符合基本要求的规定，且无严重外观缺陷和质量保证资料真实并基本齐全时，才能对分项工程质量进行检验评定。

涉及结构安全和使用功能的重要实测项目为关键项目，其合格率不得低于90%（属于工厂加工制造的交通工程安全设施及桥梁金属构件不低于95%，机电工程为100%），且检测值不得超过规定极值，否则必须进行返工处理。

实测项目的规定极值是指任意单个的检测值都不能突破的极限值，不符合要求时该实测项目评定为不合格。

分项工程的评分值满分为100分，按实测项目采用加权平均法计算。存在外观缺陷或者资料不全时，须减分。

$$分项工程得分 = \frac{\Sigma\ [检查项目得分 \times 权值]}{\Sigma 检查项目权值}$$

1. 基本要求检查

分项工程所列基本要求，对施工质量优劣具有关键作用，应按基本要求对工程进行认真检查。经检查不符合基本要求规定时，不得进行工程质量的检验和评定。

2. 实测项目计分

对规定检查项目采用现场抽样方法，按照规定频率和下列计分方法对分项工程的施工质量直接进行检测计分。

检查项目除按数理统计方法评定的项目以外，均应按单点（组）测定值是否符合标准要求进行评定，并按合格率计分。

$$检查项目合格率（\%）=\frac{检查合格的点（组数）}{该检查项目的全部检查点（组数）}$$

$$检查项目得分=检查项目合格率\times100$$

3. 外观缺陷减分

对工程外表状况应逐项进行全面的检查，如发现外观缺陷，应进行减分。对于较严重的外观缺陷，施工单位须采取措施进行整修处理。

4. 资料不全减分

分项工程的施工资料和图表残缺，缺乏最基本的数据，或有伪造涂改者，不予检验和评定。资料不全者应予减分，减分幅度可按《公路工程质量检验评定标准·第一册土建工程》所列各款逐款检查，视资料不全情况，每款减 1~3 分。

（二）分部工程和单位工程质量评分

分项工程和分部工程区分为一般工程和主要（主体）工程，分别给以 1 和 2 的权值。进行分部工程和单位工程评分时，采用加权平均值计算法确定相应的评分值。

$$分部（单位）工程评分值=\frac{\Sigma 分项（分部）工程评分值\times相应权值}{\Sigma 分项（分部）工程权值}$$

（三）合同段和建设项目工程质量评分

施工合同段工程质量评分采用所含各单位工程质量评分的加权平均值。即

$$施工合同段工程质量评分值=\frac{\Sigma（单位工程评分值\times该单位工程投资额）}{合同段总投资额}$$

整个工程项目工程质量评分采用加权平均法进行。即

$$工程质量评分值=\frac{\Sigma（合同段工程质量评分值\times该合同段投资额）}{\Sigma 施工合同段投资额}$$

五、质量保证资料

施工单位应有完整的施工原始记录、试验数据、分项工程自查数据等质量保证资料，并进行整理分析，负责提交齐全、真实和系统的施工资料和图表。工程监理单位负责提交齐全、真实和系统的监理资料。质量保证资料应包括以下六个方面：

第一，所用原材料、半成品和成品质量检验结果；

第二，材料配比、拌和加工控制检验和试验数据；

第三，地基处理、隐蔽工程施工记录和大桥、隧道施工监控资料；

第四，各项质量控制指标的试验记录和质量检验汇总图表；

第五，施工过程中遇到的非正常情况记录及其对工程质量影响分析；

第六，施工过程中如发生质量事故，经处理补救后，达到设计要求的认可证明文件等。

六、工程质量等级评定

（一）分项工程质量等级评定

分项工程评分值不小于 75 分者为合格；小于 75 分者为不合格；机电工程、属于工厂加工制造的桥梁金属构件不小于 90 分者为合格，小于 90 分者为不合格。

评定为不合格的分项工程，经加固、补强或返工、调测，满足设计要求后，可以重新评定其质量等级，但计算分部工程评分值时按其复评分值的 90% 计算。

（二）分部工程质量等级评定

所属各分项工程全部合格，则该分部工程评为合格；所属任一分项工程不合格时，则该分部工程评定为不合格。

（三）单位工程质量等级评定

所属各分部工程全部合格，则该单位工程评为合格；所属任一分部工程不合格时，则该单位工程评定为不合格。

（四）合同段和建设项目质量等级评定

合同段和建设项目所含单位工程全部合格，其工程质量等级评定为合格；所属任一单位工程不合格评定，则合同段和建设项目评定为不合格。

七、公路工程项目交工验收与竣工验收

公路工程验收分为交工验收和竣工验收两个阶段。

交工验收阶段的主要工作是检查施工合同的执行情况，评价工程质量，对各参建单位的工作进行初步评价。

竣工验收阶段的主要工作是对工程质量、参建单位和建设项目进行综合评价，并对工程建设项目作出整体性综合评价。

（一）公路工程竣（交）工验收的依据

（1）批准的项目建议书、工程可行性研究报告；

（2）批准的工程初步设计、施工图设计及设计变更文件；

（3）施工许可；

（4）招标文件及合同文本；

（5）行政主管部门的有关批复、批示文件；

（6）公路工程技术标准、规范、规程及国家有关部门的相关规定。

（二）交工验收

公路工程验收分为交工验收和竣工验收两个阶段。交工验收是检查施工合同的执行情况，评价工程质量是否符合技术标准及设计要求，是否可以移交下一阶段施工或是否满足通车要求，对各参建单位的工作进行初步评价。

公路工程各合同段符合交工验收条件后，经监理工程师同意后，由施工单位向项目法人提出申请，项目法人应及时组织对该合同段进行交工验收。

公路工程各合同段验收合格后，项目法人应按交通运输部规定的要求及时完成项目交工验收报告，并向交通主管部门备案。质量监督机构应向交通主管部门提交项目的检测报告。交通主管部门在15天内未对备案的项目交工验收报告提出异议的，项目法人可开放交通进入试运营期。

交工验收提出的工程质量缺陷等遗留问题，由施工单位限期完成。

1. 公路工程进行交工验收应具备的条件

第一，合同约定的各项内容已完成。

第二，施工单位按交通运输部制定的《公路工程质量检验评定标准·第一册土建工程》及相关规定的要求对工程质量自检合格。

第三，监理工程师对工程质量的评定合格。

第四，质量监督机构按交通运输部规定的公路工程质量鉴定办法对工程质量进行检测（必要时可委托具有相应资质的检测机构承担检测任务），并出具检测意见。

第五，竣工文件已按交通运输部规定的内容编制完成。

第六，施工单位、监理单位已完成本合同段的工作总结。

2. 公路工程进行交工验收的组织

项目法人负责组织公路工程各合同段的设计、监理、施工等单位参加交工验收。拟交付使用的工程，应邀请运营、养护管理单位参加。

3. 交工验收的检验评分

项目法人组织监理单位按《公路工程质量检验评定标准·第一册土建工程》的要求对各合同段的工程质量进行评定。

工程质量评分采用所含各单位工程质量评分的加权平均值。即工程各合同段交工验收结束后，由项目法人对整个工程项目进行工程质量评定，工程质量评分采用各合同段工程质量评分的加权平均值。

（三）竣工验收

竣工验收是综合评价工程建设成果，对工程质量、参建单位和建设项目进行综合评价。竣工验收由交通主管部门按项目管理权限负责。交通运输部负责国家、部重点公路工程项目中100千米以上的高速公路、独立特大型桥梁和特长隧道工程的竣工验收工作；其他公路工程建设项目，由省级人民政府交通主管部门确定的相应交通主管部门负责竣工验收工作。

公路工程符合竣工验收条件后，项目法人应按照项目管理权限及时向交通主管部门申请验收。交通主管部门应当自收到申请之日起30日内，对申请人递交的材料进行审查。对于不符合竣工验收条件的，应当及时退回并告知理由；对于符合验收条件的，应自收到申请文件之日起的3个月内组织竣工验收。

1. 公路工程进行竣工验收应具备的条件

第一，通车试运营2年后。

第二，交工验收提出的工程质量缺陷等遗留问题已经处理完毕，并经项目法人验收合格。

第三，工程决算已按交通运输部规定的办法编制完成，竣工决算已经审计，并经交通主管部门或其授权单位认定。

第四，竣工文件已经按交通运输部规定的内容完成。

第五，对需进行档案、环保等单项验收的项目，已经有关部门验收合格。

第六，各参建单位已经按交通运输部规定的内容完成各自的工作报告。

第七，质量监督机构已按交通运输部规定的公路工程质量鉴定办法对工程质量检测鉴定合格，并形成工程质量鉴定报告。

2. 公路工程进行竣工验收的组织

竣工验收由交通主管部门、公路管理机构、质量监督机构、造价管理机构等单位代表组成竣工验收委员会。大中型项目及技术复杂工程，应邀请有关专家参加。国防公路应邀请军队代表参加。

项目法人、设计单位、监理单位、施工单位、接管养护等单位也将参加竣工验收工作。

3. 竣工验收的检验评分

竣工验收委员会按交通运输部规定的办法对参建单位的工作进行综合评价。竣工验收工程质量评分采取加权平均法计算，其中交工验收工程质量得分权值为 0.2，质量监督机构工程质量鉴定得分权值为 0.6，竣工验收委员会对工程质量评定得分权值为 0.2。评定得分大于或等于 90 分且工程质量等级优良的为优良，大于或等于 75 分为合格，小于 75 分为不合格。

负责组织竣工验收的交通主管部门对通过验收的建设项目按交通运输部规定的要求签发“公路工程竣工验收鉴定书”。通过竣工验收的工程，由质量监督机构依据竣工验收结论，按照交通运输部规定的格式对各参建单位签发工作综合评价等级证书。

对于规模较小、等级较低的小型项目，可将交工验收和竣工验收合并进行。规模较小、等级较低的小型项目的具体标准由省级人民政府交通主管部门结合本地区的具体情况制定。

第五章 公路工程建设与环境保护

第一节 公路建设项目全程环境管理技术方法体系框架

一、公路建设项目全程环境管理技术方法体系框架概述

（一）环境管理与建设项目环境管理

1. 环境管理

（1）环境管理概念

环境管理是指依据国家和地方的环境政策、环境法规和环境标准，按照环境与发展和谐统一的原则，坚持宏观综合决策与微观执法监督相结合的要求，运用各种有效的管理手段，调控人类的各种行为，协调经济、社会发展同环境保护之间的关系，限制人类损害环境质量的活动以维护正常的环境秩序和环境安全，实现社会可持续发展的行为总体。环境管理是针对次生环境问题的一种管理活动，解决由于人类活动所造成的各类环境问题，所以环境管理的核心是对人的管理。人是各种行为的实施主体，人的活动是产生各种环境问题的根源，环境保护工作首要是加强对人类行为的管理。环境管理涉及社会、经济和资源等多个领域，内容广泛而复杂，它是政府管理和企事业单位管理的重要组成部分。

环境管理的实施要靠有效的管理方法来进行。环境管理的手段将环境管理的理论与实践很好地衔接为一个整体，既反映了环境管理思想的深化过程，又概括了环境管理的实践内容。环境管理的手段包括法律、经济、行政、技术和教育五个基本手段。

（2）环境管理内容

环境管理的任务是转变人类社会的一些不正确观念，调整人类社会的一些不良行为，

促进人类社会的可持续发展。如何转变观念和调整人类行为，解决环境问题，是环境管理涉及的基本内容。依据不同的划分方法，环境管理所包含的内容也不同。一般来说，环境管理的内容包括以下几点。

①从管理的层次划分。

a. 国家环境管理。

国家级的环境管理主要是站在国家环境保护的高度，制定环境保护战略、方针、政策等，协调国家整体经济发展同环境保护的关系，指导区域经济社会与环境保护的发展，实现全社会的可持续发展。

b. 行业环境管理。

行业的环境管理主要是贯彻国家的环境保护基本国策，落实国家的环境保护政策，从可持续发展的角度，制定行业环境保护的方针政策和行政规章，以指导、协调和监督行业环境保护工作。行业环境管理主要是由政府相关部委开展的工作，具体分为能源环境管理、工业环境管理、农业环境管理、交通运输环境管理等。

c. 省（市）级环境管理。

省（市）级环境管理是指各省市贯彻国家与行业的环境保护政策，结合本地区经济建设与环境保护发展需要，制定出相应的规章办法，并建立相应的环保监管机制，指导、协调和监督本地区的环境保护工作，对本行政区域环境质量负责，做到地区的可持续发展。

d. 企业环境管理。

企业是社会经济发展的主要体现者和执行者，也是环境保护的具体实施者。企业环境管理是企业依据有关环境保护政策、法律、法规和标准等，把生产经营活动与环境保护的要求有机地结合在一起，实施清洁生产和绿色企业的目标。

②从环境管理的性质来划分

a. 环境计划管理。

环境计划管理是依据规划、计划而开展的环境管理，是一种超前的主动管理。环境计划管理是环境管理大纲，包括宏观环境管理的环境规划和计划，也包括微观环境管理的计划与安排。如区域环境规划、城市污染控制计划、流域污染控制计划和交通污染防治计划等都属于环境计划管理。环境计划管理也要根据实际情况修正和调整计划，从而有效地指导环境管理工作。

b. 环境质量管理。

环境质量管理是以质量标准为依据，以改善环境质量为目标，以环境评价、环境治理和环境监测为主要内容的环境管理。环境质量管理是环境管理的目标，主要包括对环境质量现状进行管理，也包括对未来环境质量进行预测和评价，如调查研究、数据监测、检查评价和污染防治等。环境质量管理要求所有的工作与活动都要达到环境质量标准，同时限制或终止违反环境质量标准的活动。

c. 环境技术管理。

环境技术管理是通过制定环境技术政策和标准，研发环境保护技术，构建环保技术的管理体系，促进企业技术改革和创新，协调技术经济发展与环境保护关系为目的的环境管理。环境技术管理是环境管理的基础，主要包括环境标准、环保规范的不断完善，环保措施和环保设备的不断更新，环境监测与信息管理系统的建立等。

2. 建设项目环境管理

（1）建设项目环境管理概念

建设项目就是按照一个总体设计进行建设的基本建设工程。根据建设项目总体设计的不同内容，一般以一个企业、事业单位作为一个建设项目，如一个工厂、一条公路、一个学校等都可作为一个建设项目。建设项目按其性质可分为新建、扩建、改建、拆建和恢复项目，按其规模可分为大型、中型和小型项目。

建设项目环境管理是指环境保护部门根据国家的环保政策、行业政策、技术政策、规划布局和清洁生产要求及专业工程验收规范，运用环境预审、环境影响评价、"三同时"管理制度等对一切建设项目依法进行的管理活动。

建设项目环境管理是为了实现建设项目合理布局，合理利用资源和能源，减少污染物的产生和排放量，降低项目对环境的各种不良影响，切实落实"预防为主，综合防治"的环保方针，保证项目在建设和建成使用后符合环境保护的各种要求。

（2）建设项目环境管理内容

对应于不同的阶段，建设项目环境管理有不同的内容，其环境管理工作也有所侧重。

①建设项目前期的环境管理。

在建议书阶段，环境管理的主要内容有对项目所在地进行环境调查，对建设项目可能产生的环境问题进行初步分析，对环境保护总体方案进行预审。

在可行性研究阶段，环境管理的主要内容是项目的环境影响报告书，其主要工作有编制、预审、备案等。

在设计阶段，环境管理的主要内容是按照环境保护设计规范和技术要求等审查确定环保设计，并体现在设计文件中。

②建设项目建设期的环境管理。

在施工准备阶段，环境管理的主要内容是项目"施工组织设计"中环保内容和要求的落实，"七通一平"工作的环境监理等。

在施工阶段，环境管理的主要内容是项目各项工程的环境监理及其他环保工作，同时施工的项目环保设施的施工管理等。

在竣工验收阶段，环境管理的主要内容有项目环保设施的竣工验收工作，项目各项工程施工环保要求的达标验收等。

③运营期的环境管理。

运营期环境管理的主要内容有：项目环保设施的运行，项目所在区域定期环境跟踪监测，项目环境后评价等。

3. 公路建设项目环境管理

（1）公路建设项目环境管理概念

公路建设项目环境管理是指环境保护部门和公路建设的管理部门依据环保法规、行业政策和工程技术要求等，运用各种环境管理的手段对公路建设项目进行管理的活动。

公路建设项目具有规模大、投资多、建设周期长、建设后的作用巨大而深远等特征，它是一个内部结构复杂、外部联系广泛的大系统。在公路项目的不同阶段存在不同的环境问题，有着相应的环境保护要求，所以也就有不同的环境管理任务。另外，公路是一种线型工程，一条公路往往跨越几个县、市、地区甚至几个省。公路建设项目就具有其所在区域的自然环境和社会环境存在差异的特征。相应的环境问题就具有多样性的特点，这就要求要根据公路建设项目的特征有针对性地展开环境管理。

（2）公路建设项目环境管理内容

公路建设程序可分为建设前期、建设期和运营期。在工程的各个阶段都有相应的环境管理内容。

建设前期的环境管理主要内容有对公路建设项目线路进行现场环境调查，初步分析项目可能产生的环境问题，预审公路建设项目的环境保护总体方案，按照《中华人民共和国环境影响评价法》进行公路建设项目环境影响评价，在环保设计规范的指导下审查确定环保设计。建设期的环境管理的主要内容有落实"施工组织设计"中的环保内容，进行公路建设项目施工准备工作和整个施工工作的环境监理，对公路建设项目的各项工程按照环境保护的要求进行指导和监督，项目竣工开展环境保护验收。运营期环境管理的主要内容有公路建设项目环保设施的运行及效果，对公路定期进行巡检和预测，开展公路建设项目环境后评价。

（二）公路建设项目环境防治技术

1. 水污染防治技术

公路建设项目的水污染是公路建设项目污染防治主要内容之一。污水包括生活污水、洗车废水和路面径流水三类。其中生活污水具有较强的可生化性，洗车废水中含有泥沙和油类物质，路面径流中以无机颗粒为主，根据污水的特点采取有针对性的处理技术，其防治技术包括生化处理技术、隔油池处理技术和滞留池处理技术等。

2. 环境空气污染防治技术

公路建设项目的环境空气污染防治技术越来越受到重视。环境空气的污染主要来自汽车尾气，最有效的措施应该是控制汽车的尾气排放。在公路建设中利用有限地带开发立体绿化，增加植被面积，充分发挥绿色植物进行环境空气污染防治，同时应采取一些必要的防护措施。

3. 噪声污染防治技术

公路建设项目的噪声污染防治在项目污染防治中占据着重要位置，是环境污染防治的重点。噪声污染主要来自汽车发动机、轮胎与路面的摩擦和车体的振动等方面。根据声音的传播特性，噪声的污染防治可以降低噪声产生能量，切断噪声的传播途径和隔离被影响者的噪声接收。噪声防治技术包括采取多种措施降低噪声的相关技术方法，如选用降噪路面、修建公路声屏障和建植绿化林带等。

4. 水土保持技术

在公路建设中，水土保持要以预防为主，开发建设与防治并重，边开发边防治，以防治保开发的要求开展工作。水土保持应采取必要的工程及生物措施，因地制宜，因害设防，达到恢复水土保持设施、改善公路沿线水土保持条件、保证主体工程安全运行的目的。公路工程中常用的水土保持技术包括拦渣工程、护坡工程、土地整治工程、防风固沙工程、泥石流防治工程和绿化工程的技术方法。

5. 生态恢复技术

公路生态恢复技术主要是依靠公路绿化实现生态恢复的，它是公路建设中不可或缺的一个重要内容。公路绿化是利用乔、木、草、花合理地覆盖公路路基边坡、中央隔离带、取弃土场、互通区、管理中心、道班房等公路用地。常用的绿化技术有边坡生态恢复技术、苗木栽植技术、绿化管理技术等。

（三）公路建设项目环境监督技术

1. 环境监测

环境监测是衡量环境保护成果的基本途径，是执行环境法律、排污收费和环境监督的重要技术手段和依据。按环境监测对象分为水质污染监测、环境空气污染监测、土壤污染监测、生物污染监测和固体污染监测等。环境监测是公路建设项目环境监督中的重要组成部分，是环境保护基本的手段和信息的基础。在项目环境背景、施工污染事故和运营期的环境空气及噪声的防治中都常用环境监测来进行环境管理。

2. 公众参与

公众参与是环境监督的有效方法，是开展环境管理的一个重要方面。公众参与的组织形式有问卷调查、座谈会、论证会和听证会等。公众参与是加强环境管理，改善环境质量的有效途径，有利于提升公民的环保意识和参与精神，有利于政府环境管理能力的综合提高。在公路建设项目中的可行性研究、施工和运营阶段公众都是以多种形式参与环境管理。

3. 行政管理

行政管理是环境监督的重要方式，在国家法律监督之下，各级环保行政管理机构运用国家和地方政府的行政权限开展环境管理。行政管理的方式方法有多种，有工作的指导，也有必要的奖与惩，如对违反环境保护法规的行为进行警告，责令停业、责令关闭、责令拆迁或限期整改等。行政管理具有权威性、强制性、具体性和无偿性。在公路建设项目中，各个阶段的行政管理监督环境保护都是非常重要的。

二、公路建设项目全程环境管理技术方法体系

（一）广义建设程序与全程环境管理

1. 广义建设程序

现行建设程序是对建设项目从立项到竣工投入使用的建设工作各个主要环节必须遵循的先后次序的整体安排，但从建设项目的广义作用和要求来看，现行建设程序缺少了延伸管理和环境管理两项主要的环节和内容。广义建设程序充分体现出加强建设项目全程管理和环境管理的重要性和必要性，是对现行建设程序的进一步发展和完善。

加强项目延伸管理的一个重要内容是项目后评价。通过项目的后评价可以对项目的建

设目的、执行过程、经济效益、社会效益以及环境影响等进行检查，以确定项目的实施是否符合预期目标，并通过客观的、系统的分析来评价项目的可行性研究和环境影响评价结论的准确性和可靠性，分析实际情况与预测结论的差异以及产生这些差异的原因，总结成功的经验和失败的教训，为以后项目的决策和预测提供依据。

加强项目的环境管理是建设项目全过程的一项主要工作，应明确地纳入项目建设程序中。项目环境管理的主要内容有项目环境影响的评价和"三同时"制度的落实，另外加强项目建设期的环境保护工作很重要，所以项目建设的环境监理工作也应该为项目环境管理的一项主要内容，从而形成一个较为完整的项目环境管理体系。

由此可见，广义建设程序，既加强了项目全过程各方面的管理，又有利于改进项目决策方法，提高未来项目决策的科学水平。因此，将建设项目的延伸管理和环境管理带入建设程序是十分必要的。

2. 全程环境管理

全程环境管理是指从一个项目的建议开始到实施和使用维护的全过程中，依据环境保护的法规政策，在项目涉及的自然环境和社会环境的全领域，为达到项目带来的环境效益最大化而所作的组织、计划、协调和控制的工作体系。

全程环境管理体现了广义建设程序的要求。全程环境管理使得项目环境管理形成一个完整的体系，有利于确保项目投资的最优化和项目功能的高效化，有利于实现项目经济效益、社会效益和环境效益的和谐统一，促进环境保护与项目的可持续发展。

（二）公路建设项目全程环境管理技术方法体系建立

1. 公路建设项目全程环境管理

（1）公路建设项目全程环境管理

公路建设项目全程环境管理是指从公路建设项目的立项阶段开始到建设期、运营期的全过程中，依据国家的环境政策、环境法律、法规和标准，按照公路建设与环境保护协调发展的原则，坚持宏观综合决策与微观管理监督相结合的要求，运用各种管理手段，调控涉及公路建设单位的设计、施工和运营管理中各种行为，限制损害环境质量的活动，维护公路建设与运营以及沿线区域正常的环境质量和环境安全，实现公路的可持续发展的行为总体。

（2）公路建设项目全程环境管理的内容

公路建设项目全程环境管理的内容，由项目各个阶段、各个环节的环境管理具体内容组成，包括建设前期、建设期和运营期的各项环境管理的内容。

①建设前期环境管理。

在公路项目的建设前期分为项目建议书、可行性研究和设计三个阶段。在项目建议书阶段的环境管理主要工作是规划环境影响评价，其工作内容就是进行公路网的规划环境影响评价和结合公路网中的具体项目对规划环境影响评价进行分析。进入可行性研究阶段后，环境管理的工作是环境影响评价，主要工作内容就是工程分析、环境现状调查、环境影响预测、分析与评价。在设计阶段中，主要进行环保设计工作，其主要工作内容就是初步设计和施工图设计。

②建设期环境管理。

公路建设项目的建设期是由施工准备阶段、施工阶段和竣工验收阶段组成的。在施工准备阶段中，环境管理的工作主要是项目施工组织设计的编制"X 通一平"环境保护工作。在施工阶段，公路项目环境监理是环境管理的主要工作。在项目竣工验收阶段，环境管理的主要工作是依据有关规定，进行公路建设项目环保设施竣工验收和各项工程环保工作验收。

③运营期环境管理。

在公路建设项目的运营期中，环境管理的工作公路环境常规管理和环境后评价，其工作的主要内容是公路管理部门对项目进行日常巡检和监测，各项环保措施运行状况的评价。环境后评价是调查公路在设计、施工、运营和管理等方面的环境保护措施的操作、运行情况，调查分析和评价工程的实际影响，已采取的环保对策和实际效果，调查工程的"三同时"执行情况，对调查结果进行对比分析和归纳总结，通过项目的实际调查和监测，对工程的中远期的环境影响预测进行再评价。

2. 公路建设项目全程环境管理技术方法体系

公路建设项目全程环境管理技术方法体系是指在公路建设项目的全过程中，实现全面的环境管理最大可能地防治公路项目产生的环境污染和生态破坏，在行政、法律、经济和科技等方面的保障下，有效运用的环境工程、环境检测、环境预测、环境评价、环境监理等技术方法的总和。本研究主要从管理的角度提出和研究公路建设项目全程环境管理技术方法体系。

3. 公路建设项目全程环境管理技术方法体系的架构

公路建设项目全程环境管理技术方法体系是公路建设项目各个阶段中环境管理技术方法的总体，构建完善的公路全程环境管理技术方法体系对有效地开展公路环境保护工作具有重要意义，在公路建设项目的全过程中运用技术方法体系行使环境管理的职能和实现环境管理的任务，达到环境管理的目的。

公路项目的建设前期的环境管理分为三个阶段。第一阶段是项目建议书阶段，其环境管理技术方法应主要是依据《规划环境影响评价技术导则流域综合规划》（HJ/28—2021）建立的公路规划环境影响评价相关的技术规范或导则，有效地指导公路规划环境影响评价工作的开展。第二阶段是可行性研究阶段，其环境管理技术方法主要体现在《公路建设项目环境影响评价规范》（JTGB 03—2006）和《环境影响评价技术导则》（HJ 708—2014），同时要进一步丰富完善环境影响评价的技术方法。第三阶段是设计阶段，环境管理技术方法是以《公路环境保护设计规范》（JTG B04—2010）作为指导的，应进一步加强公路环保设计工作。

公路项目的建设期由三个阶段组成。第一阶段是施工准备阶段，此阶段缺乏相应的环境管理，没有具体的环境管理技术方法，所以应在项目的施工组织设计中认真落实环保要求，统筹安排各项环保措施。第二阶段是施工阶段，主要是依据正在开展的公路环境监理试点工作，制定公路环境监理的技术指导规程，建立公路环境监理制度。第三阶段是环境保护验收阶段，环境管理技术方法应依据建设项目环境保护设施竣工验收和建设项目环境保护的有关规定，开展环境保护的验收工作。

在公路项目的运营期中，环境管理应加强运营期的各项环境保护工作，开展环境后评价，应对《公路建设项目后评价工作管理办法》补充完善环境后评价的内容和要求。

纵观公路建设项目的环境管理的体系，主要由规划环境评价、环境影响评价、环境监理、竣工环境保护验收和环境后评价五个部分组成，这五个部分前后衔接，依次进行，组成了公路建设项目的环境管理全过程的主要内容。

公路建设项目规划环境影响评价工作已经开展，制定公路建设项目规划环境影响评价技术规范或导则是必要的。环境影响评价技术已经比较成熟，但随着新技术和新方法的出现，需要进一步的补充完善环境影响评价的技术方法。公路环境监理在试点的基础上，形成《开展交通工程环境监理工作实施方案》，但这只是一个宏观性的要求，还没有制定出具体指导性的环境监理实施办法和技术文件，没有建立公路建设项目的环境监理制度等。环境保护验收工作虽然进行了较长时间，有较全面的验收管理规定和验收办法，但需要加强对公路建设各项工程环保工作和达标的验收。在公路建设项目的运营期中，已经开展过公路环境后评价工作，取得了一定的成果，但没有建立起公路建设项目环境后评价制度，也没有制定出环境后评价的技术规范等，这就需要补充目前公路环境后评价的空白。

（三）公路建设项目全程环境管理技术方法体系的重要性

1. 建立全程环境管理技术方法体系的必要性

（1）完善和发展的需要

环境管理技术方法体系是公路建设项目全程环境管理体系的重要组成部分，是实现环境管理目的的必要途径和手段，通过建立和发展公路建设项目全程环境管理技术方法体系，是对目前的公路建设项目的建设和运营各个阶段环境管理的办法和工作内容等进行全面的补充和完善，这将更加有效地指导和管理项目的环境保护工作，避免或减少公路项目建设和运营全过程对自然环境和社会环境所产生的影响。

（2）可持续发展的需要

从生态系统和环境的发展来讲，公路是环境的一部分，必须在环境中生存和发展。公路建设项目属于非污染生态影响类，许多对环境的影响当时可能是不明显的，但若不重视环境保护，当公路建成运营后出现的环境问题，往往是不可或难以恢复的。生态公路、绿色公路的建设，是公路建设和环境保护的目标，运用切实可行的全程环境管理技术方法，是实现公路可持续发展所必需的。

2. 实施全程环境管理技术方法体系的可行性

（1）政府重视

我国各级政府，特别是环保部门，已开始重视建设项目环境管理的一些薄弱环节，为了完善项目的全程环境管理，政府已着手进行这方面的工作。

（2）企业重视

随着对环境保护的日益重视，企业也在逐步强化环境管理。按照国家有关政策的要求和指导，企业正积极地推行清洁生产，进行 ISO14000 环境管理体系认证工作，这对于完善和加强项目全程环境管理具有重要的促进作用。

（3）社会重视

社会重视和公众广泛参与环境保护，使得加强公路环境保护形成了一个重要的社会氛围。社会与公众对项目环境保护的重视和参与体现在全程多个环节中，这也是实施全程环境管理的重要基础。

（4）法律法规保障

我国已相继颁布了《中华人民共和国环境保护法》等 7 部专门的环境法律、一系列环保规定和环境标准，交通部也先后颁布了一系列公路交通环境保护法规和标准，基本形成了具有我国特色的公路环境保护法规体系，执法力度逐步加大。

（5）技术基础

公路交通系统遵循"环境科技为环境保护服务、环境保护依靠科技进步"的方针，组织开展科技攻关，取得了不少成果，一些科研成果和实用技术得到推广应用，可直接服务于环境管理，为完善环境管理体系的技术方法打下了基础。

第二节 公路建设项目全程环境管理技术方法体系的建构

一、公路建设项目建设前期环境管理技术方法

（一）公路规划环境影响评价

1. 公路环境影响评价概述

（1）公路规划环境影响评价

①概念。

公路规划环境影响评价是指在对公路网规划进行充分调查研究的基础上，分析规划实施后可能对环境造成的影响，通过对公路网规划实施所产生的环境影响进行识别、预测和评价，按照社会经济发展与环境保护相协调的原则进行决策，提出预防或者减轻不良环境影响的对策和措施的方法。

一般公路规划环境影响评价是针对区域内公路网的规划所开展的环境影响评价，就其功能、目标和程序而言，它是一种结构化、系统化和综合性的过程，用以评价规划及其替代方案的环境效应，通过评价将结果融入制订的规划或提出单独的报告，并将成果体现在决策中。

为提高公路规划环境影响评价的有效性、科学合理性，在进行公路规划环境影响评价时应遵循以下四个原则。一是早期介入原则。规划环境影响评价应尽可能在公路规划编制的初期介入，可在公路规划编制过程中不断地调整和完善，从而降低公路规划对环境的影响。二是整体性原则。规划环境影响评价应当把与该公路规划相关的政策、规划、计划以及相应的项目联系起来，做整体性考虑，以便能作出公路规划的协调性分析，提高规划环境影响评价的效益。三是公众参与原则。规划环境影响评价过程中，鼓励和支持公众参

与，通过充分考虑社会各方面的利益和主张，提出综合性的建议。四是一致性原则。规划环境影响评价的工作深度应当与公路规划的层次、详尽程度相一致，真正发挥规划环境影响评价的作用。规划环境影响评价必须科学、客观、公正，需要综合考虑公路规划实施后对各种环境要素及其所构成的生态系统可能造成的影响，从而为公路规划决策提供科学的依据。

②目的和意义。

公路规划环境影响评价处于公路建设项目决策链的源头，可直接影响项目的决策或布局。将环境影响评价由建设项目层次延伸到规划和政策层次，解决了公路建设项目进行环境影响评价时替代方案难以考虑的问题，同时对减缓措施的制定具有一定的灵活性。规划环境影响评价在决策过程的各个层次具有前瞻性地考虑政策、规划方案的环境影响，从而指导公路建设项目的环境保护，有利于单个项目与环境协调发展，实现公路网的可持续发展。

实施规划环境影响评价的意义主要有以下三点：一是通过实施公路规划环境影响评价，可以从可持续发展的角度来调整、完善和补充规划内容，从而真正地进入宏观决策层面，以此来适当调整布局；二是从决策机制上把对环境因素的考虑纳入决策过程中，通过综合考虑环境、社会和经济，就可以识别、分析累积环境影响，从而提出符合社会发展的优化方案和污染治理措施；三是从规划阶段就考虑相关的环境影响，并采取必要的环保措施，不仅防止了公路规划可能带来的环境污染和破坏，而且减少了事后治理带来的经济损失和社会矛盾，全面促进可持续发展融入综合决策中。总之，规划环境影响评价是实现科学决策，实现可持续发展的重要保证。

（2）基础工作

①公路规划评述。

为了顺利开展公路规划环境影响评价工作，需要调查研究公路规划所在区域的社会、经济和环境的整体状况，进行公路规划背景及意义的分析，认识公路规划的重要性，明确规划环境影响评价应发挥的作用。同时，从公路规划所在区域的自然环境和社会环境、公路规划与其他规划的协调性、相关法规对公路建设的规定以及公路规划对其他行业的影响等角度分析规划环境影响评价的目的。另外，还需从规划环境影响评价的近期、中期和远期的时间范围和公路规划所在区域的空间范围进行确定规划环境影响评价的范围，并汇总规划环境影响评价相关的法规、标准、技术规范和项目技术文件，为编制规划环境影响评价提供依据。

②区域环境现状调查分析。

进行区域环境现状调查分析，需要掌握公路规划影响区的背景情况，识别公路规划在影响区内社会、经济和环境可能产生的重大影响环境因子，来确定受公路规划影响的区域范围，通过综合考虑规划的层次性、有效限期、社会文化背景以及人们的认可程度等来确定规划环境影响评价的时间跨度。

在规划环境影响识别中，需要掌握规划评价要素，包括：资源范围内的林地、耕地、草原和燃油等；生态环境范围内的生物多样性、自然保护区、生态功能区、水土流失、野生动植物、沙漠、湿地、冻土等；水环境范围内的地表水和水利设施等；地质灾害范围内的滑坡、泥石流、冻融等；大气环境范围内的大气等；声环境范围内的噪声等；社会环境范围内的就业、通达性、交通安全、旅游开发、文物保护、城镇规划、矿产资源开发等。通过对这些要求进行筛选，找出环境影响评价的因子。

（3）技术路线

根据公路规划环境影响评价的目的和任务，其技术路线是：首先，根据公路规划方案确定评价范围和评价标准，分析公路规划与评价区域内的国民经济现状和社会发展计划、土地利用规划、环境保护规划的适应性，促使制订的公路规划与环境保护相协调；其次，通过调查分析区域环境现状，掌握公路规划影响区的环境状况；再次，根据公路规划的初步方案，对规划可能产生的环境影响进行分析、预测、评价，同时将所得到的评价结论及时地反馈给公路规划制订者，使公路规划在修改完善过程中符合可持续发展要求；最后，再根据公路规划的成果进行规划环境影响综合评价，提出消除或减缓环境影响的措施和替代方案，并进行环境经济损益分析，最终提交公路规划环境影响报告书。

2. 公路规划环境影响评价技术方法

（1）环境影响评价内容

公路规划环境影响评价的内容包括以下几点。

①公路规划分析。分析公路规划的目标、指标以及规划方案同相关的其他发展规划的关系。

②环境现状与分析。包括调查、分析环境现状和历史演变，识别敏感的环境问题以及制约公路规划的主要因素。

③环境影响识别与确定环境目标和评价指标。包括识别影响规划目标、指标、方案的主要环境问题和环境影响，按照有关的环境保护政策、法规和标准拟定或确认环境保护目标，选择量化和非量化的评价指标。

④环境影响分析与评价。包括预测和评价不同规划方案对环境保护目标、环境质量和区域可持续性发展的影响。

⑤推荐规划方案。针对各规划方案的评价结果，拟定环境保护对策和措施，确定环境可行的推荐规划方案。

⑥开展公众参与。针对公路规划方案，确定调查范围和对象，咨询相关行业专家，对相关企事业单位及居民进行调查，对反馈意见进行整理统计与分析；拟订监测、跟踪评价计划。拟定对规划实施所产生的环境影响进行监测、分析、评价，用以验证规划环境影响评价的准确性和判定减缓措施的有效性，从而提出改进措施。

编写规划环境影响评价文件。总结公路规划环境影响评价的工作内容，明确提出环境影响评价结论。

（2）工作程序

公路网的规划环境影响评价工作分为三个阶段。

第一阶段为准备阶段。主要工作是确定评价范围和评价标准，熟悉国家和地方相关的环境保护政策、法规，分析评价区域内的环境与资源状况，进行环境影响识别，确定环境保护目标和评价指标。

第二阶段是正式工作阶段。分析评价区域内国民经济和社会发展计划、土地利用规划、环境保护规划的协调性，根据公路规划的初步方案，对规划可能产生的环境影响进行分析、预测、评价，根据公路规划的成果进行规划环境影响综合评价，提出规划调整建议和预防性措施。

第三阶段是报告书编制阶段。通过汇总、分析所得资料和数据，得出结论，完成规划环境影响报告书的编制，然后实施规划的跟踪监测和评价。

需要强调的是，在进行公路规划环境影响评价时，公众参与应贯穿整个过程，因为公众参与是完善公路规划环境影响评价的重要手段，是取得公众支持的有效途径。

（3）技术方法

①规划分析的技术方法。

实施规划分析是进行公路规划环境影响评价工作的基础，通过进行规划分析，获取规划环境影响评价所需的基础资料，为顺利实施规划环境评价做好准备工作。

规划分析应包括四部分内容：一是描述公路规划，以了解公路规划的编制背景、公路规划的目标，公路规划对象，公路规划内容、实施方案，以及其与相关法律、法规和其他规划的关系；二是分析公路规划目标的协调性，以了解公路规划与所在区域或行业的其他规划的协调性；三是初步筛选公路规划方案，运用专家咨询法、类比分析法、矩阵法、核查表法等筛选的方法，识别由公路规划所直接或间接影响到的主要经济活动，以了解影响经济活动的环境要素，分析规划方案对实现环境保护目标的影响，对规划方案进行筛选；四是了解公路规划对环境要素的影响方式、程度，以及其他客观条件和环境影响识别的结果，以便确定规划环境影响评价的内容和评价范围。确定评价范围时还要考虑地域因素、法律与行政权限、减缓或补偿要求、公众和相关团体意见等限制因素。确定规划环境影响评价的地域范围通常考虑两个因素：一是地域的现有地理属性（流域、盆地、山脉等），自然资源特征（如森林、草原、渔场等），或人为的边界（如公路、铁路或运河）等；二是已有的管理边界，如行政区等。

②环境现状调查与分析。

环境现状调查与分析是进行公路规划环境影响评价的另一个主要基础工作，主要是获取公路规划所需的基础资料，并进行分析，为公路规划环境影响评价提供背景值和基础数据。

环境现状调查与分析常用的方法有现场调查、资料收集与分析、监测等三种形式。现场调查主要是了解社会经济背景，以及相关的社会、经济与环境的主要问题和产生的原因，了解特殊生物及特有物种、自然保护区、湿地、生态退化区、特有人文和自然景观以及其他自然生态敏感点；资料收集与分析主要是了解跨界环境因素、经济因素与环境问题的关系、社会因素与生态压力，以及社会、经济、环境对公路规划评价区域可持续发展的支撑能力；监测是实施定量化评价的主要资料来源，主要是了解环境污染与生态破坏对社会、经济及自然环境的影响。

③环境影响识别与确定环境目标和评价指标。

环境影响识别与确定环境目标和评价指标是对公路规划方案实施后可能导致的主要环境影响及其性质，编制规划的环境影响识别表，并结合环境目标，选择评价指标。环境影响识别是用于指标体系建立与环境预测之前，为确定环境目标服务，评价指标是为后面的预测和评价服务。

环境影响识别是为了了解公路规划的影响因子、影响范围、时间跨度、影响性质，因此常用叠图法进行环境因子识别，叠图法就是对可能受公路规划影响的环境因子和可能产生的影响后果列在一个表格中，然后对核查的环境影响给出定性或定量的评价；或者将受公路规划影响地区（如自然保护区、野生动植物和地下水的重要区域等）的透明胶片与公路规划影响范围和强度图叠加，有重合部分就是环境目标。

在环境影响识别的基础上，结合规划及环境背景调查情况，规划所涉及部门或区域的环境保护目标，通过理论分析、专家咨询、公众参与等工作，初步确立评价指标，并在评价工作中补充、调整、完善。

④环境影响预测、分析和评价。

环境影响预测、分析和评价就是将公路规划的环境影响因素通过定性和定量的分析，得出在公路规划的影响下环境发展的趋势，并作出评价，是公路规划环境影响评价的核心部分，是公路规划环境影响评价成功与否的关键。这部分工作主要分为公路规划的环境影响预测、环境影响分析和评价两个部分。

⑤环境影响的减缓措施。

环境影响的减缓措施是经过环境影响的预测，为减小规划带来的影响，通过查阅相关的法律法规、技术规范和标准，咨询相关专家，遵循"预防为主"的原则，依照最小化、减量化、修复补救、重建的顺序提出减缓措施。例如，在土地资源影响减缓中，首先依照土地管理的法规提出采用低值占地指标，顺序是建议采用改建方案，确定合理的公路等级，最后建议调整路线布设方案。在提出生态环境影响减缓措施也要以放弃部分新建路段、放弃部分改建路段、调整部分路段线位的顺序进行建议，此类顺序也要用在提出声环境、空气环境、沙漠、冻土、湿地、景观和文物保护的措施和建议中。

⑥监测与跟踪评价。

监测与跟踪评价是对公路规划实施以后产生的环境影响进行跟踪调查，为进一步完善公路规划提供支持。在编制规划环境影响评价文件时，拟订环境监测和跟踪评价计划和实施方案。对需要进行监测的环境因子或指标，实施环境监测与跟踪评价方案，列出对下一层次规划的要求或推荐的规划方案所含具体项目环境影响评价的要求。

公路规划实施过程中其他规划也在不断更新，要进行公路规划与其他规划的相容性分析，分析与其他规划是否相矛盾，若有矛盾，向公路规划主管部门提出建议，当与国家公路规划相矛盾时，要以最新的国家公路规划为依据进行修订，当与下一级公路规划相矛盾时，要以本规划为依据。同时要进行跟踪评价，对公路规划实施后的实际环境影响进行评价，核查规划环境影响评价及其建议的减缓措施是否得到了有效的贯彻实施，确定为进一步提高规划的环境效益所需的改进措施。

⑦公众参与。

公众参与可使公路规划的决策过程更加科学民主，有助于环境保护措施和有关政策法规的有效落实。公众参与覆盖公路规划环境影响评价的全过程，是获取公众对公路规划意见和建议最有效的方式，一般是参照《环境影响评价公众参与暂行办法》的规定，明确公众参与的时间、调查范围和对象，采用灵活的参与方式开展公路规划环境影响评价公众的参与工作。例如，政府机关访谈，相关行业专家咨询。政府机关访谈是采用调查表和座谈会等方式进行调查，使调查人判断公路规划是否利于当地的经济发展，目前的交通运输是否能满足调查人从事行业的需求，路网建设是否有利于调查人所在地区从事行业的发展，路网布局是否与调查人所从事行业规划相冲突，调查人是否同意公路规划等。

（二）公路环境影响评价

1. 现有技术方法的完善

现有的环境评价的技术方法对公路建设项目在建设和运行中的环境保护措施和对策进行预测，体现了环境影响评价的功能，落实了公路建设项目环境保护工作，但环境影响评价中提出的措施和对策毕竟是通过技术方法进行预测的结果，要完善其准确性就需要依靠环境影响评价结论的反馈验证和环境影响评价技术方法自身的完善来实现。

（1）环境影响评价结论的反馈验证

环境影响评价结论的反馈验证，是对公路建设项目的实际环境影响进行分析，评价项目环境影响评价结论的准确性、可靠性，并对环境保护措施的有效性进行验证，这有利于提高项目环境决策的科学性，并可进一步加强与完善项目在可行性阶段的环境影响评价的预测工作。

环境影响评价结论的反馈验证是通过公路项目环境影响后评价来实现的，在建设项目投入使用后进行环境评价，可以分析项目在使用后的不同时期对社会环境影响的实际情况。通过比较实际状况与影响预测的偏离程度，来研究产生偏差、误差的原因，如分析环境影响评价中预测模式及参数选取的合理性等。对环境影响评价所采用的方法、标准以及其他相关内容的整体工作进行检查，分析环保措施的实施状况、运行效果和有效性等。

建设项目所产生或涉及的环境问题，需要在项目投入使用后的一定时期内对其进行实测、检查。通过对项目环境影响评价预测结果的准确性、环保措施的有效性、评价结论的正确性，以及整个环境影响评价工作进行诊断检查，也是对环境影响评价单位和环境影响评价人员工作质量的评价。通过环境影响评价结论的反馈验证，可督促环境影响评价单位和人员坚持实事求是的科学态度，掌握科学实用的评价方法，认真踏实地开展工作，从而提高环境影响评价的有效性和工作质量。同时，根据反馈验证的结果，进一步提出必要的对策和措施，从而使项目的使用状态正常化，使项目及项目所在区域环境的质量状况稳定或进一步得到改善，从而提高项目的经济效益、环境效益和社会效益。

（2）环境影响评价技术模型的改进

环境影响评价技术方法是实现环境预测的准确性和有效性的技术保障，现在常用的环境影响评价方法还要进一步完善，诸如数学模型法，图形叠置法、矩阵法、综合指数法等。

2. 先进技术方法的应用

随着科学技术的进步以及人们对环境问题认识的提高，公路环境评价已发展成为需要综合应用多学科知识及技术的一项工作，特别是随着国际金融机构贷款项目的增多，对公路环境影响评价提出了更高的要求，促使公路环境影响评价的方法进一步从单项评价逐渐向综合评价发展。目前，评价的方法已由各种单一性方法发展到以适应性方法为代表的综合性方法，并且广泛应用了计算机模拟和系统控制理论，从而更加客观地反映了现实情况，提高了评价的科学性。例如，3S技术、情景分析和模拟技术等。

（三）公路环境保护设计

1. 增强环保设计技术应用

环保设计技术的应用，对补充和完善环境保护设计的全面性起着保障作用。公路《公路环境保护设计规范》已经颁布了较长的时间，在公路建设和运营中，为达到公路环境保护的目的起到了重要的作用。但是，随着人们环保意识的加强，公路环境保护要求的提高，现有规范的部分内容已经不能满足公路建设环保的要求，需要采用一定的技术方法完善现有的环保设计内容。

要完善现行公路环境保护设计规范的内容，应该从以下三个方面来进行完善：第一，现行环保设计规范的总结，以了解环保设计规范的不足，为补充和完善现行环保设计规范做好基础工作；第二，环保设计人员的咨询，以了解环保设计规范在使用中存在的问题和不足，并能获得改进环保设计规范的建议；第三，环保设计效果的调查，以了解环保设计在公路建设和运营中的环保作用，是核查环保设计科学合理的有效验证，为完善和更新公路环境保护设计规范提供基础资料。

2. 提高环保设计技术能力

在工程设计中，专业技术来自专业设计人员，专业环保设计人员对环境保护重要性的认识，是环境保护实施的关键，不能以牺牲环境为代价讲求发展。现阶段，公路设计单位中环保专业设计人员数量滞后于环保要求，实现高技术的环保设计存在困难，在一定程度上降低了环保设计的要求。

公路环境保护设计是一项涉及面广、复杂又细致的工作，环境保护设计的内容越来越广，要求的标准也越来越高，这就更需要工程设计人员既有环保、园林及美学等多方面知识的综合素质，又要有很强的环境保护意识，广泛听取各方面意见，结合项目所在地的具体情况，因地制宜，采用灵活多样的设计手法，最大限度地将环境保护的理念应用到公路建设的每一个环节中，综合各种因素，对设计成果进行检验和修正，从而设计出体现环保意识的工程，实现公路建设的可持续发展，使公路建设项目发挥其最大的经济效益和社会效益。

3. 加强环保设计技术研究

目前的公路环境保护设计规范是从社会环境、生态环境、环境污染防治和景观与绿化四个方面论述，多为原则上的建议性叙述，在具体规定上还需完善，提高环保设计技术研究，加强公路环境保护设计规范的指导作用，其主要表现在进一步加强公路环保设计内容的广度和深度上，完善绿化设计的要点、补充景观设计的内容、突出水土保持设计的重要性及增加环保设计其他篇章的完整性。这样有利于设计和审查人员参照执行，实现最优效果。

二、公路建设项目建设期环境管理技术方法

（一）公路施工组织设计

1. 施工组织设计概述

（1）施工组织设计（环保部分）

①概念。

施工组织设计是从工程的全局出发，按照客观的施工规律和当时、当地的具体条件，统筹考虑施工活动中的人力、资金、材料、机械和施工方法这五个主要因素，对整个工程的现场布置、施工进度和资源消耗等作出的科学而合理的安排。

公路施工组织设计的环保部分，是施工组织设计的重要组成部分，它是准备、组织、指导施工和编制施工作业进行环境保护计划的基本依据，是公路环境管理的主要手段之一。公路施工组织设计的环保部分，是对施工阶段进行统筹安排时，不仅要符合质量、进度等方面的要求，同时要对施工的各个环节提出明确的环境保护要求，在各个部分项目工

程中，有针对性地提出环境保护措施，从而体现出施工组织设计的环保指导和工作部署。在编制施工组织设计的环保部分时要遵循以防为主、以治为辅、综合治理的原则，将环境保护的技术方法借助施工方法体现在施工过程中，实现施工与环境保护的协调发展。

②目的和作用。

施工组织设计环保部分的目的是使工程施工在一定的时间和空间内实现有组织、有计划、有秩序地进行环境保护，以达到合理施工，环境影响最小的效果。施工组织设计环保部分可以是对公路基本建设项目的环境保护起到控制作用的总体战略部署，也可以是对某一具体工程施工作业的环境保护起到指导作用的战术安排。

施工组织设计环保部分是施工单位领导、职能部门在指导施工准备工作、全面布置施工活动、指挥生产开展工作、进行项目管理、控制施工进度的过程中实现环境保护的依据，是工地全体员工施工生产活动过程中进行环境保护的行动纲领，对提出施工部分的整体质量，最大限度地减少环境影响，科学有效地完成公路施工任务具有重要作用。

（2）基础工作

在编制施工组织设计时，针对公路施工涉及面广，专业多，材料及机具种类繁多，投资大，需要协调的问题复杂等情况，应有计划、有步骤地做好原始资料的调查、收集和分析等基础工作。施工组织设计环保部分的基础工作是按照编制施工组织设计工作的安排进行的，需要进行原始资料的调查和收集，实地勘察、座谈访问、查阅历史资料、采取必要的监测手段获得所需环境数据和资料。一般要收集的资料包括：地形地貌、地质、水文地质、气象和其他自然条件等，也要了解掌握公路建设所在区域的社会环境状况等。

（3）技术路线

编制施工组织设计要遵循一定的技术路线。编制施工组织设计环保部分要收集所需环境资料，了解工程环境概况；分析设计资料，进行施工组织与环境保护研究；选择施工方案，确定环保的施工方法，提出施工整体环保部署；编制工程进度表，设置环境纠纷处理机动时间；编制人工、主要材料和机具使用计划，要考虑到环境保护的要求；综合考虑环境要求进行施工平面图的布置等。

2. 施工组织设计技术方法

（1）施工组织设计（环保部分）内容

公路工程施工组织设计的内容一般包括工程概况，施工方案，施工进度计划，各项资源需用计划，施工平面图及技术经济指标等部分。施工组织设计（环保部分）内容将根据工程施工组织设计内容，合理安排环境保护组织设计内容。

（2）工作程序

根据公路工程施工组织设计的内容，对应的环保部分的工作程序分为三个阶段。第一阶段是选择施工方案、审查图纸、进行现场调查，包括自然环境和社会环境条件调查，综合考虑环境保护要求，选择施工方案和施工方法。第二阶段是编制施工进度表。根据施工方案和方法，编制机具设备需用计划和材料、半成品构件需用计划，编制劳动量需用计划，在编制时间进度计划时要合理考虑理论保护工作的时间要求，编制运输计划和施工准备工作计划。第三阶段是布置施工平面图。根据施工进度表和施工进度计划，结合施工组织调查材料和施工图纸，考虑场地环境现状和环保要求，布置施工平面图，然后确定出技术经济指标后，进行施工组织设计审批。

（二）公路环境监理

现行的公路建设项目环境管理模式主要是针对项目环境影响报告书的审批及工程竣工验收工作的管理，而施工期的环境管理相对薄弱。

1. 公路环境监理概述

（1）环境监理

①概念。

环境监理，是指具有相应公路环境监理资质的单位，在业主的委托下，根据有关法律、法规、政策、技术标准以及经批准的设计文件、投标文件和依法签订的监理、施工承包合同等，针对公路建设期环境破坏的具体特点，对公路施工期的环境保护工作进行监督管理的方法。公路环境监理工作，早期介入公路施工过程，在公路建设期全过程中进行环境监理，能够弥补施工阶段环境管理的不足，增加施工阶段环境保护的主动性，切实有效地减轻公路施工期对环境的影响，增强公路建设项目的环境保护工作的专业性和公正性。

从事公路环境监理活动，应当遵循守法、诚信、公正、科学的原则，协调好工程建设与环境保护以及业主与承包商之间的关系，为工程的环境管理服务。同时确立工程环境监理是"第三方"的原则，工程环境监理可单独建立监理管理体系，也可纳入工程监理的管理体系，但都不得弱化环境监理的地位。

②目的和意义。

实施环境监理的目的是使公路建设施工现场的环境监督和管理责任分明，目标明确，并贯穿于整个工程的实施过程，从而保证《环境影响评价报告书》中各项环境保护措施能够顺利地实施，保证施工合同中有关环境的合同条款切实得到落实。

在原来工程监理的基础上增加环境监理的内容，加强了工程建设中对环境的保护，同时又具有相对专业化的独立性，是一种有效的环境管理方法。环境监理的实施，有利于公路建设项目全程环境管理体系的完善，有利于施工期环境保护措施的落实，实施公路项目施工期的环境监理可以使施工期的环境管理工作融入整个工程项目建设中，变环境的事前管理和事后管理为公路项目的全程环境管理。

（2）基础工作

①公路工程施工评述。

公路工程施工是一项复杂的系统工程，必须科学地组织、建立正常、文明的施工秩序，有效地使用劳动力、材料、机械、设备、资金等。施工中既要注意工程质量和施工进度，又要注意保护环境、安全生产，确保优质、高效、低能、环保、安全地全面完成施工计划任务。

在开展公路工程环境监理工作时，首先应对具体的监理对象，即公路项目施工组织、施工条件、项目本身特点等了解掌握，特别是分析施工方案是否因地制宜、结合设计，考虑环境保护的要求。施工方法和施工机具的选择是否合理、切实可行，又有利于环境保护工作等。

②公路环境监理准备工作。

公路环境监理准备工作是开展环境监理工作的基础，环境监理单位承担环境监理任务应根据工程规模、难易程度、合同工程、现场条件等因素，建立适合公路环境监理工作开展的组织机构。根据公路环境监理涉及的环保专业，配备专业环境监理人员，组成公路环境监理队伍。环境监理人员进驻施工现场所做的工作主要包括：收集资料，以了解公路沿线区域的环境现状；环境敏感区（点）的确定，以明确环境监理的范围和内容；监理实施方案的制订，以指导公路环境监理工作的顺利开展。

（3）技术路线

保证公路工程环境监理工作的正常开展，并取得实效，环境监理工作就要遵循相应的技术路线，设置环境监理的组织机构，满足公路环境监理的组织需要，协调公路环境监理的行为；收集环境监理信息，环境监理人员采取多种方法进行收集公路沿线的环境信息，确定公路的环境问题；现场监理，依据制订的环境监理方案，现场监督环境监理内容，指导施工中的建设单位环境保护行为；定期复查，对环境监理过程中处理的环境问题，将依据相关条例处理情况进行定期复查，确保公路环境监理的效果。总结归档，公路环境监理工作结束后，对环境监理工作内容进行总结，按项目立卷归档，为公路环保验收做好准备。

2. 公路环境监理技术方法

（1）监理内容

公路环境监理包括环保达标监理、环保工程监理和环境监理的管理等主要工作。环保达标监理是监督公路施工过程中水土流失是否得到有效控制，自然景观是否得到基本保护，文物是否得到及时妥善保护和处理等，使得主体工程的施工符合环境保护的要求，例如，施工过程中产生的噪声、废气、污水等排放应达到相关的标准；环保工程监理是监督工程对生态环境，水土保持，自然保护区、风景名胜区、水源保护区等方面的保护，内容包括污水处理设施、声屏障、边坡防护、排水工程、绿化等在内的环保设施建设的监理；环境监理的管理是建立环境监理组织体系，保障公路环境监理工作的顺利开展，编制公路环境监理文件，指导公路环境监理工作科学高效的开展。

（2）工作程序

为了保证环境监理能有效地控制施工中环境质量，使环境监理工作标准化、程序化，应依照环境监理工作程序指导公路环境监理的开展，规范施工人员的环保施工活动，统一环境监理的监督、检查和管理的工作步骤。公路建设项目的环境监理工作程序大体分为三个阶段：环境监理准备阶段、环境监理工作阶段和环境监理总结验收阶段。

第一阶段为准备阶段：准备阶段是开展公路环境监理的基础环节，主要工作内容包括环境监理单位任务的接受，签订监理合同，根据监理规划编制项目建设全过程环境监理方案，成立项目环境监理机构，组建环境监理专业队伍，施工现场勘察，了解环境现状，审核施工组织设计中的环保施工方案，制定监理实施细则，准备阶段的工作为顺利开展环境监理工作打好基础。

第二阶段为工作阶段：工作阶段是公路环境监理开展的核心环节，主要工作包括现场监理公路建设项目施工过程中的环保达标、环保工程情况，进行处理公路建设项目施工期巡查或抽查的环境问题；开展公众参与，征集和采纳公众意见和建议；定期向环保主管部门和建设单位提交阶段环境保护监理总结和报告。

第三阶段为验收总结阶段：验收总结阶段是公路环境监理的重要环节，其主要的工作内容包括公路环境监理竣工文件的编制，环境监理工作总结报告的编写，提交环境监理文件和报告，配合业主进行工程竣工验收工作。

（三）公路竣工环境保护验收

1. 公路竣工环保验收概述

（1）基础工作

公路竣工环境保护验收的基础工作，就是为顺利开展公路环保验收所做的准备工作，包括资料回顾和环境调查两项工作。资料回顾是开展公路环保验收的重要基础工作，包括两个方面的内容：一是项目环境影响报告书的回顾，以了解环保措施和建议，确定环保验收的环境因素；二是环境影响报告书的批复，以确定公路环保验收的重点。环境调查是开展公路环保验收的另一项基础工作，主要包括公众参与调查和环保设施调查两个方面的内容：一是公众参与调查，了解公路施工过程产生的环境影响；二是调查环保设施，了解环保设施的合理性和有效性。

（2）技术路线

保证环保验收工作正常开展并取得实效，环保验收工作就要遵循相应的技术路线，公路竣工环境保护验收的技术路线是：现场环境初步调查，是为了收集公路设计施工资料、环境影响评价报告及其批复等资料，明确工程环保要求，获取工程及区域生态环境感性认识，明确工程生态环境问题，判定环境敏感目标；编制调查方案，以便确定调查内容，确定专题调查方案和调查方法，提出方案的组织实施措施，进行调查方案审核与审定；现场生态调查与环境监测，根据调查内容和调查方法，开展环境影响调查和环境监测工作；编写调查报告，分析评价公路建设对环境的影响，评估环保措施的落实情况及其有效性，作出验收调查结论与建议。

2. 公路竣工环保验收技术方法

（1）验收调查内容

根据公路竣工环境保护验收的目的和作用，环保验收调查的主要内容包括：工程建设概况调查，环境影响报告书回顾，环保措施落实情况调查，环保设施落实情况调查，环境影响调查。

（2）竣工环境保护验收技术方法

①工程建设概况调查。

工程建设概况调查是以查阅资料和现状调查为基础，客观、真实地反映公路建设的基本情况，采用工程建设资料的查阅和公路实地情况的调查，以了解公路的地理位置及路线走向、工程建设过程、主要技术指标、主要工程量，了解预测车流量和实际车流量，了解工程投资及环保投资等。

②环境影响报告书回顾。

环境影响报告书是进行公路环境保护验收的重要参考资料之一，能够如实地反映公路在施工全过程中提出的环保措施。采取环境影响报告书查阅的方法，以查清公路工程在设计、施工及运营中对环境的影响及其批复中要求的环保措施和建议，为环境保护验收起到指导作用和对比作用。

③环保措施落实情况调查。

环保措施落实情况调查是进行公路环保达标验收的两个重要内容之一，依据环境影响报告书以及其批复中的环保措施的要求和建议，判断环保措施的落实情况。采用社会调查、环境监测资料查阅的方法，了解施工中产生的环境影响问题，包括公路与途经地区的协调性、阻隔、公路用地、排水及路基防护、水污染、大气污染、噪声污染等；了解施工对环境影响的程度，公众对施工过程环境影响的满意度等，以此判断环保措施的落实情况。

④环保设施落实情况调查。

环保设施落实情况调查是进行公路环保达标验收的另一个重要内容，环保设施包括声屏障、污水处理设施等。采用资料回顾、现场勘察、监测等方法进行环保设施调查。资料回顾，以了解声屏障或污水处理等设施的设置位置；现场勘察，以了解环保设施是否按照相关规定和要求进行建设，建设质量是否达到标准；监测，以了解环保设施运行效果是否符合相关规定。

⑤环境影响调查。

环境影响调查是调查公路试运营期内环境影响状况以及采取措施的效果。环境影响调查的内容包括公路沿线生态环境、声环境、水环境、大气环境、污染事故应急预案、环境管理、社会环境等内容。采取资料收集、现状监测、现场踏勘、社会调查等方法进行环境影响调查。以了解公路工程建设对沿线的自然环境和社会环境的影响状况，服务区等附属设施的污水达标排放情况，危险品运输的管理情况，应急预案的操作情况等。

三、公路建设项目运营期环境管理技术方法

（一）公路运营期环境管理概述

1. 公路环境巡检

公路环境巡检是公路运营管理工作的一部分，是指在公路建成竣工以后的使用期间，

为了充分发挥公路的功能，降低运营产生的环境影响，保障公路沿线的自然环境和社会环境状况良好，使公路高效地为社会服务所进行的一系列环境管理活动。

通过公路环境巡检，可以有效降低公路运营带来的环境影响，提高公路使用者的舒适度，帮助减少交通事故的发生，更重要的是总结竣工验收后公路在使用过程中受到不利环境影响而发生变化的规律，为保障工程质量、弥补和完善环保设计、环境监理、环保验收的不足之处，也是为及时处理运营中发生的环境问题提供基础数据，因此公路环境巡检在公路运营管理中占有重要的地位，为保障建设绿色公路有着重要的意义。

2. 公路环境后评价

随着我国公路建设与世界环境标准和要求的接轨，也开始了公路建设项目环境后评价的试点工作，并取得了比较丰富的公路建设项目运营期环境管理经验，颁布了《公路建设项目后评价工作管理办法》，但是还没有对环境后评价进行规定，尚未建立项目环境后评价制度，也没有颁布环境后评价的技术导则以便给予实施环境后评价制度的技术保障，为此，本论文在总结了公路建设项目环境后评价的试点工作的经验基础上，提出了公路建设项目环境后评价的技术方法，以提高公路环境后评价工作的成效。

公路建设项目环境后评价是指公路建设项目正常运营后，在一定时间内分析评价公路运营对路域环境质量的实际影响，分析公路建设项目环境影响评价结论的准确性、可靠性和环境保护措施的有效性，它是一种全面准确反映工程建设项目对沿线及周围环境的实际影响并为环境管理提供依据的技术手段。

公路建设项目环境后评价对建设项目环境影响评价的工作和结论进行检查、诊断、审核和改进，不断改进和优化环境影响评价方法和评价技术，提高环境影响评价的质量，同时也有利于环境影响评价单位和工作人员的工作质量。环境后评价有利于完善环境管理制度体系，强化环境管理政策，通过建立环境后评价制度，使其与建设项目环境影响评价等一起构成建设项目环境管理的制度体系。有利于完善建设程序，加强环境延伸管理，提高项目决策科学性水平。

3. 基础工作

（1）公路环境巡检基础工作

①公路环境巡检评述。

公路环境巡检是运营阶段公路日常管理的一部分，依据公路管理条件规定定期巡检和抽查公路运营的环境现状、环保附属设施运行效果，总结公路的环境影响变化的规律，发现公路存在的环境问题，采取工程措施进行防护公路环境。公路环境巡检提高了公路运输功能，加强和完善了公路生态效益和社会效益。

②公路环境巡检准备工作。

公路环境巡检准备工作是为了保证公路环境巡检正常开展而做的基础工作，包括制定公路环境巡检工作条例和配置巡检设备两项工作。制定公路环境巡检工作条例是规范和监督开展环境巡检工作的重要保障，主要包括开展公路环境巡检的方法、巡检重点、巡检内容、应急处理和维修等内容。配置巡检设备是开展公路环境巡检工作的基本保障，配置巡检设备主要包括监测仪器、交通工具、记录本等。

（2）环境后评价基础工作

①环境后评价评述。

公路环境后评价是公路建设项目建成投入运营后，进行对公路所在地区自然环境和社会环境的实地调查，通过实际环境影响分析和回顾项目环境影响评价结论，对公路建设项目各阶段、全过程、全方位的环境决策、实施、效果等作出的全面评价。环境后评价提高项目决策科学性，加强和完善了项目运营阶段的环境保护工作。

②环境后评价准备工作。

环境后评价准备工作就是为了顺利开展公路环境后评价所做的基础工作，包括环境调查和环境监测两项工作。环境调查是开展环境后评价的重要基础工作，包括三个方面的内容：一是调查公路建设和运营的基本情况，了解公路建设的特点、线路的实际走向和道路特征、公路沿线的地形地貌和水文地质等，了解公路运营的实际交通量和通车车型等；二是调查环境影响评价报告书和其他技术文件提出的公路环境保护措施的落实情况和运转情况，包括环保设施和环境监测与环境管理等方面的状况，调查工程"三同时"的执行情况；三是调查已运营的公路及所在地区的实际自然环境和社会环境状况。

4. 环境后评价技术路线

根据公路建设项目环境后评价目的和任务，其技术路线包括：首先，回顾分析，进行项目建设概况回顾和环境影响评价报告书回顾；其次，调查与监测，进行现场调查、开展公众参与、环境监测和排污监测；再次，对照与验证，进行交通量检验、检验工程状况、验证源强、验证环境影响预测、验证环保措施和对策、验证环境管理体系及运行状况；从次，分析与评价，进行分析验证结果、分析与评价主要问题、分析原因；最后，得出结论与建议，对进行的环境后评价内容全面说明、对项目环境保护工作提出改进路线。

（二）自然环境后评价技术方法

1. 生态环境后评价技术方法

（1）生态环境后评价影响回顾分析

生态环境后评价影响回顾的资料以环境影响报告书为基础，要客观、全面、真实地反映环境评价的特征，回顾公路建设项目的概况，了解项目所在地区的地质、地貌结构，公路建设规模、技术等级、土石方平衡以及取、弃土场设计情况，预测交通量、危险品运输量等。环境影响报告书回顾，了解生态系统类型、特点及功能，野生动植物分布情况，主要生态影响及保护、控制和恢复对策，环保主管部门的批复意见等；环保竣工验收回顾，了解完成生态环境保护工程数量及投资费用，生态工程措施阶段性的效果，工程生态效果的持续性，遗留问题的解决方式和有效性等。

（2）生态环境调查

客观、真实，既能体现工程全面的生态影响特征，也能反映工程特征的生态保护效果，采取现场调查、收集资料和公众参与等方式进行调查。

调查范围是在公路沿线两侧 200 米以内的范围，如果有生态敏感点，则适当扩大范围，公路的临时用地、取土场、弃渣场等。要了解生态系统类型及变化，公路实际建设规模和技术等，环境影响评价报告生态保护措施落实情况、可操作性及效果，生态保护方法及效果，现存的生态环境问题等。

调查方法采用"以点带段、点段结合、反馈全线"的方式，选取典型点、段进行调查。对取、弃土场及临时用地的恢复情况，边坡生态防护工程落实情况，项目实际占地、项目建成后生态系统的稳定程度、沿线地区绿当量变化情况，服务区的适用性采用填表的方式进行调查。

收集资料走访建设单位，咨询建设阶段发生的生态问题情况，了解施工期和运营期生态问题的成因、解决方法、环境经济损失及投入，走访沿线群众，了解群众关注的生态问题及解决方法，现场勘察环保设计和施工对环境影响评价报告和环保主管部门批复的落实情况，对环保竣工验收意见的处理及效果。

（3）生态环境影响对照与验证

经过公路建设前后公路工程状况、交通量状况、环境敏感点、位置状况变化的对比分析，对环境影响评价报告书环境影响预测结果变化的对比，以及对环境影响评价报告书建议采取的污染防治措施的实施状况及效果变化状况的对比。对照分析出项目影响区生态系统构成和变化、生态环境变化的原因、生态环境保护的方法、费用及效益、现存的生态环境问题。

（4）生态环境影响分析与评价

通过回顾、调查、对照与验证，总结分析出项目目前存在的问题，项目在规划、设计、施工和运营中成功的经验和失败的教训。

成功的经验有项目优化设计、边坡防护、绿化物种的选择和景观设计、施工期生态环境保护等。存在的问题有公路边坡防护存在的问题，取、弃土场及临时用地的环境问题，特别是水土流失，绿化物种的成活率，尚未在环境影响评价报告书中考虑的问题，尚未解决的生态环境问题的责任等。

（5）生态环境后评价结论与建议

结论应对选择的评价内容进行全面说明，对项目生态环境保护工作提出改进的建议。包括项目设计阶段考虑的生态环境问题，项目建设过程中产生的生态环境问题，生态保护工程费用落实情况，建设过程中已采取的生态环境保护措施及其效果，项目在环境影响评价中尚未考虑的生态环境问题，项目目前生态环境质量状况及仍存在的主要生态环境问题，项目尚需采取的生态环境保护措施、预期效果分析及投资估算等。

2. 声环境后评价技术方法

（1）声环境影响回顾分析

声环境影响回顾分析包括三部分内容：一是对公路建设项目工程概况的回顾，以了解公路建设项目环境影响报告书编制时所依据的工程设计文件及工程概况；二是对环境影响报告书评价结论的回顾，以了解公路建设项目环境影响报告书对声环境影响评价的主要结论、建议及措施；三是对环保竣工验收回顾，以了解实际声环境保护工程投资费用，声环境保护工程措施的阶段性效果，对竣工验收遗留问题的解决方法和有效性。

（2）声环境调查与监测

实际环境状况调查是完成环境后评价工作的重要手段，包括现场调查、资料调研、公众参与及监测四种形式。现场调查要了解沿线实际声环境敏感点的数量、规模、相对公路的位置及分布；资料调研，主要了解公路通车后的交通量发展状况、车型比、昼夜比和公路交通噪声预测计算模型及其参数的研究发展动态；公众参与调查，了解沿线两侧居民、师生对公路交通噪声及其控制措施的反映；环境监测是公路建设项目环境后评价工作实施定量化评价的主要资料来源。声环境后评价监测可分为排污监测与环境质量监测两类。

（3）声环境影响对照与验证

环境影响验证是指对公路建设前后公路工程状况、交通量状况、环境敏感点数量、位置状况变化的对比分析，对环境影响评价报告书中环境影响预测结果变化的对比分析，以及对环境评价报告书建议采取的污染防治措施的实施状况及效果变化状况的对比分析。包括公路建设项目建设规模、技术指标检验、交通量检验、交通噪声源强验证、环境敏感点位置、数量变化验证、环境影响预测验证、噪声污染防治措施验证。

（4）声环境影响分析与评价

汇总验证结果，进行主要问题分析与评价，依据声环境质量标准及国家相关环境法律法规，分析评价声环境存在的主要问题及环境质量状况，包括实际敏感点噪声超标的问题、实际声环境敏感点噪声污染控制措施效果差的问题、尚未在环境影响评价中考虑到的问题。分析产生问题的原因，主要分析路线走向变化的原因（距路线距离变化）、源强变化的原因（交通量、车型比、昼夜比）、预测模型本身的误差或模型不合理因素、预测计算不准确的原因、尚未解决声环境问题的责任。

（5）声环境后评价结论与建议

由回顾、调查、对照与分析，提出项目声环境影响后评价结论。结论应对选择的评价内容进行全面说明，对项目声环境保护工作提出改进建议，包括项目已有声环境问题、项目已采取的声环境保护措施及其效果、项目目前声环境质量状况及仍存在的主要声环境问题、项目尚需采取的声环境保护措施、预期效果分析及投资估算。

第三节　公路建设项目全程环境管理技术方法的应用保障

一、基础保障

公路建设项目环境管理技术方法制定和使用的过程中，法律、经济、技术在基础上提供了良好的运行环境，共同构成了环境管理技术方法的基础保障，基础保障对于提高环境管理技术方法的效果、实现公路建设与环境协调发展具有重要的意义。

（一）法律保障

1. 环保法规

通过具有强制性效力的法律、法规来规范环境管理技术方法的实施是国际上通行的、基本的方法。在公路建设项目的环境管理技术日益成熟并逐步完善的过程中，技术方法的实施更需要法律的保障。因此，提供可操作性强的法律保障是实施环境管理技术方法的保障中最重要的功能之一。

公路建设项目环境管理技术方法体系的实施管理保障中的法律保障分为两个层次：一是国家级法律法规，主要分为环境保护基本法、环境保护单行法、环保保护部门规章等；二是地方级法律法规，例如《浙江省建设项目环境保护管理办法》（第166号政府令）、《宁夏回族自治区建设项目环境保护管理办法》等。以此明确环境管理技术方法的目标、方针、内容，是实施环境管理技术方法的根本性法律依据，当然，国家现行的其他法律法规也应是法律保障体系中的重要组成部分，例如，《中华人民共和国公路法》《中华人民共和国建筑法》等，这些都是构成完整的环境管理技术方法实施的法律保障的基本条件。

2. 法律保障的完善

如今，公路建设项目环境管理技术方法体系还未达到相对独立、完整的状态，现行法律法规中对技术方法的实施的保障条款还不够全面、深入，保障实施环境管理技术方法中还存在一定的问题，法规完善的历程将是一个渐进的实践过程。

（1）存在的问题

在已有的环境法制建设中，偏重制定原则性要求的法律，忽视了技术方法应用程序和操作性的法律条款。由于不同的人对环境标准有不同的理解，在操作实施上也有不同的作法，这就使环境标准的贯彻实施有比较大的随意性。要在发展经济的同时有效地保护环境，需要健全的法律制度。

（2）立法建议

我国现行的一些法规可以用作公路建设项目环境管理的保障依据，但是总体而言，是零散的，尚不够系统，需要完善。应制定专门性法律及实施细则。目前还没有公路项目环境管理的专门法律法规，建议尽快补充制定公路全程所缺乏的环境管理规定或条例，明确环保部门、业主单位、施工单位各自的职责和义务，使环境管理技术方法应用做到有法可依。只有通过环境立法，才能从根本上保证环境保护和环境管理技术方法应用工作的正常开展。

（二）技术保障

1. 环境标准

环境标准，是实施环境管理技术方法的法定依据和基础。环境标准是为了防治环境污染、维护生态平衡、保护人体健康，依照法律规定的程序，由立法机构或政府环保部门对环境保护领域中需要统一和规范的事项所制定的含有技术要求及相关管理规定的文件总称。

在各项环境管理工作中，都是按照环境标准来指导使用相应的环境管理技术方法进行环境管理，以此达到环境标准的要求。综合环境标准的法律属性、作用对象和效果、主要功能，对目前形成和可能制定的含有技术规定的环境标准和政府文件，可以分为环境技术法规、环境管理技术规范、技术指南三种类型。

（1）环境技术法规

环境技术法规是指法律明确授权环保部门制定的具有特定法律效力的含有技术要求的规范性文件，属于行政立法的范畴。它包括环境质量标准和污染物排放标准。

环境质量标准规定了环境的各种污染物在一定的时间和空间范围内的容许含量，反映了人群和生态系统对环境质量的综合要求以及社会为控制污染危害在技术上实现的可能性，是环境保护的目标值和制定污染物排放标准的依据。

污染物排放标准是为了实现环境质量标准，结合技术经济条件和环境特点，规定污染源排放污染物的数量和浓度的最高限额，是达到环境质量标准的手段，是控制环境污染达到环保目标而采取环境管理技术方法的依据。

（2）环境管理技术规范

环境管理技术规范是主要针对环保部门实施环境管理具体行为而建立的技术规则，是执行法律、法规的支撑体系，管理规范对内具有行政约束性，国家行政管理人员、从业人员都应当遵守。此类环境标准主要包括国家环境监测方法标准、国家环境标准样品标准。

国家环境监测方法标准是为监测环境质量和污染物排放，对采样、分析、测试、数据处理等技术方法作出的规定，是应用环境管理技术方法过程中的基本要求，是有效达到环境管理目标的重要保障。

国家环境标准样品标准是为了保证环境监测数据的准确、可靠，对用于量值传递或质量控制的材料、事务样品、制定的国家环境标准样品的标准。通过在环境管理过程使用国家环境标准样品标准，保障了环境管理技术方法的成效的可靠性。

（3）自愿性技术标准与指南

自愿性技术标准与指南包括环境标志产品、产品中的环境指标、环保设备仪器、污染物分析方法等自愿性技术标准，以及环境工程设计技术规范指南等。尽管有些技术文件名称上冠之以规范，但其所规定的事项既不是环境管理人员也不是环境管理相对人必须遵守的，应当看成是技术指南，环境工程设计和设备的技术要求就属于此类。

通过对含有技术内容文件层次的划分，可以理顺他们之间的关系，对于深化政府行政体制改革转变政府职能、规范政府文件形式具有现实指导作用。环境标准建设要围绕环境质量标准、污染物排放标准和法律授权制定的有关技术规定，以及执行这些标准的环境监测规范、分析方法来制订，在有能力和必要的情况下，不排除政府发布一些指导性文件。

目前，政府部门往往以是否含有技术内容来采用不同文件管理方式，这并不恰当，应以文件的性质、作用、强制与否划分类型，采用不同的形式公布不同性质的技术文件，以免使利益相关方产生错误的判断。最为重要的是，应明确地告诉公众，所公布的文件是强制性的还是指导性的。

2. 环境标准的完善

由于环境管理的技术要求不断提升，对环境标准工作提出了更高的要求。

第一，应当重视环境质量标准对实现环境保护战略目标的核心指导作用。发达国家的环境管理实践证明，环境质量标准在指导实现环境保护战略目标中发挥着核心作用，并随着国家发展战略的变化而调整。然而，当前我国环境质量标准的法律地位还不很明确，有待提升；标准内容单一，有待丰富。我们应站在环保战略目标的高度，认识和发挥环境质量标准的核心作用。

第二，应当重新审视污染物排放标准的制定依据。修订的《大气污染防治法》进行规定"超标违法"，使大气污染物排放标准已经上升为具有强制约束力的环境监督管理法律规范，"超标违法"的思想当然成为大气污染物排放标准制定、修订中掌握的准则。我们认为，这也应该成为其他强制性排放（控制）标准的编制准则。这不仅能提高环境标准的法律地位，同时也将对环境标准制定、修订过程、批准和发布程序等提出新的要求。

（三）经济保障

1. 经济手段

（1）收费和税收

收费和税收可以被认为是对污染支付的"价格"。这种"价格"的刺激作用取决于由于收费和税收而带来的成本和价格变动。强化和完善公路的排污收费，对于污染严重的项目要加大排污收费的力度，促进企业加强环境管理，自觉使用高效的技术方法，提高环境管理能力，做到有效保护和改善环境。

（2）赔款和罚款

污染赔款和罚款，是促进企业治理污染和减少污染事故的一项重要的经济手段。由于没有采用相应的技术方法而使得环境污染和环境破坏，给居民和生态环境造成损害时，依照法律规定行使环境监督管理权的部门根据所造成的危害后果处以罚款，要求其赔偿相应的损失。对环境造成重大影响时，要对责任人和责任单位进行重罚。

（3）环境保证金

环境保证金是促使建设单位实施有效环境管理技术方法的有效制约手段之一，通过保证金促进建设单位自觉进行环境管理。如果按要求完成，则保证金全部返还，否则，保证金不返还，还可同时处以罚款。公路施工单位在进驻施工现场以前，要求缴纳一定数额的环境保护保证金。如果施工单位进行了较好的环境保护，则工程完工时可以返还。对于施工期环境保护不善的单位，则环境保证金将被扣除，这部分资金用来支付别的单位进行环境恢复工作的费用。

（4）信贷杠杆

信贷是鼓励使用高效环境管理技术方法的有效手段之一，国家通过信贷杠杆，引导企业使用环境管理技术方法进行保护环境。信贷机构也可以组建施工期的环境评估小组，对贷款项目的环境保护状况进行检查，如果环境管理技术方法使用不善，则可以暂停或终止贷款。这对业主也有较强的约束作用，可以使业主更重视施工期的环境管理工作。经济手段有很多种实现方式，对环境管理有很强的保障作用，可以有效地保证环境保护工作的开展。

2. 经济保障的完善

（1）存在的问题

在运用经济保障的实践中，对保障环境管理技术方法实施中还存在一定问题。缺乏环境税收制度，不能有效地进行环境管理，环境收费范围过小，费率较低，施工单位交费缺乏积极性，环境税费使用方向不明确，不能真正发挥经济杠杆作用。

（2）经济手段的完善

首先，设计和建立环境税收制度。随着市场经济体制的逐渐成熟，要充分利用现有管理力量，及时设计和建立简单易行的环境税收制度。利用这个时机引入环境税收和收费。

同时就要求税收制度必须设计的简单而易行，并尽量把环境刺激手段引入必然要征收的税收中。

其次，采取逐步提高环境收费费率的方式，将收费收入根据治理效果予以返还。这可以使企业将费用转嫁，以致不利于公路项目的质量。所以，我们要积极稳妥地扩大环境收费的范围和加大收费力度，并考虑将收费收入根据治理效果予以返还。

最后，改变环境税费资金的使用方向，使环境税费等经济手段真正发挥杠杆作用。改变单纯用行政办法管理环境税费资金的做法，以中央与地方各级环境管理权划分为依据，逐步建立新的环境税费资金分配体制，并在此基础上建立各级环境保护基金，使经济手段和行政方法相结合。

二、实施保障

（一）行政手段

1. 行政手段

（1）环境行政强制手段

国家（主要由行政机关代表）通过单向的命令与制裁方式来调节利用环境的行为模式，它是以国家的主导和相对人的服从为特征的作用过程与运行原理。在开展环境管理工作中，使用环境管理技术方法的要求是其结果必须达到最低环境标准或者污染物排放标准，是强调了原则上的高度统一，并不排斥人们在技术方法上的灵活多样性。

（2）环境行政指导手段

国家通过指导性的行政活动方式来调节不同法律主体利用环境的行为模式。它是以环境利益为中介所形成的不同主体之间相互联系、相互制约、相互推动的作用过程与运行原理。按照环境法规的要求进行政府指导，在规定的范围内设计、建设，贯彻的环保方针、政策、法规及标准，督促业主单位及施工单位落实环境管理技术方法。

2. 行政保障的完善

（1）行政手段的问题

虽然随着环境管理的不断深化，环境的行政管理手段也得到了不断完善，但从现实的实施情况来看，还存在一定问题。

环保机构职权过小且很不稳定，各级环境机构频繁撤并，严重影响了环保机构工作人员的积极性。环保资金短缺，经费不到位，政府对公民的环保要求偏低，环保教育落后等。

（2）行政手段的完善

首先，扩大环保机构职权范围。政府在设置环保机构时，应通过立法的手段扩大环保机构的职权范围（如国家生态环境部）从而使机构具备较大的权力；同时，各级地方政府环保机构应拥有相当的独立自主权，不受其他任何机构的影响，独立行使环境监督管理权。

其次，增加环保资金。在环保系统内建立统一的财务机构，统一对各类收费进行管理。并根据谁污染谁负担的原则，对各类污染行业，征收额外的环保税，并将该款项作为环境保护的专项基金。这一点，发达国家已有成功的先例，就污水、垃圾问题，发达国家是落实到户进行收费，制造的垃圾越多，交的税就越高。这样做，既可以增加环保方面的基金来源，又可唤醒市民的环保意识。

最后，加强环保教育。环保部门应协同政府制定一系列的规章制度，来规范人们的行为。同时还应加强对公众的环境教育，通过环境科学知识的普及，将生态意识化为全民族的共同意识，把环境教育看成是全社会的事业，像扫除文盲一样，扫除"环境盲"，使全体公民都能理智、友善地对待生态环境，提高全民族的生态文化素质。只有加强对公众的环境教育，才能争取在将来彻底解决环境问题，这是一件事半功倍的事情。

（二）公众参与保障

公众参与是监督实施公路环境管理技术方法的一项重要措施。通过公众参与监督实施环境管理技术方法的成效，来完善和提高环境管理技术方法的科学性和民主性，弥补政府环境保护能力的不足，从而提升公民的环保意识和参与精神，促进公路环保事业的进步。

第六章 公路路面养护技术

第一节 路面养护内容及要求

一、路面养护内容

根据交通运输部发布的《公路养护工程管理办法》和行业标准《公路养护技术规范》（JTG H10—2009）的规定，路面养护工程分类见表6-1。

表6-1 路面养护工程分类表

工程分类	小修保养	中修工程	大修工程	改建工程
养护内容	保养 1. 清除路面泥土、杂物，保持路面整洁 2. 排除路面积水、积雪、积冰、积沙、铺防滑料、灭尘剂或压实积雪维持交通 3. 砂土路面刮平，修理车辙 4. 碎砾石路面匀、扫面砂、添加面砂、洒水润湿，刮平波浪，修补磨耗层	1. 砂土路面处理翻浆，调整横坡 2. 碎砾石路面局部路段加厚、加宽，调整路拱加铺磨耗层，处理严重病害 3. 沥青路面整段封层罩面 4. 沥青路面严重病害的处理 5. 水泥混凝土路面严重病害的处理 6. 水泥混凝土路面接缝材料的整段更换	1. 整段用稳定材料改善土路 2. 整段加宽、加厚或翻修重铺碎砾石路面 3. 翻修或补强重铺铺装、简易铺装路面 4. 补强、重铺或加宽铺装、简易铺装路面	1. 整线整段提高公路技术等级。铺筑铺装、简易铺装路面 2. 新铺碎砾石路面 3. 水泥混凝土路面病害处理后，补强或重铺沥青混凝土路面

工程分类	小修保养	中修工程	大修工程	改建工程
养护内容	5. 处理沥青路面的泛油、拥包、裂缝、松散等病害 6. 水泥混凝土路面日常清缝、灌缝及堵塞裂缝 7. 路缘石的修理和刷白 **小修** 1. 局部处理砂石路的翻浆变形，添加稳定料 2. 碎砾石路面修补坑槽、沉降，整段修理磨耗屋或扫浆铺砂 3. 桥头、涵顶跳车的处理 4. 沥青路面修补坑槽、沉陷，处理波浪、局部龟裂、啃边等病害 5. 水泥混凝土路面板块的局部修理	7. 整段安装、更换路缘石 8. 桥头搭板或过滤路面的整修		

二、路面养护要求

第一，及时、经常地对路面进行保养和修理，防止路面松散、裂缝和拥包等各种病害的产生，通过对路面的保养和修理，保持和提高路面的平整度和抗滑能力，确保路面安全、舒适的行驶性能。

第二，通过对路面的修理和改善，保持和提高路面的强度，确保路面的耐久性。

第三，防止因路面损坏和养护操作污染沿线环境。

第二节 沥青类路面的养护

一、沥青类路面的技术状况评定

（一）路面性能评价

路面现有质量评价内容包括路面破损状况、行驶质量、强度及抗滑系数。评价指标关系如图 6-1 所示。

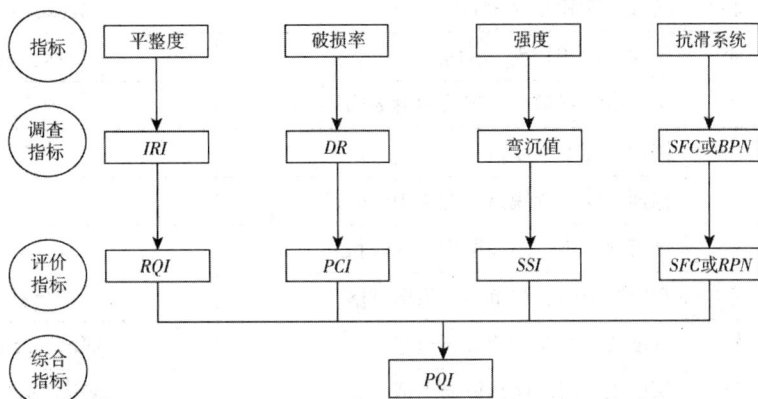

图 6-1 评价指标关系图

（二）路面破损状况

路面破损状况采用路面状况指数（PCD）进行评价，路面状况指数由沥青路面破损率（DR）计算得出。

1. 路面破损可分为裂缝类、松散类、变形类及其他类四种类型

其具体分类及严重程度见表 6-2。

表 6-2 沥青路面破损分类分级

破损类型		分级	外观描述	分级指标
裂缝类	龟裂	轻	初期龟裂、缝细、无散落、裂区无变形	块度：20~50 cm
		中	裂块明显、缝较宽、无或轻散落或轻度变形	块度：<20cm
		重	裂块破碎、缝宽、散落重，变形明显，急待修理	块度：<20cm
	不规则裂缝	轻	缝细，不散落或轻微散落，块度大	块度：>100cm
		重	缝宽，散落，裂块小	块度：50~100 an
	纵裂	轻	缝壁无散落或轻微散落，无或少支缝	缝宽：≤5 mm
		重	缝壁散落重，支缝多	缝宽：>5mm
	横裂	轻	缝壁无散落或轻微散落，无或少支缝	缝宽：≤5 mm
		重	缝壁散落多，支缝多	缝宽：>5mm
松散类	坑槽	轻	坑浅，面积小（<1m²）	坑深：≤25
		重	坑深，面积较大（>1m²）	坑深：>25
	麻面		细小嵌缝料散失，出现粗麻表面	
	脱皮		路面面层层状脱落	
	啃边		路面边缘破碎脱落，宽度10 cm 以上	
	松散	轻	细集料散失，路面磨损，路表粗麻	
		重	粗集料散失，微坑多，表面剥落	
变形类	沉陷	轻	深度浅，行车无明显不适感	深度≤25 mm
		重	深度深，行车明显颠簸不适	深度：>25 mm
	车辙	轻	变形较浅	深度：≤25 mm
		重	变形较深	深度：>25 mm
	搓板		路面产生纵向连续起伏、似搓板状的变形	
	波浪	轻	波峰波谷高差小	高差：≤25 mm
		重	波峰波谷高差大	深度：>25 mm
	拥包	轻	波峰波谷高差小	高差：≤25 mm
		重	波峰波谷高差大	高差：>25 mm

破损类型	分级	外观描述	分级指标
其他类	泛油		路表呈现沥青膜、发亮、镜面、有轮印	
	磨光		路面原有粗构造衰退或丧失，路表光滑	
	修补损坏面积		因破损或病害而采取修复措施进行处治，路表外观上已修补的部分与未修补部分明显不同	
	冻胀		路基下部的水分向上聚集并冻结成冰引起路面结构膨胀，造成路面拱起和开裂	
	翻浆		因路基湿软，路面出现弹簧、破裂、冒浆的现象	

2. 路面破损换算系数（K）

根据路面破损的严重程度和范围按表6-3确定。

表6-3　路面破损换算系数（K）

破损类型	严重程度	换算系数（K）	破损类型	严重程度	换算系数（K）
龟裂	轻	0.6	松散	轻	0.2
	中	0.8		重	0.
	重	1.0	沉陷	轻	0.4
不规则裂缝	轻	0.2		重	1.0
	重	0.4	车辙	轻	0.4
纵裂	轻	0.4		重	1.0
	重	0.6	波浪	轻	0.4
横裂	轻	0.2		重	0.8
	重	0.4	拥包	轻	0.4
坑槽	轻	0.8		重	0.8
	重	1.0	磨光		0.6
麻面		0.1	修补损坏面积		0.1
脱皮		0.6			
啃边		0.8	冻胀		1.0
搓板		0.8	翻浆		1.0
泛油		0.1			

3. 路面破损率（DR）

路面破损率 DR 按下式计算

$$DR = D/A \times 100 = \Sigma \Sigma D_{ij}K_{ij}/A \times 100$$

式中　　D——路段内的折合破损面积（m^2），$D = \Sigma \Sigma D_{ij}K_{ij}$。

A——路段的路面总面积（m^2）。

D_{ij}——第 i 类损坏、j 类严重程度的实际破损面积（m^2），如为纵、横向裂缝，其破损面积为：裂缝长度（m）×0.2；车辙破损面积为：长度（m）×0.4。

K_{ij}——第 i 类损坏、j 类严重程度的换算系数，可查表 6-3。

4. 路面状况指数（PCI）

路面状况指数 PCI 的数值范围为 0~100。其值越大，路况越好。PCI 的计算公式为

$$PCI = 100 - 15DR^{0.412}$$

5. 路面破损状况的评价标准

根据路面破损情况，可将路面质量分为优、良、中、次、差五个等级，评价标准见表6-4。

表 6-4　路面破损状况评价标准

评价指标	评价标准				
	优	良	中	次	差
路面状况指数（PCI）	$PCI \geqslant 85$	$70 \leqslant PCI < 85$	$55 \leqslant PCI < 70$	$40 \leqslant PCI < 55$	$PCK < 40$

（三）路面强度

1. 路面强度指数（SSI）

沥青路面强度采用强度指数作为评价指标，按下式计算

$$SSI = 路段设计弯沉值/路段代表弯沉值$$

2. 路面强度评价标准

路面强度的评价标准应符合表 6-5 的规定。

表 6-5 路面强度的评价标准

评价指标	公路等级强度标准									
	优		良		中		次		差	
	高速公路、一级公路	其他公路、等级公路	高速公路、一级公路	其他公路、等级公路	高速公路、一级公路	其他公路、等级公路	高速公路、一级公路	其他公路、等级公路	高速公路、一级公路	其他公路、等级公路
强度	$SSI \geq 1.0$	$SSI \geq 0.83$	$0.83 \leq SSI < 1.0$	$0.66 \leq SSI < 0.83$	$0.66 \leq SSI < 0.83$	$0.5 \leq SSI < 0.66$	$0.5 \leq SSI < 0.66$	$0.3 \leq SSI < 0.5$	$SSI < 0.5$	$SSI < 0.3$

（四）行驶质量指数

路面的行驶质量采用行驶质量指数（IRD）作为评价指标，行驶质量指数由国际平整度指数（IRI）计算。

1. 国际平整度指数（IRI）

国际平整度指数（IRI）可由反应类设备测定，测定结果需经试验标定。IRI 与其他设备的标定关系式一般为：

$$IRI = a + b \times BI$$

式中　BI——平整度测试设备的测试结果；

a，b——标定系数，在使用中，各地可根据实际的标定结果确定其取值；

IRI——国际平整度指数（m/km）。

2. 行驶质量指数（RQI）

路面行驶质量指数（RQI）与国际平整度指数（IRI）的关系为：

$$RQI = 11.5 - 0.75 \times IRI$$

式中　RQI——行驶质量指数，数值范围为 0~10。如出现负值，则 RQI 值为 0；如计算结果大于 10，则 RQI 值取 10。

二、沥青类路面的养护对策

沥青路面的养护对策应根据公路等级、交通量及分项路况评价结果确定。分项路况评价指标包括路面强度、行驶质量、路面破损状况和抗滑性能等方面。路面综合评价指标仅用于对路面质量的总体评价。

公路养护管理部门可根据公路等级、交通量、分项路况的评价结果，结合养护资金情况，采取以下维修养护对策。

第一，在满足强度要求的前提下（路面的结构强度系数为中等以上时），若高速公路及一级公路的路面状况指数（PCI）评价为优、良，或者二级及二级以下公路的路面状况指数（PCI）评价为优、良、中时，以日常养护为主，并对局部破损进行小修；若高速公路及一级公路的路面状况指数（PCI）评价为中及中以下，或者二级或二级以下公路的路面状况指数评价为次及次以下，应采取中修罩面措施。

第二，在不满足强度要求的前提下（路面的结构强度系数为中等以下时），应采取大修补强措施以提高其承载能力。

第三，若高速公路及一级公路的行驶质量指数（RQI）评价为优、良，或者二级及二级以下的公路的行驶质量指数评价为优、良、中时，以日常养护为主；若高速公路及一级公路的行驶质量指数（RQI）评价为中及中以下，或者二级及二级以下公路的行驶质量指数评价为次及次以下时，应采取罩面等措施改善路面的平整度。

第四，高速公路及一级公路的抗滑能力不足（SFC<40）的路段，或二级及二级以下公路抗滑能力不足（SFC〔横向力系数〕<30或BPN〔路面摆式摩擦系数〕<32）的路段，应采取加铺罩面层等措施提高路表的抗滑能力。

第五，因路面不适应现有交通量或载重的需要，应通过提高现有路面的等级或加宽等改建措施提高道路的通行能力和服务质量。

三、沥青类路面的日常保养

第一，保持路面平整、横坡适度、线形顺直、路容整洁、排水良好。

第二，加强路况巡查，掌握路面情况，随时排除有损路面的各种因素，及时发现病害，研究分析病害产生的原因，并有针对性地及时对病害进行维修处理。

四、沥青类路面常见病害的原因及处治

（一）路面裂缝的分类及处治

第一，路面裂缝分类。在沥青路面各类破损形式中，裂缝所占比重较大，也最为常见，在沥青路面养护维修工作当中，对裂缝破损的维修工作也最为普遍，而且频率最高，难度最大，裂缝破损对沥青路面的使用性能和使用寿命影响最大。按裂缝破损几何形状及成因，裂缝可分为以下几种。

其一，龟裂。此类裂缝形状呈一连串小多边形（或呈小网格状），一般其短边长度不大于40厘米，类似乌龟背壳上的花纹，故俗称"龟裂"。龟裂是由于路面受交通荷载作

用，其变形和挠度过大，在沥青路面的柔性不够及在重载车辆的反复碾轧下，由于路面材料的疲劳而形成的一种裂缝，故有时亦将此类裂缝称为疲劳裂缝。龟裂可能是全面性的，也可能是局部性的，且大多数发生在行车道上。在龟裂形成初期，由于裂缝轻微，对沥青路面的服务水平影响不大，但由于路面有龟裂而使得路表面的水渗入，造成底面层及路面基层强度的减弱，这样便会加速龟裂面积的扩大以及裂缝的扩展，而导致形成坑槽破损。

其二，块裂。此类裂缝形状呈不规则的大块多边形（或呈大网格状），其在形状上和尺寸上都有别于龟裂，通常其短边长度大于 40 厘米，长边长度小于 3 米，且棱角较明显。块裂通常是由于铺设沥青路面的沥青混合料采用了大量的低针入度沥青和亲水性集料，或沥青发生老化失去弹性，而在交通荷载作用下导致脆裂；或由于在低温作用下使沥青混凝土产生缩裂，故有时亦将此类裂缝称为"收缩裂缝"。块裂在较开阔的广场、停车场和城市道路上普遍发生。这类裂缝常常会导致路表水渗入路基和路床，降低路面的结构强度而形成其他的损坏，如龟裂、车辙等。

其三，纵向裂缝。纵向裂缝为沿路面行车方向分布的单根裂缝。一般成熟的纵向裂缝都较长，达到 20~50 米。在路表水渗入路堤下地基范围较小的情况下，可能仅在中央分隔带两侧行车道上，甚至接近硬路肩的一侧产生一条纵向裂缝；在路表水渗入路堤下地基范围较大的情况下，可能在中央分隔带两侧行车道上和超车道上产生两条纵向裂缝，少数路段甚至有三条纵向裂缝。特别是当路基边部压实不足，路堤边部会产生沉降，导致在距路边 30 厘米左右处产生纵向裂缝。在沥青混合料摊铺时，由于纵向接缝处理不当，造成路面早期渗水或压实度未达到要求，在行车作用下亦会在纵向接缝处形成纵向裂缝。由于地基和填土在横向不可避免的不均匀性，特别是在有路表水渗入地基的情况下，沥青路面产生细而小的纵向裂缝也是不可避免的。但是路面产生纵向裂缝过多过早，裂缝宽度过大过长，将严重影响其使用性能和寿命。

其四，横向裂缝。横向裂缝为与路面行车方向垂直分布的单根裂缝。由于地基或填土路堤纵向不均匀沉降，或由于沥青混合料摊铺时横向接缝处理不当，会产生横向裂缝，并伴有错台现象出现。在温度变化大的地区，夏季完好的路面到了冬季会由于路面温度过低或温度变化过大，产生纵向近似等间距的横向裂缝，通常将这类横向裂缝称为"温度裂缝"。沥青路面出现的绝大部分横向裂缝是温度裂缝，该类裂缝一般从沥青面层表面开裂，逐渐向底面层和基层延伸、扩展，从而形成了上宽下窄的裂缝。有的横向温度裂缝会贯通路面的一部分，而大部分横向温度裂缝则是贯通整个路面宽度。一条沥青路面会有多根横向温度裂缝，其纵向间距为 5~10 厘米。

其五，反射裂缝。此类裂缝是由于下铺层的裂缝向上传递而导致沥青面层产生与下铺层相似的裂缝，一般多发生在加铺层上。由于旧有的水泥路面的接缝和裂缝，或旧有沥青路面的纵向裂缝、横向裂缝和块裂等，在加铺时，未加以适当的处理而导致加铺层产生与下铺层裂缝相似形状的反射裂缝。另外，在新建的半刚性沥青路面上，半刚性基层受天长日久的温度变化引起的温缩裂缝或受外界环境湿度变化产生的干缩裂缝，也会向路表面扩展形成反射裂缝。由于底层或基层不连续处（接缝或裂缝）的水平运动或竖向运动，会使沥青路面的底面层产生较大的拉应力或剪应力，并最先开裂，然后裂缝逐渐向上延伸、扩展，并穿透整个面层，形成下宽上窄的裂缝。

其六，滑移裂缝。此类裂缝是在车辆刹车、转弯或加速时产生突然增大的水平力作用下，在路表面上沿行车方向形成的一种新月形状的裂缝，又称为"U形裂缝"，U形裂缝的顶端常指向作用力的方向。滑移裂缝最常发生在车辆刹车、转弯或加速的位置。当滑移裂缝由刹车引起时，滑移裂缝的末端（U形裂缝的顶端）指向行车方向；如果滑移裂缝是由车辆加速引起时，滑移裂缝的末端（U形裂缝的顶端）将指向车的后方。滑移裂缝通常是由于沥青路面表面层与底面层或面层与基层的黏结性不好，同时，面层又受到较大的水平外力无法有效地传递给底层，而使表面层单独承受，造成路表面被撕裂破坏。

第二，路面裂缝处治。沥青路面产生裂缝破损不仅影响路容美观和行车的舒适性，而且若不及时对裂缝进行填封修补，将会使路表水通过裂缝进入路面结构层内，导致路面承载能力下降，进而造成路面局部或成片损坏，大大缩短路面的使用寿命。对沥青路面裂缝进行填封修补，其最终目的和效果可归纳为四个方面：恢复沥青路面行车的平顺性和舒适性；恢复沥青路面局部强度和承载能力；弥补裂缝处原有沥青路面的强度不足；避免沥青路面引发进一步的破坏。

其一，密封胶开槽贴缝法。针对沥青混凝土路面较明显的横缝和纵缝，一般以灌缝法进行修补。沥青路面裂缝用灌缝法修补的传统施工工艺是直接灌注乳化沥青进行封闭处理。乳化沥青黏性较差，气温低时易变脆，气温高时易发生流动、溢出，使用寿命低，处理及时性差，维修裂缝的修补失效率半年内高达85%，1年后基本全部失效，需要重新灌注。这不仅需要大量的公路日常养护工作量，还大幅占用了养护费用。

密封胶开槽贴缝工艺的质量检验标准是：密封胶基本与路面齐平；灌缝充分饱满，表面平整，无颗粒状胶粒；灌缝胶经碾压后不发生脱落变形，保持足够的弹性。

其二，表面封层技术防治裂缝。表面封层是一层用连续方式敷设在整个路表面上的养护层，封层材料可以是单独的沥青或其他封层剂，也可以是沥青与集料组成的混合料。表面封层用于解决的养护问题主要有：复原或延缓表层沥青材料的氧化（老化）；重新建立路面的抗滑阻力；密封表面的微小裂缝；防止水从表面渗入路面结构层；防止集料从表面失落、崩解。目前，常用的表面封层技术有：雾层封层、还原剂封层、石屑封层、稀浆封层（微表封层）等。其中稀浆封层在实际施工中使用较多。

其三，薄层罩面法。薄层罩面也是一种很早采用的传统预防性养护方法，它是在原有路面上加铺一层厚度不超过 2.5 厘米的热沥青混合料，薄层罩面可以有效地防止品质正在下降的路面继续恶化，改善其平整度、恢复它的抗滑阻力，校正路面的轮廓，对路面也有一定的补强作用，但在多数情况下费用效益相比其他预防性养护方法较差。薄层罩面在施工中最大的困难是由于层面较薄、容易冷却又不宜使用振动压路机，因而不易达到较高的密实度，因此，正确地进行混合料设计、温度控制、碾压工艺和压路机选型显得尤为重要。

采用改性沥青作为黏结剂铺筑的薄层罩面在耐久性和抗滑性能方面都优于普通沥青的薄层罩面，但碾轧温度要求更高，由于散热快而引起的压实困难就更大，为了适应薄层路面快速压实的需要，近些年来出现了某些专为压实薄层路面而设计的高频振动压路机。此类振动压路机的振幅极低，只有 0.2 毫米左右，但频率则高达 70 赫兹左右。这样匹配的振动参数，由于大大降低了振动冲击力可以避免压碎集料，但又能保持在较高的单位时间内输入被压材料的振动能量。

其四，沥青混凝土路面裂缝病害的其他修复措施。沥青混凝土路面裂缝其他的修补措施主要有压浆法、沥青灌缝等措施。

①压浆法即在路基填土层中利用设备压入纯净的水泥浆，以此有效地固结路基。水泥浆的选用需结合路基各项数据谨慎选择。压浆法修补沥青混凝土路面主要是从路基修补上进行作用，以防止沉降裂缝的产生。压浆法对机械化要求程度很高，费用也较大。

②沥青灌缝是沥青混凝土路面裂缝修补技术早期的一种方法。其具体操作多是人工熔化沥青后灌注入沥青混凝土路面裂缝中。这种方法操作简单、费用低，但是修补效果非常不好，难以达到路面裂缝修补的基本目标，是一种低端修补技术，目前此技术已基本被淘汰。

（二）路面麻面、松散的处治

第一，对大面积的麻面、松散路段，可在气温上升（10℃以上）后，清扫干净，重做喷油封层，喷布沥青 $0.8 \sim 1.0$ kg/m^2 后，撒 $3 \sim 8$mm 石屑或粗砂（$5 \sim 8$ m/1 000 m^2），用轻型压路机压实。

第二，由于油温过高，沥青老化失去黏结性而造成松散，应将松散部分全部挖除后，重做面层。

第三，由于基层或土基软化变形而引起的路面松散，先处理基层或土基的病害，再重做面层。

第四，如因酸性石料与沥青黏附性差造成路面松散，应将松散部分挖除后，重做面层。重做面层的矿料不应再使用酸性石料，在缺乏碱性石料的地区，应在沥青中掺加抗剥离剂、增粘剂，改善沥青与矿料的黏附力，提高沥青混合料的水稳性。

（三）路面坑槽的分类及处治

坑槽是沥青路面局部破损中最常出现的一种。坑槽修补也是沥青路面日常养护维修工作中一项难度很大而又费工费时的工作，沥青路面出现坑槽，其引起行车颠簸、振动产生的冲击荷载是正常荷载的 1.5~2 倍。对坑槽若不进行及时修补和加强，在冲击荷载的作用下，坑槽破损会加快而连成一片，致使局部路段大面积损坏，严重影响路面的使用寿命和车辆行驶的安全性。

坑槽按破损形式不同，可以分为以下几类。

第一，表面层产生坑槽。由于沥青路面局部表面层混合料空隙率较大、沥青与石料间的黏附力不强，路表水（雨水或雪水）进入并滞留在表面层沥青混合料中，在大量快速行车的作用下，一次一次产生的动水压力（孔隙水压力）使表面层的沥青从石料表面剥落下来，沥青路面便会出现局部松散破损，散落的石料被车轮甩出，路面自上而下逐渐形成坑槽。这类坑槽通常深度为 2~4 厘米，是各类坑槽中最早产生，也是产生数量最多的一类。由于沥青混合料的不均匀性，坑槽总是首先在局部沥青混合料空隙率较大处产生，因此它常是随机分布的一个个孤立的坑槽。这类坑槽在以半开级配沥青混合料为表面层的沥青路面上出现最多。

第二，表面层和中面层同时产生坑槽。当沥青路面表面层和中面层都是空隙率较大的半开级配沥青混合料，而底面层为空隙率较小的密级配沥青混合料时，路表的自由水较易渗入并滞留在表面层和中面层内；当表面层是半开级配沥青混合料、中面层为密级配沥青混合料时，降水时间较长或路表有积水，使自由水渗入表面层后有较长时间从表面层的薄弱处渗入中面层，并滞留在表面层和中面层内。大量快速行车使此两面层内的沥青混合料中部分石料上的沥青剥落，使沥青混合料失去黏结强度，导致路表面产生网裂、形变（局部沉陷）和向外侧推挤，并最终出现崩解（粒料分离），大量大块破碎料被行车带离，形成坑槽。此类坑槽完全形成后，深度一般为 9~10 厘米。此类坑槽产生数量不是太多，但也不少见。

第三，底面层和基层间产生坑槽。路表水透过沥青面层（两层式或三层式）滞留在底面层和基层之间，在大量高速行车荷载（特别是重载车辆）作用下，自由水产生很大的压力并冲刷基层混合料表层细料，形成灰白色浆。灰浆又被荷载压挤，通过各种形状不同和宽窄不同的裂缝（横缝、纵缝、斜缝、网缝）到达路表面。行车驶过后，部分灰浆和自由水又流回底面层和基层之间，如此一上一下，如挤筒的吸排水作用，反复冲刷裂缝，使裂缝两侧产生新裂缝及碎裂破坏，并出现以缝为中心的局部下陷形变。当挤出的灰浆数量大时，可能立即产生坑槽；在数量小时，可使路面形成网裂或局部变形，这样路表水更容易渗入基层顶面，并形成恶性循环，最终导致坑槽出现。这类坑槽完全形成后，通常深度都大于 10 厘米，并且绝大多数都出现在车流量较大的行车道上或重载车辆较多的道路上。

第四，刚性组合式路面（含桥面）上产生坑槽。在水泥混凝土板上铺筑薄沥青面层的刚性组合式路面也是沥青路面的一种，为降低噪声和改善雨天行车安全性，铺筑的薄沥青面层的厚度常为 3.5~4.0 厘米；而为了提高路面的平整度及改善行车舒适性时，其铺设厚度一般为 5~8 厘米。沥青面层与水泥混凝土板之间黏附性不太好，若路表水透过沥青面层滞留在耐水性较好的刚性板上，在车辆荷载作用下会产生挤水压力，使两者之间的黏附性变得更差，并出现分层。由于沥青混合料摊铺厚度的不均匀性，沥青面层局部厚度过薄（<4 厘米），使得面层在车辆荷载的水平推力作用下推移而形成剥落和脱皮，最终产生坑槽。这类坑槽常出现在桥面上，且多数是成片出现。虽然桥梁、通道和立体交叉等构造物的总长度不长，沥青混合料面层铺装面积不大，但是其单位面积出现坑槽的数量最多。

沥青路面产生坑槽破损不仅严重影响路面的表面功能和使用性能，而且还引发出交通安全问题，并造成路面更严重的破损，对沥青路面坑槽进行修补，其最终目的和效果可归纳为四个方面：恢复沥青路面的表面功能；恢复沥青路面的局部强度和承载能力；弥补坑槽破损处原有沥青路面强度和耐水性的不足；避免沥青路面引发更严重的破损。

坑槽修补主要是针对坑槽、局部网裂、龟裂等病害的修补和加强，同时，还可以对局部沉陷、拥包以及滑移裂缝等病害进行修补。通常沥青路面坑槽修补的施工工艺为：测定破坏部分的范围和深度，按"圆洞方补"原则，画出大致与路中心线平行或垂直的挖槽修补轮廓线（正方形或长方形）；开槽应开凿到稳定部分，槽壁要垂直，并将槽底、槽壁清除干净；在干净的槽底、槽壁薄刷一层黏结沥青，随即填铺备好的沥青混合料；新填补部分应略高于原路面，待行车压实稳定后保持与原路面相平。坑槽修补的方法较多，一般有热衬法、喷补法、热再生法三种。

第一，热衬法。其修补工序是：首先用破碎工具铲除需补部位旧路面，然后喷洒沥青黏结层，填充新的热拌沥青混合料，并摊平、压实。根据实际情况，部分高速公路在采用热衬法之后使用抗裂贴，取得较好的使用效果。

第二，喷补法。此方法利用高压喷射方式，将乳化沥青经过喷管与输送来的集料相混合，通过控制喷管上的乳液、集料和压缩空气3个开关，把混合料均匀、高速地喷洒到坑槽中，达到密实的黏结效果，无须碾压，无须沥青混凝土拌和厂配合，且不受气候变化影响。

第三，热再生法。其修补方法是：先将高效热辐射加热板放置到待补区域，使旧沥青路面软化，然后把被软化的沥青旧料，喷洒乳化沥青使旧料现场再生，补充新沥青混合料拌和，并摊铺、压实。这种方法可对旧料进行现场再生利用，减少了环境污染、资源浪费，降低了维修成本，进行修补作业时不受气候变化影响。

除上述几种坑槽修补方法外，还有一些特殊的或新近发展的方法。如采用沥青混合料预制块修补，沥青路面破损处开槽修补的尺寸应等于预制块的倍数，预制块之间的接缝用填缝料填塞。这种坑槽修补方法较为简单，修补料的配比容易控制，密实度能得到保证。日本研究出一种名为"荒川式斜削施工法"的方法，此法是在返土、压平和补铺沥青混合料前，先将被切坑槽的边缘，用特制工具切成45°斜坡形，然后用喷燃器将边缘烧成粗糙形状，接着再铺压沥青混合料。这样可使新料和旧料紧密结合在一起，不易出现裂缝。

（四）拥包的处治

第一，由于基层原因引起的较严重拥包，先用挖补方法处理基层，待基层稳定密实后，再重做面层。

第二，因施工时操作不慎，将沥青漏洒在路基上形成的拥包，将拥包除去即可。

第三，因面层沥青用量过多或细料集中而产生的较严重拥包，或路面连续多次出现拥包且面积较大，但路面基层仍属稳定，则可用机械或人工将拥包全部除去，并低于路表面约10毫米。扫尽碎屑、杂物及粉尘后用热沥青混合料重做面层。

第四，对已趋稳定的轻微拥包，应将拥包用机械刨削或人工挖除。

（五）泛油的处治

1. 对于泛油路段，先取样做抽提试验，求出油石比，然后确定不同的处治措施第一，严重泛油路段，先撒一层 10~15 毫米粒径或更大的碎石，用压路机强行压入路面，等基本稳定后，再分次撒上 5~10 毫米粒径的碎石，并碾压成型。

另外，还可将含油量过高的软层铣刨清除后，重做面层。

第二，泛油较重路段，根据情况可先撒 5~10 毫米粒径的碎石，用压路机碾压，待稳定后，再撒 3~5 毫米粒径的石屑或粗砂，并用压路机或引导行车碾轧。

第三，轻度泛油路段，可撒 3~5 毫米粒径的石屑或粗砂，用压路机或控制行车碾压。

2. 施工要求

第一，处治时间应选择在泛油路段已出现全面泛油的高温季节。

第二，撒料应顺行车方向撒，先粗后细；做到少撒、薄撒、匀撒，无堆积、无空白。

第三，禁止使用含有粉粒的细料。

第四，采用压路机或引导行车碾压，使所撒石料均匀压入路面。

第五，如采用行车碾压，应及时将飞散的粒料扫回，待泛油稳定后，将浮动的多余石料清扫并回收。

第三节　水泥混凝土路面的养护

一、水泥混凝土路面的技术状况评定

根据《公路水泥混凝土路面养护技术规范》（JTJ 073.1—2001）规定，采用路面状况指数（PCI）和断板率（DBL）两项指标评定路面破损状况。

（1）依据路段破损状况调查得到的病害类型、轻重程度和密度数据。按下列公式确定该路段的路面状况指数（PCI）以百分制表示。

$$PCI = 100 - \sum_{i=1}^{n} \sum_{j=1}^{m_i} DP_{ij} W_{ij}$$

式中 i 和 j——病害种类和轻重程度；

n——病害种类总数；

m_i——i 种病害的轻重程度等级数；

DP_{ij}——i 种病害和 j 种轻重程度的单项扣分值；

W_{ij}——同时出现多种破损时，i 种病害和 j 种轻重程度扣分值的修正系统。

单项扣分值 DP_{ij} 和修正系数 W_{ij}，应由有代表性的成员组成的评定小组通过实地评定试验后确定。

（2）依据路段破损状况调查得到的断裂类病害的板块数，按断裂缝种类和严重程度的不同，采用不同的权系数进行修正后，由下式确定该路段的断板率（DBL），以百分数表示。

$$DBL = (\sum_{i=1}^{n} \sum_{j=1}^{m_i} DB_{ij} W_{ij}^{*})/BS$$

式中　　DB_{ij}——i 种裂缝病害和 j 种轻重程度的板块数；

W_{ij}^{*}——i 种裂缝病害和 j 种轻重程度的修正权系数，按表 6-6 确定；

BS——评定路段内的板块总数。

表 6-6　断板率修正权系数 W_{ij}^{*}

裂缝类型	交叉裂缝			角隅断裂			纵、横、斜向裂缝		
轻重程度	轻	中	重	轻	中	重	轻	中	重
权系数 W_{ij}^{*}	0.60	1.00	1.50	0.20	0.70	1.00	0.20	0.60	1.00

（3）路面破损状况的评定。路面破损状况分为 5 个等级，各等级的路面状况指数和断板率的评定标准见表 6-7。

表 6-7　路面破损状况等级评定标准

评定等级	优	良	中	次	差
路面状况指数 PCI	≥85	84~70	69~55	54~40	<40
断板率 DBL/%	≤1	2~5	6~10	11~20	>20

（4）路面结构承载能力的评定，按《公路水泥混凝土路面设计规范》（JTG D40—2011）中规定的方法进行。

（5）路面行驶质量采用行驶质量指数（RQI）进行评定，以 10 分制表示。行驶质量指数同路面平整度指数 IRI 之间的关系，应由有代表性的成员组成的评定小组通过实地评定试验建立，也可参照下列关系式确定行驶质量指数。

$$RQI = 10.5 - 0.75IRI$$

行驶质量分为 5 个等级，各等级评定标准见表 6-8。

表 6-8　行驶质量等级评定标准

评定等级	优	良	中	次	差
行驶质量指数 RQI	≥8.5	8.4~7.0	6.9~4.5	4.4~2.0	<2.0

（6）路面表面抗滑能力采用横向力系数 SFC 或抗滑值 SRV 以及构造深度两项指标评

定。路面抗滑能力分为 5 个等级，各个等级评定标准见表 6-9。

表 6-9　路面抗滑能力等级评定标准

评定等级	优	良	中	次	差
构造深度/mm	≥0.8	0.7~0.6	0.5~0.4	0.3~0.2	<0.2
抗滑值 SRV	≥5	64~55	54~45	44~35	<35
横向力系数 SFC	≥0.55	0.54~0.45	0.44~0.38	0.37~0.30	<0.30

二、水泥混凝土路面的养护对策

水泥混凝土路面的养护对策应根据公路等级、交通量及路况评价结果确定。公路养护管理部门可根据公路等级、交通量、路况的评价结果，结合养护资金情况，采取如下维修养护对策。

第一，高速公路及一级公路的路面破损状况等级为优和良，或者二级及二级以下公路的路面破损状况等级为中及中以上时，可采取日常养护和局部或个别板块修补措施。

第二，高速公路及一级公路的路面破损状况等级为中及中以下，或者二级及二级以下公路的路面破损状况等级为次及次以下时，应采取全路段修复或改善措施，包括沥青混合料修补、板块破碎和碾压稳定、铺筑沥青混凝土或水泥混凝土加铺层以及修建纵向边缘排水设施等。

第三，高速公路及一级公路的路面行驶质量、抗滑能力等级为中及中以下，或者二级及二级以下公路的行驶质量等级为次及次以下时，应采取刻槽、罩面或加铺层等措施改善路面的平整度以提高路表面的抗滑能力。

第四，路面结构承载能力不满足现有交通的要求时，应采取铺筑沥青混凝土或水泥混凝土加铺层措施提高其承载能力。

三、水泥混凝土路面的日常保养

第一，水泥混凝土路面养护工作必须贯彻"预防为主，防治结合"的方针。根据路面实际情况和具体条件，以及水文、地质、气候、交通和公路等级等情况，采取预防性、经常性保养和相应的修补措施，对于较大范围的路面修理，应安排大修、中修或专项工程，使路面恒处于良好的技术状况。

第二，水泥混凝土路面应以机械养护为主，并积极采用新技术、新材料、新工艺。

第三，水泥混凝土路面养护必须贯彻安全生产的方针，其安全技术、劳动保护等必须符合有关规定，做到安全生产、文明施工、保护环境。

四、水泥混凝土路面常见病害的原因及处治

水泥混凝土路面损坏可分为面层断裂类、面层竖向位移类、面层接缝类、面层表层损坏类等类型。面层断裂类主要指纵向、横向、斜向裂缝、交叉裂缝、断裂板等；面层竖向位移类主要指沉陷、胀起等；面层接缝类主要指接缝填缝料损坏、纵向裂缝张开、唧泥、板底脱空、错台、接缝碎裂、拱起等；面层表层损坏类主要指磨损、露骨、纹裂、网裂、起皮、活性集料反映病害、粗集料冻融裂纹、坑洞、修补损坏等。

（一）水泥混凝土面层断裂类病害

纵向裂缝大多出现在路面横向有不均匀沉降的路段。横向或斜向裂缝，通常由于重载反复作用、温度或湿度梯度产生的翘曲应力或者干缩应力等因素单独或综合作用引起。在开放交通前出现的横向或斜向裂缝，则主要是施工期间锯切缝的时间安排不当所造成的。角隅断裂通常由于表面水侵入，地基承载力降低，接缝处出现唧泥，板底形成脱空，接缝传荷能力差，重载反复作用等综合作用所引起。有裂缝板在基层和路基浸水软化及重载反复作用下进一步断裂，便形成交叉裂缝和破碎板。

根据混凝土路面板的裂缝情况，可以采用以下修理方法分别予以处理。

第一，对宽度小于3毫米的轻微裂缝，可采取扩缝灌浆的方法，即顺着裂缝扩宽成1.5~2.0厘米的沟槽，清洁后填入粒径为0.3~0.6厘米的清洁石屑，将灌缝材料灌入扩缝内，养护至达到通车强度。

第二，对贯穿全厚的大于3毫米小于15毫米的中等裂缝，可采用条带罩面进行补缝。其方法为先用锯缝机顺裂缝两侧各约15厘米，并与横缝平行方向锯成两道深为7厘米的缝口，凿除两横缝内的混凝土后，沿裂缝两侧10厘米每隔50厘米钻直径为1厘米、深为5厘米的钳钉孔，洗刷干净、晾干后，在槽壁及其底部涂刷水泥浆或环氧水泥砂浆，并在孔内填满水泥砂浆，把钳钉插入安装孔内，随即浇筑混凝土，进行振捣并整平。喷洒养护剂，锯缝后灌注填缝料。

第三，对宽度大于15毫米的严重裂缝可采用全深度补块。全深度补块分为集料嵌锁法、刨挖法和设置传力杆法。

（二）水泥混凝土面层竖向位移类病害

沉陷是路面在局部路段范围内的下沉，主要由于路基填土或地基的固结沉降或不均匀

沉降所引起；胀起是混凝土路面板在局部路段范围内的向上隆起，主要由于路基的冻胀或膨胀土膨胀所引起。

1. 沉陷处理

为使沉陷的混凝土板恢复到原来的位置，可采用预升施工法进行处治。面板顶升的基本要求如下。。

第一，面板在顶升前，应用水准仪测量下沉板的下沉量，测站距下沉处应大于50米，并绘出纵断面，求出升起值。

第二，在混凝土面板上钻孔，孔深应略大于板厚2厘米，板块顶升宜采用起重设备或千斤顶。

第三，灌注材料可采用水泥砂浆。

第四，灌注材料压入后，每灌一孔应用木楔堵塞，压浆全部完毕，应拔出木楔，宜用高强水泥砂浆堵孔。

第五，压浆材料的抗压强度达到6兆帕时，方可开放交通。

2. 胀起的处理

当板端胀起但路面完好时，可用锯缝机缓慢地将拱起处两侧板的2~3道横缝加宽、切深，通过释放其应力予以处理；或切开拱起端，将板块恢复原位；然后用填缝料填封接缝。

当板端拱起板块已经发生断裂或破损时，则应根据破损情况分别按前述裂缝修理的方法予以处理。

（三）水泥混凝土面层接缝类病害

第一，纵向接缝张开病害是由于在纵缝内未按规定要求设置拉杆，相邻车道板块在温度和横向坡度的影响下出现横向位移，使纵缝缝隙逐渐变宽。

第二，唧泥和脱空病害是指板接（裂）缝或边缘下的基层细粒料被渗入缝下并积滞在板底的有压水从缝中或边缘处唧出，并由此造成板底面向基层顶面出现局部范围的脱空，接缝填封料失效。基层材料不耐冲刷、接缝传荷能力差和重载反复作用是引起唧泥的主要原因。

第三，唧泥发生和发展过程中，基层顶面受冲刷，细料被有压水冲积在近板底脱空区内，使接缝或裂缝两侧板面出现高程差，形成错台病害。错台的处置方法有磨平法和填补法两种。可根据错台的轻重程度选定。

其一，高差小于等于 10 毫米的错台，可采用机械磨平或人工凿平。

其二，高差大于 10 毫米的严重错台，可采用沥青砂或水泥混凝土进行处治。

第四，由于接缝施工不当（包括传力杆设置不当）或者缝隙内进入不可压缩材料，邻近接缝或裂缝约 60 厘米宽度范围内，出现并未扩展到整个板厚的裂缝，或者混凝土分裂成碎块或碎屑，这种损坏称作接缝碎裂病害。

第五，拱起是指水泥混凝土路面在气温升高时，因胀缝不能充分发挥作用，造成板体向上隆起的现象。其处治方法同胀起。

（四）水泥混凝土面层表层破坏类病害

磨损、露骨主要是由于行车荷载的反复作用，以及混凝土的耐磨性差造成的。混凝土面层表面水泥砂浆在车轮反复作用下被逐渐磨损，沿轮迹带出现微凹的表面。长期磨损使表层砂浆几乎全部磨去，粗集料外露，并且部分粗集料被磨光。

纹裂或网裂是在混凝土板表面出现的一连串细裂纹；起皮是板上部 3~13 毫米深的混凝土出现脱落。这类病害主要是由于施工或材料问题造成的。

粗集料冻融裂纹是在混凝土表面接近纵、横向接缝、自由边边缘或裂缝处出现的许多密布的半月形细裂纹，裂纹表面常有氢氧化钙残留物，使裂纹周围变成暗色，并最终导致接缝或裂缝 0.3~0.6 米范围内的混凝土崩解。这种病害主要是由于某些粗集料的冻融膨胀压力所造成的，通常先从板的底部开始崩解。

由于冻融或膨胀，粗集料从混凝土中脱落出来而形成坑洞，其直径为 3~10 厘米。出现个别坑洞，不作为病害。

对于坑洞补修，应根据不同情况采取相应措施。

第一，对个别的坑洞，应清除洞内杂物，用水泥砂浆等材料填充，达到平整密实。

第二，对较多坑洞且连成一片的，应采取薄层修补法进行修补。

其一，切割面积的图形边线，应与路中心线平行或垂直。

其二，切割的深度，应在 6 厘米以上，并将切割面内的光滑面凿毛。

其三，应清除槽内的混凝土碎屑，混凝土拌和物填入槽内，振捣密实，并保持与原混凝土面板齐平。

其四，喷洒养护剂养护。待混凝土达到通车强度后，方可开放交通。

第三，低等级公路对面积较大、深度在 3 厘米以内、成片的坑洞，可用沥青混凝土进行修补。

其一，用风镐凿除一个处治区，其图形边线应与路中心线平行或垂直。

其二，凿除深度以 2~3 厘米为宜，并清除混凝土碎屑。

其三，将凿除的槽底面和槽壁洒黏层沥青，其用量为 0.4~0.6 千克/平方米。

其四，铺筑沥青混凝土并碾压密实平整。待沥青混凝土冷却后恢复通车时，应控制车速。

第四，表面起皮（剥落、露骨）处治，应根据公路等级和表面破损程度，采取不同的材料和施工方法进行，对局部板块的表面起皮（剥落、露骨）的处治，应根据公路等级和表面破损程度，采取不同的材料和施工方法进行。

其一，一般公路可采用稀浆封层处治。

其二，高速公路可采用改性沥青稀浆封层或沥青混凝土处治。

其三，对于较大面积的水泥混凝土面板表面起皮（剥落、露骨），可采取稀浆封层及沥青混凝土罩面措施。

第七章 公路桥涵养护技术

第一节 桥涵养护内容及要求

一、桥涵养护内容

（一）桥涵养护工程分类

根据《公路桥涵养护规范》（JTG 5120—2021）规定，公路桥涵的养护按其工程性质、规模大小、技术难易程度划分为小修保养、中修、大修、改建和专项抢修工程五类。

第一，小修保养工程，是指对管养范围内的桥涵及其工程设施进行预防性保养和轻微损坏部分的修补使其经常保持完好状态的工程项目。它通常是由基层管理机构在年度内小修保养定额经费内，按月（旬）安排计划，经常进行的工作。

第二，中修工程，是指对管养范围内的桥涵及其工程设施的一般性磨损和局部损坏进行定期的修理加固，恢复原状的小型工程项目。它通常是由基层管理机构按年（季）安排计划并组织实施。

第三，大修工程，是指对管养范围内的桥涵及其工程实施的较大损坏进行周期性的综合修理，以全面恢复到原设计标准的技术状况；或在原技术等级范围内进行局部改善和个别增建，以逐步提高通行能力的工程项目。

第四，改建工程，是指对桥梁及其工程设施因不适应交通量、荷载、泄洪或局部改建需要提高技术等级及重建，或通过改建显著提高其通行能力的较大工程项目。

第五，专项抢修工程，是指采用临时性措施在最短的时间内恢复交通的工程措施。专项修复工程是指采用永久性措施恢复桥涵原有功能的工程措施。对于阻断交通的桥涵恢复工程，应优先安排。

（二）桥涵养护内容

桥涵养护的内容主要包括以下几个方面。

第一，通过检查与检验，系统地掌握桥梁的技术状况，较早地发现缺陷、损坏等异常情况，提出养护措施，保证行车安全，延长使用寿命。

第二，掌握交通状况，取缔桥梁不正当使用及非法占用，严格管理超载车、特种车过桥，必须通过时须采取防护、加固措施，以免桥梁损坏。

第三，对可能发生台风、暴雨、暴雪、地震、火灾、流冰、洪水危害的桥，应做好各种应急处理措施及防范措施，特大桥应设护桥机构。

第四，对通过检验，需进行限载、限速或停止交通的桥梁，应及时办理审批手续并进行交通管制。

第五，对桥梁各部分经常保养，对检查发现的缺陷、损坏处进行及时的维修，对检验不能维持原设计载重等级要求者，应有计划地进行维修加固。

第六，建立和健全完整的桥梁技术档案。

（三）桥涵检查分类

桥涵检查可分为经常检查、定期检查及特殊检查三种。

第一，经常检查。主要指对桥面设施、上部结构、下部结构及附属构造物的技术状况进行的检查。经常检查采用目测方法，也可配以简单工具进行测量，当场填写"桥梁经常检查记录表"，现场登记所检查项目的缺损类型、估计缺损范围及养护工作量，并提出相应的小修保养措施，为编制辖区内的桥梁养护（小修保养）计划提供依据。经常检查的内容较多，大部分是经目测可以发现并作出定性判断的缺损。例如，外观是否整洁、伸缩是否堵塞卡死、支座是否明显缺陷等。检查应做到有序而严密，防止漏项。经常检查的检查周期为每月至少一次，遇汛期或其他自然条件变化时应加大检查频率。

第二，定期检查。定期检查周期最长不得超过 3 年。新建桥梁交付使用 1 年后，进行第一次全面检查，临时桥梁每年检查不少于一次。在经常检查中发现重要部（构）件的缺损明显达到三类、四类、五类技术状况时，应立即安排一次定期检查。定期检查以目测观察结合仪器观测进行，必须接近各部件仔细检查其缺损情况。

与经常检查不同的是，定期检查虽也可目测，但其强调"必须接近各部件仔细检查其缺损情况"。为此，必须为接近桥梁各部位而创造条件，如使用桥梁检测车、搭设临时支架等设备、配备桥梁检测工具等。

定期检查应由具有相应的资质和素质的桥梁养护工程师主持，根据检查情况及以往检查情况的对比、相关经验等，在现场完成"桥梁定期检查记录表"的填写，判断缺损原因、维修范围、提出建议等。对于难以判断的，提出进一步检查的要求。

第三，特殊检查。特殊检查应根据桥梁的破损状况和性质，采用仪器设备进行现场测试、荷载试验及其他辅助试验，针对桥梁现状进行检算分析，形成鉴定结论。

特殊检查应委托有相应资质和能力的单位承担。在以下四种情况下，应做特殊检查：

1. 定期检查中难以判明损坏原因及程度的桥梁；

2. 桥梁技术状况为四类、五类者；

3. 拟通过加固手段提高荷载等级的桥梁；

4. 条件许可时，特殊重要的桥梁在正常使用期间可周期性进行荷载试验。

二、桥涵养护要求

公路桥涵养护应遵循以下技术对策。

第一，公路桥涵养护工作按"预防为主，防治结合"的原则，以桥面养护为中心，以承重部件为重点，加强全面养护。

第二，推广应用先进的养护技术和科学的管理方法，改善养护生产手段，提高养护技术水平，大力推广和发展公路桥涵养护机械。

第三，桥涵养护工程应重视经济技术方案的比选，并充分利用原有工程材料和原有工程设施，以降低成本。

第四，重视环境保护和环境综合治理。

公路桥涵养护应做到：桥涵外观整洁，桥面铺装坚实平整、横坡适度，桥头连接顺适，排水通畅，结构完好无损，标志、标线等附属设施齐全完好。具体要求如下：

其一，桥涵构造物的养护，应使原结构保持设计荷载等级的承载要求及设计交通量的通行要求。根据交通发展的需要，也可通过改造和改建来提高承载能力和通行能力。

其二，在确定改造或改建工程方案时，应注意新旧结构之间的关系，充分发挥原有结构的作用。

其三，养护作业和工程实施应注意保障车辆、行人的安全通行及环境保护。

其四，桥涵构造物养护应有对洪水、流冰、泥石流和地震等灾害的防护措施，同时备有应急交通方案。

其五，新建或改建桥梁交工接养，应有完备的交接手续并提供成套技术资料。特大桥、大桥应配置养护设施、机具，设置养护工作通道、扶梯、吊杆、平台，设计单位应提供养护技术要点及要求。未配置或配置不能完全满足养护工作需要的，可根据实际需要予以增添。

其六，桥涵构造物的检查及技术状况评定、养护对策，维修、加固、改建的竣工验收等有关技术文件，均应按统一格式完整地归入桥梁养护技术档案及数据库。

第二节　桥涵的技术状况评定及养护对策

一、桥梁的技术状况评定

根据《公路桥梁技术状况评定标准》（JTG/T H21—2011）的规定，公路桥梁技术状况评定包括桥梁构件、部件、桥面系、上部结构、下部结构和全桥评定。先对桥梁各构件进行评定，然后对桥梁各部件进行评定，再对桥面系、上部结构和下部结构分别进行评定，最后进行桥梁总体技术状况的评定，评定指标如图7-1所示。

（一）桥梁构件技术状况评分

根据《公路桥梁技术状况评定标准》（JTG/T H21—2011）的规定，对桥梁构件技术状况评分，按照下式计算。

$$PMCI_j (BMCI_i \text{ 或 } DMCI_j) = 100 - \sum_{s=1}^{k} U_x$$

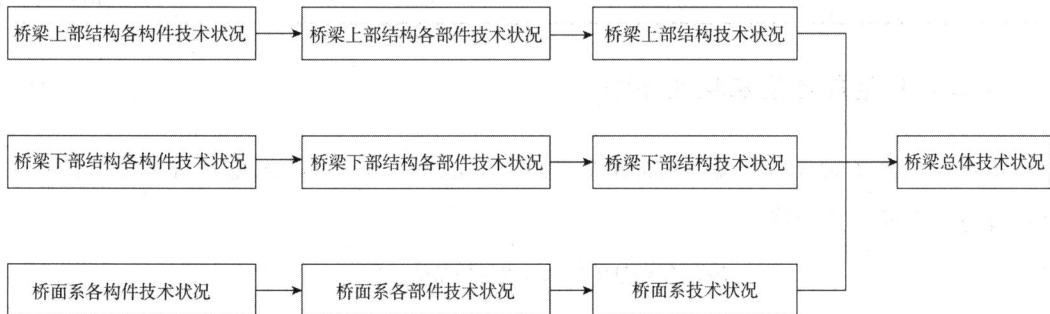

图 7-1　桥梁技术状况评定指标

当 $x=1$ 时

$$U_1 = DP_{i1}$$

当 $x \geq 2$ 时

$$U_x = \frac{DP_{ij}}{100 \times \sqrt{x}} \times (100 - \sum_{y}^{x=1} U_y) \quad （其中 j=x，x 取 2，3，4 \cdots k）$$

当 $k \geq 2$ 时，上式中的扣分值 DP_{ij} 按照从大到小的顺序排列。

当 $DP_{ij} = 100$ 时，

$$PMCI_i（BMCI_i \text{ 或 } DMCI_i）= 0$$

式中 $PMCI_i$——上部结构第 i 类部件的 l 构件的得分，值域为 $0 \sim 100$ 分；

$BMCI_i$——下部结构第 i 类部件的 l 构件的得分，值域为 $0 \sim 100$ 分；

$DMCI_j$——桥面系第 i 类部件的 l 构件的得分，值域为 $0 \sim 100$ 分；

k——第 i 类部件 l 构件出现扣分的指标的种类数；

U，x，y——引入的变量；

i——部件类别，例如 i 表示上部承重构件、支座、桥墩等；

j——第 i 类部件 l 构件的第 j 类检测指标；

DP_{ij}——第 i 类部件，构件的第 j 类检测指标的扣分值；根据构件各种检测指标扣分值进行计算，扣分值按表 7-1 规定取值。

表 7-1　构件各检测指标扣分值

检测指标所能达到的最高等级类别	各指标扣分值				
	1 类	2 类	3 类	4 类	5 类
3 类	0	20	35	—	—
4 类	0	25	40	50	—
5 类	0	35	45	60	100

（二）桥梁部件技术状况评分

根据《公路桥梁技术状况评定标准》（JTG/T H21—2011）的规定，对桥梁部件技术状况评分，按照下式计算

$$PCCI_i = \overline{PMCI} - （100 - PCMI_{min}）/t$$

$$或 \ BCCI_i = \overline{BMCI} - （100 - BMCI_{min}）/t$$

$$或 \ DCCI_i = \overline{DMCI} - （100 - DMCI_{min}）/t$$

式中 $PCCI_i$——上部结构第 i 类部件的得分，值域为 $0\sim100$ 分；当上部结构中的重要部件某一构件评分值 $PMCI_l$ 在 $[0,60)$ 区间时，其相应的部件评分值 $PCCI_i = PMCI_l$；

$\overline{PMCI}$——上部结构第 i 类部件各构件的得分平均值，值域为 $0\sim100$ 分；

$BCCI_i$——下部结构第 i 类部件的得分，值域为 $0\sim100$ 分，当下部结构中的重要部件某一构件评分值 $BMCL$ 在 $[0,60)$ 区间时，其相应的部件评分值 $BCCI_i = BMCI_l$；

$\overline{BMCI}$——下部结构第 i 类部件各构件的得分平均值，值域为 $0\sim100$ 分；

$PMCI_{min}$——上部结构第 i 类部件中分值最低的构件得分值；

$BMCI_{min}$——下部结构第 i 类部件中分值最低的构件得分值；

$DMCI_{min}$——桥面系第 i 类部件中分值最低的构件得分值；

t——随构件的数量而变化的系数。

（三）桥梁上部结构、下部结构、桥面系的技术状况评分

桥梁上部结构、下部结构、桥面系的技术状况评分，按下式计算

$$SPCI\ (SBCI\ 或\ BDCI) = \overset{m}{\Sigma} PCCI_i\ (BCCI_i\ 或\ DCCI_i) \times W_i$$

式中 $SPCI$——桥梁上部结构技术状况评分，值域为 $0\sim100$ 分；

$SBCI$——桥梁下部结构技术状况评分，值域为 $0\sim100$ 分；

$BDCI$——桥面系技术状况评分，值域为 $0\sim100$ 分；

m——上部结构（下部结构或桥面系）的部件种类数；

W_i——第 i 类部件的权重，按规范规定取值；对于桥梁中未设置的部件，应根据部件的隶属关系，将其权重值分配给各既有部件，分配原则按照各既有部件权重在全部既有部件权重中所占比例进行分配。

（四）桥梁总体技术状况评分

桥梁总体的技术状况评分，按下式计算

$$D_r = BDCI \times W_D + SPCI \times W_{SP} + SBCI \times W_{SB}$$

式中 D_r——桥梁总体技术状况评分，值域为 $0\sim100$ 分；

W_D——桥面系在全桥中的权重；

W_{SP}——上部结构在全桥中的权重。

二、桥梁的养护对策

针对一般评估划分的各类桥梁，分别采用不同的处治对策。

（1）一类桥梁进行正常保养。

（2）二类桥梁需要小修。

（3）三类桥梁需要进行中修，酌情进行交通管制。

（4）四类桥梁需要进行大修或者改造，及时进行交通管制，当缺损较为严重时应关闭交通。

（5）五类桥梁需要进行改建或者重建的，及时关闭交通。

（6）对适应性不能满足的桥梁应采取提高承载力、加宽、加长、基础防护等改造措施。对整个路段有多座桥梁的适应性不能满足，应结合路线改造进行方案比选和决策。

三、涵洞的技术状况评定

涵洞的技术状况评定参照《公路桥涵养护规范》（JTG 5120—2021）相关条款进行。

四、涵洞的养护对策

根据涵洞检查中出现的不同病害，分别采取不同的养护对策。

（1）涵底和涵墙出现渗水，对涵洞本身和路基的危害都很大，应立即查明原因，分别采取下列方法处治：

①疏整水道，使洞口铺砌与上下游水槽坡道平齐顺适；

②保持洞内底面平顺，并有适当纵坡；

③用水泥砂浆铺底和涵墙勾缝。

（2）涵洞进水口周围的路堤应保持坚固。每次洪水过后，应检查有无渗漏、掏空、缺口或冲刷现象。如有此类现象发生，应及时修补。

（3）倒虹吸管在长期流水压力作用下容易破裂漏水，造成路基软化，应注意检查。

（4）涵洞挖开修复时应维持通车，并设立安全标志。

（5）涵洞进出水口处如被水流冲刷严重，可用浆砌块石铺底，并用水泥砂浆勾缝。

（6）涵洞两端锥坡、挡墙应经常检查，遇有倒塌、孔洞、开裂、砂浆剥落等现象必须及时修补，修补质量不得低于原构造物质量。

第三节 桥梁及涵洞养护技术

一、桥梁的养护

（一）桥面系及附属设施的养护

1. 桥面铺装的养护

桥面铺装的检查首先是调查桥面铺装的类型，然后检查铺装层存在的主要缺陷。目前，永久性公路桥梁常用的桥面铺装有两大类，即沥青桥面铺装和水泥混凝土桥面铺装。

（1）桥面应经常清扫，排除积水，清除泥土、杂物、冰凌和积雪，保持桥面平整、清洁。

（2）沥青混合料桥面出现泛油、拥包、裂缝、坑槽、波浪、车辙等病害时，应及时处治。当损坏面积较小时，可局部修补；当损坏面积较大时，可将整跨铺装层凿除，重新铺筑新的铺装层。一般不应在原桥面上直接加铺，以免增加桥梁恒载。

（3）水泥混凝土桥面出现断缝、拱胀、错台、起皮、露骨等病害时，应及时处理。损坏面积较大时，应将原铺装整块或整跨凿除，重新铺筑新的铺装层。

（4）桥面防水层如有损坏，应及时修复。

2. 伸缩缝装置的养护

伸缩缝装置的缺陷有可能导致跳车，影响行车舒适，甚至造成交通事故。伸缩缝装置的检查主要是通过目测，必要时用直尺测量破坏的范围，并在记录中详细描述缺陷的形式。

（1）应经常清除缝内积土、垃圾等杂物，使其发挥正常作用，若有损坏或功能失效应及时修复或更换。

（2）以下几种伸缩缝装置出现下列病害时，应及时更换。

①对于 U 形伸缩缝，主要检查伸缩缝是否堵死，缝内的沥青是否挤出或冷缩，镀锌铁皮是否拉脱。

②对于钢制梳形板式伸缩缝，主要检查钢板是否破坏，伸缩缝间隙是否被石块等杂物卡死，连接螺栓是否损坏。

③对于目前使用较多的橡胶伸缩缝，主要检查橡胶件的剥离、损坏或老化状况，锚固螺栓是否失效，伸缩缝是否有下陷或凸起等缺陷。

④对于填充型伸缩缝，也称为"弹塑性体伸缩缝"。在使用过程中主要检查填充体（弹塑性体）与桥面铺装或梁体黏结是否有效、可靠，填充体范围内的平整度是否满足要求等。

（3）更换的伸缩缝装置应选型合理，伸缩量应满足桥跨结构变形需要，安装应牢固、平整、不漏水。

（4）维修或更换伸缩装置时，应采取措施维持交通。

（5）各种伸缩缝装置本身的缺陷主要是容易产生漏水，从而加速支座和结构本身的损坏。雨雪后宜对伸缩缝装置安排较为详细的检查。

3. 桥面排水设施的养护

桥面排水设施的缺陷在降雨、化雪时最易观察，因此最好在此时检查，也可在雨后进行。

（1）桥面的泄水管、排水槽如有堵塞，应及时疏通，并保持畅通。

（2）桥面应保持大于1.5%的横坡，以利于桥面排水。

（3）桥梁上设置的封闭式排水系统，应保持各排水管道畅通，排水系统的设备如水泵等应工作正常，若有堵塞应及时疏通，如有损坏则应及时更换。

（4）桥面排水设施的缺陷往往导致桥面积水，降低桥面摩擦系数，引起车辆打滑；同时，积水通过桥面铺装裂缝或伸缩缝缺陷侵入桥梁主要承重结构，进而影响这些承重结构的耐久性。

4. 人行道、栏杆、护栏、防撞墙的养护

主要检查人行道、缘石、栏杆混凝土有无剥落、裂缝、露筋，扶手、立柱是否松动、脱裂、缺件等。

（1）人行道块件应牢固、完整，桥面路缘石应保持完好状态。若出现松动、缺损应及时修整或更换。

（2）桥梁栏杆、防撞墙应保持完好状态，栏杆柱应竖立正直，伸缩缝处的水平杆件应能自由伸缩，如有缺损应及时补齐。如发现栏杆被车撞坏，应及时采取防护措施，避免行人或车辆落入河中，同时必须尽快修理恢复。

（3）钢筋混凝土栏杆如发现有裂缝或混凝土剥落，轻者可灌注环氧树脂封闭裂缝，严重的应凿除损坏部分，重新修补完整。

（4）钢质栏杆应经常清刷除锈，一般每年应定期进行涂漆防锈。

（5）桥梁两端的栏杆柱或防撞墙面涂以 20 厘米宽、红白相间的油漆，顶部 20 厘米为红色，油漆颜色应鲜明。

（6）护栏、防撞墙应牢固、可靠，若有损坏应及时修理。护栏上的外露钢构件应定期涂漆防锈，一般每年一次。

5. 桥面附属设备的检查

如果桥梁上设有标志牌、照明设备或过桥管线，则应检查标志牌是否醒目、齐备，照明设施是否满足使用要求，过桥管线是否有漏水、漏油、漏气等现象，通信电缆及电线绝缘性能是否安全可靠。

（二）桥梁上部结构的养护

桥梁上部结构是桥梁的主要承重结构，由梁、板、横隔梁、拱肋等基本构件组成。基本构件的缺陷一般出现于施工或使用过程中。

1. 梁式桥的养护

对于钢筋混凝土桥梁上部结构的基本构件，针对常见病害主要采取以下措施。

（1）混凝土局部酥松、砂浆少、集料多，且集料之间有空隙，形成蜂窝状孔洞，混凝土表面缺浆、粗糙，或形成许多麻面，常发生在钢筋密集处或预留孔洞或预埋件处的空洞，均应先将松散部分清除，再用高强度等级混凝土、水泥砂浆或其他材料修补。新补的混凝土要密实，与原结构应结合牢固、表面平整。新补的混凝土必须养护。

（2）梁体发现露筋现象，即构件的主筋或箍筋无保护层而外露或保护层剥落，应先将松动的保护层凿除，并清除钢筋锈迹，然后修复保护层。如损坏面积不大，可用环氧砂浆修补；如损坏面积过大，可用喷射高强度等级水泥砂浆的方法修补。

（3）梁体缝隙夹层，即施工缝处混凝土结合不好，有缝隙或夹有杂物，应及时清除。

（4）构件表面裂缝。上述（1）～（3）一般可简单地通过目测或用超声波进行检测，而混凝土裂缝则一般应检查裂缝发生的位置、形态、发展长度、宽度及裂缝数量，除裂缝的宽度需用仪器检查外，其他项目一般可量测进行。裂缝宽度一般用刻度放大镜（读数显微镜）量测。

检查裂缝的方法如下。

（1）在裂缝的起点及终点用红油漆或红粉笔与裂缝垂直画线；同时，也可在裂缝附近沿裂缝延伸方向画细线，以标明裂缝的形态和发展长度。

（2）在标注的裂缝上，选择目测裂缝宽度较大的位置用刻度放大镜量测裂缝的宽度。

（3）量出主要裂缝宽度后，将裂缝的位置、走向、长度、分布情况及特征用坐标法绘制裂缝展开图，并根据裂缝的宽度及发展的不同情况进行以下处理：

①当裂缝宽度在限值范围内时，可进行封闭处理，一般涂刷环氧树脂胶；

②当裂缝宽度大于限值规定时，应采用压力灌浆法灌注环氧树脂胶或其他灌缝材料；

③当裂缝发展严重时应加强观测，查明原因，按照规范规定进行加固处理，各类裂缝的宽度不应超过规范规定。

2. 梁式桥横向联系的养护

基本构件的横向联系是保证桥梁上部结构整体的重要组成部分。对于横向联系的检查一般包括联系本身状况的检查以及与基本构件连接状况的检查。

对于有横隔板的梁式桥，主要检查横隔板的损伤、裂缝及连接钢板的锈蚀情况；对于无横隔板的梁式桥，则主要检查湿接缝、铰缝、桥道板的开裂状况。如空心板桥的铰缝一旦开裂，将失去作用，导致单板受力，脱离整体的单板将因承受荷载过大而产生裂缝，当行车荷载较大时甚至导致梁板断裂，造成安全事故。

3. 拱桥的养护

梁和系梁应检查混凝土是否开裂、剥落、露筋和锈蚀，下承式拱桥的吊杆上下锚固区的混凝土有无开裂渗水、吊杆锚头附近是否有锈蚀或断裂现象。

双曲拱桥应注意检查拱间横向连接拉杆是否松动或断裂，拱波与拱肋结合处是否脱裂，拱波之间砂浆是否松散脱落，拱波顶是否开裂、渗水等。

拱桥的检查，应包括以下内容：

（1）主拱圈是否有变形、灰缝松散脱落、渗水，砌块有无断裂、脱落；

（2）实腹拱的侧墙与主拱圈间有无脱裂，侧墙角有无变形，拱上填土有无沉陷或开裂；

（3）空腹拱的小拱是否变形、错位，主柱有无倾斜、开裂；

（4）砌体表面是否长苔藓，砌缝是否滋生草木。

4. 钢桥的养护

养护要求：钢桥的各部件焊接完好，无局部变形；各节点铆钉、螺栓无松动、损坏；油漆无变色、起泡、剥落。如钢桥各节点出现松动、脱焊、变形，应及时采取措施进行维修。

（1）钢桥检查的内容

①保持铆钉、螺栓接合和焊接的正常状态，对有损伤裂缝的杆件和铆钉、螺栓等应经常观察其发展情况，并标上颜色记号，做好记录。

②防止桥梁杆件锈蚀，定期油漆，通常情况下三个月油漆一遍。

③矫正杆件局部变形。

④对基座的观察保养。

⑤经常清除节点和缝隙部位的积水，保持清洁、干燥。

⑥所有松动和损坏的铆钉应予更换，凡是更换过的铆钉在检验之后均应涂上与桥梁结构显著不同的颜色。

⑦螺栓接合应保证接合杆件间的紧密，如接合杆件表面位置有一定角度时，则应在螺帽下垫楔形垫圈。

⑧钢结构的污垢应勤加清除，保证杆件清洁，特别应注意最易积聚污垢的部位，清除的污垢不应从泄水孔或排水槽中扫出，以免堵塞。

⑨钢杆件如角钢、槽钢、工字梁翼缘的局部弯曲，可用撬棍矫正。较严重的可用弓形螺旋顶或油压千斤顶来矫正，禁止用燃烧钢材的方法矫正。

⑩装配式钢桥要经常对各部件接合点的销子、螺栓、横梁夹具、抗风拉杆等进行检查。如有松动或缺损应及时拧紧和修补更换；销子周围应勤涂油脂，防止雨水进入销孔缝隙；外露的螺栓丝和扣也应涂油脂，以防锈蚀。

（2）钢桥病害的处理措施

第一，钢梁防锈。钢材生锈是钢梁的主要病害之一。它削弱钢梁构件断面，缩短钢料的使用寿命。钢材的生锈是由于铁和空气中的氧和水起化学反应而产生的，在钢料受烟熏或遇到硫和盐类溶液时，更容易生锈。防止钢梁锈蚀的方法很多，目前最广泛采用的方法是对钢梁保护涂装（在钢材表面喷涂油漆）。

①检查。钢梁油漆损坏或失效表现为漆膜粉化露底、龟裂剥落、起泡及吐锈等。凡是漆膜表面色泽灰暗无光，不及四周光洁匀亮，用手指摩擦有粉末沾手，或粗糙、凹凸不平，或局部表面有许多细纹、脱皮、鼓包、生锈等，都表示油漆失效。也可以在其表面喷少量的水做试验，如果水珠往下流淌，表明漆膜完好，如果很快地往里渗散，表明漆膜表层已经失效，渗水深度即失效厚度。

②除锈。在钢梁涂装前，应对其表面进行清理。钢梁除锈及表面处理的目的在于去除尘埃、油垢、水、氧化皮、铁锈或旧的不坚固的漆膜，以增强新涂漆膜的附着力，提高油

漆质量。任何氧化皮或铁锈的余痕都将促使钢梁继续生锈。除锈可采用手工除锈和溶剂擦洗（严禁使用腐蚀性物质清理钢梁表面），用粗细不同的钢丝刷、平铲、凿子或钢刮刀除锈；小型机械工具除锈，可使用风钻（或电钻）装上钢丝刷或用小风铲除锈；喷砂清除，采用压缩空气将洁净、干燥的石英砂粒通过专用喷嘴高速喷射钢板表面除锈。根据所使用涂料品种、施工方法和构件部位不同，涂装前对钢结构表面清理的清洁度有不同要求。

③油漆。油漆的种类不同，性能也不同，钢梁上使用的油漆要求防锈性能和耐候性能良好。由于桥梁所处位置不同，同一桥梁不同部位要求也不一样。

第二，钢梁焊缝的检查和处理。除桥梁制造时，严格检查焊缝外，还应在运营中特别注意焊缝及其附近母材的检查。

①检查方法：目视法；铲除表面金属法；硝酸酒精侵蚀法；着色探伤法。

②检查重点：对接焊缝；受拉或受反复应力杆件上的焊缝及邻近焊缝热影响区的基材；杆件断面变化处焊缝；连接系节点处焊缝；加劲肋、横隔板入盖板处焊缝。

③焊缝裂纹的处理：加强观测、监视，做好记录（位置、数量、大小及性质）直至采取必要的措施。根据裂纹严重程度，采取的临时措施有限制行车速度、限制过桥机型、限制大件运输等。整治措施包括在裂纹的尖端钻孔防止裂纹发展，用高强度螺栓连接拼拉加固，抽换杆件或换梁等。焊缝裂纹一般不得补焊。

第三，钢梁裂纹的检查和处理。

①检查方法：木槌敲击法（外包橡皮）；注意油漆表面的变化；在钢料上涂白铅油或滴油检查；用着色渗透液探伤；超声波探伤。

②检查重点：钢料边缘、钉孔周围、铆钉松动处、焊缝有裂纹处附近母材；杆件断面变更处、削弱处、弯曲部分、应力集中部分；纵梁与横梁、主梁与横梁连接处；承受反复应力杆件的连接处；单剪铆钉处；经过烘烤、锤击、整直，特别是用电焊法修理加固过的地方；含磷过多、抗冲击韧性较差的钢料；焊接梁横向竖加劲肋上下端焊趾处；受拉杆件或部分对接焊缝处基材；平纵联、横联连接处焊缝附近的基材等。

③钢梁裂纹产生的原因及处理：除钢材本身不良外，钢材疲劳、结构细部不良占主要原因，焊接梁还包括制造加工、焊接质量问题；另外，养护不周，如钢梁锈蚀、线路不平顺、线路偏心、支座不平等，都会加大车辆对钢梁的局部冲击而造成钢梁裂纹、焊缝开裂或螺栓松动。

对钢梁裂纹的处理，可参照上述焊缝裂纹的处理办法进行。

第四，杆件弯曲及损伤。杆件如有弯曲，则破坏了力的正常传递，局部应力将增大，受压杆件会显著降低其承载能力，故应及时矫正和整治。杆件上有脱层、弯曲扭歪、缺口、孔洞、局部损伤等病害时，为防止因断面削弱发生裂纹，也应对破损处进行处理加固。

（三）桥梁支座的养护

桥梁支座主要检查其功能是否完好，组件是否完整、清洁，有无断裂、错位和脱空现象。各种支座的检查，应包括下列内容：

（1）简易支座的油毡是否老化、破裂或失效；

（2）钢板滑动支座和弧形支座是否干涩；

（3）摆柱支座各组件相对位置是否正确；

（4）四氟板支座是否脏污、老化；

（5）橡胶支座是否老化、变形；

（6）盆式橡胶支座的固定螺栓是否裂断；

（7）辐轴支座的辐轴是否出现不允许的滑动、歪斜；

（8）摇轴支座的辐轴是否倾斜；

（9）活动支座是否灵活，实际位移量是否正常；

（10）支承垫石是否破碎。

另外，由于支座变形或其他因素的影响，支座上、下的结构也可能出现异常，所以应尽可能同时进行检查。

（四）桥梁下部结构的养护

混凝土和钢筋混凝土桥梁墩台养护的目的和任务是使结构物完整、牢固、稳定、不发生倾斜，并减少行车振动和基础冲刷。对墩台及基础养护的主要工作内容如下。

（1）桥梁上下墩台各为 1.5 倍桥长，但 50~500 米范围内时，应做到：

①河床应适时地进行疏浚，每次洪水过后应及时清理河床上的漂浮物和沉积物，使水顺利宣泄；

②不得任意修建对桥梁有害的水工建筑物，必须修建时，应采取必要的桥梁防护措施。

（2）墩台表面应保持清洁，及时清除青苔、杂草、荆棘和污秽物。

（3）圬工砌体长期受大气影响、雨水侵蚀而发生灰缝脱落，应重新勾缝。

（4）混凝土表面发生侵蚀、剥落、蜂窝、麻面等病害时，应及时将周围凿毛洗净，用水泥砂浆抹干。

（5）圬工砌体镶面部分严重风化和损坏时，应予更换。用石料或混凝土预制块补砌，应结合牢固，色泽和质地与原砌体基本一致。

（6）梁式桥墩台顶面没有流水坡或坡面凹凸不平、有裂缝时，应及时铺填水泥砂浆或混凝土，做横向坡度以利排水。

二、涵洞的养护

（一）涵洞的检查

使用中的涵洞不但要保证车辆安全通过，同时，还要使水流在任何情况下都能顺畅地通过洞孔，排泄到适当地点，保证涵洞洞身、涵底、进出水口、护坡和填土完好、清洁、不漏水。

应对涵洞进行经常检查和定期检查，特别是洪水和冰雪季节前要对所有涵洞全面检查一次。主要检查内容如下。

1. 涵洞的位置是否恰当，孔径是否足够；洞内有无淤塞、冲刷。

2. 涵洞有无开裂，填土有无坑陷；涵底涵墙有无漏水；八字翼墙是否完整。

3. 进水口是否堵塞；沉沙井有无淤积；洞口铺砌有无冲刷脱落。

4. 涵洞内有无积水；洞内有无冻裂。

（二）涵洞的日常养护

1. 技术要求

涵洞洞身、涵底、进出水口、护坡和填土应保持完好、清洁、不漏水，保证水流在任何情况下都能顺畅地通过涵孔，排到适当地点。通道内应保持清洁，无积水。

2. 质量控制

涵洞的质量控制要点主要包括以下几个方面。

（1）涵洞洞口应保持清洁、干净，发现堆积杂物应立即清除；涵洞内应保持排水畅通，发现淤塞应及时疏通清除。

（2）洞口和涵洞内如有积雪应尽快清除，被清除的积雪应放在路基边沟以外。经常积雪或积雪很深地区的涵洞，入冬前可在洞口外加设栅栏，或用柴草捆封洞口；融雪时，应及时拆除。

（3）涵洞开挖维修时应维持通车，设立安全标志、护栏。

（4）洞底铺砌层、洞口上下游路基护坡、引水沟、汇水槽、窨井和沉沙井发生变形时，均应及时修理。未设置沉沙井而涵洞经常发生泥沙淤积时，可在进水口加设沉沙井，以沉淀泥沙、杂物。

（5）涵底铺砌出现冲刷损坏、下沉、缺口，应及时修复。路基填土出现渗水、缺口，应及时封塞填平。

（6）涵底和涵墙出现渗漏水，应及时查明原因，并分别采取以下方法处治：

①疏通水道，使洞口铺砌与上下游水槽坡道平齐、顺适。

②保持洞内底面平顺并有适当纵坡。

③用水泥砂浆铺底和涵墙重新勾缝。

（7）处于高填土的涵洞，其出水口的跌水设施必须与洞口紧密结合成整体。若有裂缝应立即填塞。

除日常养护外，涵洞汛期前后应加强养护，全面检查、疏通、清扫，及时清除涵洞内及涵洞口淤积及杂物，对有隐患和损坏的部分及时维修。

涵底和涵墙出现渗水，对涵洞本身和路基的危害都很大，应立即查明原因，分别采取上述（6）的方法处治。

（8）涵洞进水口周围的路堤应保持坚固。每次洪水过后，应检查有无渗漏、掏空、缺口或冲刷现象。如有此类现象发生，应及时修补。

（9）倒虹吸管在长期流水压力作用下容易破裂、漏水，造成路基软化，应注意检查。

（10）涵洞挖开修复时应维持通车，并设立安全标志。

（11）涵洞进出水口处如被水流冲刷严重，可用浆砌块石铺底，并用水泥砂浆勾缝。

（12）涵洞两端锥坡、挡墙应经常检查，遇有倒塌、孔洞、开裂、砂浆剥落等现象必须及时修补，修补质量不得低于原构造物质量。

（三）涵洞的养护加固

涵洞的养护加固应根据不同的结构形式和病害成因而采取不同的方法。

1. 砖石涵洞

砖石涵洞的表面如发生局部风化、轻微裂缝及砖灰缝剥落等现象，应用水泥砂浆勾缝或修补封面。洞顶漏水必须挖开填土，用水泥砂浆或石灰砂浆修理其损坏部分，并衬砌胶泥防水层。

2. 混凝土涵洞

混凝土管涵的接头处和有铰涵管的铰点接缝处发生填缝脱落时，应用干燥麻絮浸透沥青后填实，不宜用灰浆抹缝，以免再次碎裂脱落。

压力式管涵进水口周围的路堤应保持坚固。每次水淹以后，要检查有无洞穴、缺口或冲刷现象，并及时修补。

倒虹吸管在长期流水压力作用下容易破裂漏水，造成路基软化。应注意检查，如虹顶路面出现湿斑，应及时修理。

洞底铺砌层、洞口上下游路基护坡、引水沟、泄水槽、窨井和沉沙井发生变形或沉陷时，均须及时修理。

砖石、混凝土及钢筋混凝土端墙和翼墙，如有离开路堤向外倾斜或鼓肚现象，应查明原因，加以处理。如属填土未夯实而沉落挤压，或填土中水分过多，土压力增大而形成的，应挖开填土更换并仔细夯实。如属基础不均匀沉陷而发生倾斜，则需修理或加固基础。

管涵的管节因基础沉陷而发生严重错裂时，应挖开填土加固基础并重做砂垫层。

3. 波纹管涵

波纹管涵发生沉陷变形，必须拆除修理。管底应按土质情况做好垫层，铁管上面要加铺一层 10~15 厘米厚的胶泥防水层，并注意回填较好的土分层夯实，涵洞排水如经常出现混浊或杂物等，可在进水口加设沉沙井以沉淀泥土、杂物，并注意定期清除。处于山谷清填土的涵洞，其出水口的跌水设施须与洞口紧密结合，尤其在湿陷性黄土地区，应采用"远接远送"的方法设置排水沟。

洞口和洞内如有积雪应及时清除。经常积雪和雪很深的地区，应在入冬前在洞口外加设栅栏，或用柴排、草捆封闭洞口，融雪时及时拆除。

第四节　桥梁常见病害的原因及处治

一、桥面系病害

（一）桥面铺装病害及处治

1. 沥青混凝土桥面铺装

沥青混凝土桥面出现泛油、拥包、裂缝、波浪、坑槽、车辙等病害时，应及时处治。

当损坏面积较小时，可局部修补；损坏面积较大时，可将整跨铺装层凿除，重铺新的铺装层。

桥面铺装长期含水浸泡造成的脱落、拥包，应在有效改善排水措施后，再进行面层修补。

老化的沥青混凝土桥面，宜进行铣刨更新处理，不应在原桥面上直接加铺沥青混凝土结构进行补强。加铺厚度应根据沥青面层设计需要和桥梁结构承载能力计算结论共同确定。沥青混凝土微表处或罩面养护时，不应覆盖伸缩装置。

2. 水泥混凝土桥面铺装

水泥混凝土桥面出现断缝、拱胀、错台、起皮、集料外露等病害时，应及时处理。损坏面积较大时，应将原铺装整块或整跨凿除，重铺新的铺装层。

铺装层出现较大面积表皮脱落、麻面时，也可在桥梁承载能力允许的条件下，加铺沥青混凝土结构层或进行沥青微表处。

对大于 3 毫米的桥面裂缝，应检查其发生原因。在确定无结构破坏和延续发展的条件下，可进行灌缝处理。

铺装层的局部损坏，高速公路或一级公路桥梁桥面松散、坑洞面积不应大于 0.2 平方米，深度不应大于 20 毫米；其他公路桥梁不应大于 0.3 平方米，深度不应大于 30 毫米。当铺装层的损坏超过上述规定时，应补修。

桥面铺装的耐久性养护要求：寒冷地区桥梁冬季清除积雪作业时，水泥混凝土桥面应加强人工、机械除冰等综合措施，谨慎使用除冰盐类融雪剂。

防水混凝土桥面铺装层其抗渗等级应高于 P6，且不得低于原设计指标要求。在使用除雪剂的北方地区和酸雨多发地区，防水混凝土的耐腐蚀系数不应小于 0.8。局部修补时严禁使用普通配比混凝土替代防水混凝土。

3. 桥面防水层

桥面防水层出现损坏时，应及时修补。修补后的防水层，其防水性能、整体强度、与下层黏结强度和耐久性等指标，应满足设计要求。当采用沥青混凝土铺装面层时，防水层修补应采用防水卷材或防水涂料等柔性防水材料；当采用水泥混凝土铺装面层时，宜采用水泥基渗透结晶型等刚性防水结构进行修补，严禁采用防水卷材；当桥面纵向或横向坡度大于 4% 时，不宜采用卷材防水层；当桥梁的平曲线半径小于或者等于 60 米时，桥面防水宜采用防水涂料。

（二）桥面排水系统病害及处治

桥面排水设施主要有泄水管和引水槽两种。泄水管的常见缺陷主要有：管道破坏、损伤；在外界作用影响下而产生局部破裂、损伤，出现洞穴而产生漏水等；管体脱落；由于接头连接不牢而掉落，失去排水作用；管内有泥石杂物堵塞，从而导致排水不畅，甚至水流不通；管口有泥石杂物堆积，由于桥面不清洁，堵死泄水管管口。引水槽主要缺陷有堆泥、堵塞，水流不畅，槽口破裂损坏而出现漏水、积水等。

排水设施的养护：桥面的泄水管、排水槽如有堵塞，应及时疏通，并经常保持通畅；桥面泄水管长度不足时，应予以接长；桥面应保持大于 1.5% 的横坡，以利于桥面排水；桥梁上设置的封闭式排水系统，应保持排水管道的畅通，排水系统的设施（如水泵等）应工作正常，若有堵塞应及时疏通，若有损坏应及时更换。

（三）桥面伸缩缝装置病害及处治

伸缩装置的养护：伸缩缝在平行、垂直桥轴的两个方向应能自由伸缩，当车辆驶过时平顺、无突跳，不漏水、牢固可靠。

伸缩装置的养护一般要求伸缩装置应平整、直顺、伸缩自如，处于良好的工作状态；应经常清除缝内积土、垃圾等杂物，使其发挥正常作用，若有损坏或功能失效应及时修理或更换；橡胶板式伸缩装置的固定螺栓应每季度保养一次，松动应及时拧紧；橡胶板丢失应及时补上，弹簧（止退）垫不得忽略；毛勒或仿毛勒类伸缩装置的密封橡胶带（止水带），损坏后应及时更换。密封橡胶带的选择，应满足原设计的规格和性能要求。钢板（梳齿型）伸缩装置的钢板开焊、翘曲和脱落时，应及时发现并及时补焊。弹塑体伸缩装置出现脱落、翘起时，应及时清除，并应重新浇筑弹塑体混合料。

二、混凝土露筋及处治

（一）混凝土露筋的原因

（1）灌注混凝土时，钢筋保护层垫块位移或垫块太少或漏放，致使钢筋紧贴模板外露。

（2）结构构件截面小，钢筋过密，石子卡在钢筋上，使水泥砂浆不能充满钢筋周围，造成露筋。

（3）混凝土配合比不当，产生离析，模板部位缺浆或模板漏浆。

（4）混凝土保护层太小或保护层处混凝土振捣不实；或振捣棒撞击钢筋或踩踏钢筋，使钢筋位移，造成露筋。

（5）木模板未浇水湿润，吸水黏结或脱模过早，拆模时缺棱、掉角，导致露筋。

（二）混凝土露筋的防治措施

（1）浇筑混凝土时，应保证钢筋位置和保护层厚度正确，并加强检查。钢筋密集时，应选用适当粒径的石子，保证混凝土配合比准确和良好的和易性；浇筑高度超过2米时，应用串筒或溜槽进行下料，以防止离析；模板应充分湿润并认真堵好缝隙；混凝土振捣严禁撞击钢筋，操作时避免踩踏钢筋，如有踩弯或脱扣等及时调整直正；保护层混凝土要振捣密实；正确掌握脱模时间，防止过早拆模，碰坏棱角。

（2）表面露筋，刷洗净后，在表面抹1：2或1：2.5水泥砂浆，将充满露筋部位抹平；露筋较深的凿去薄弱混凝土和突出颗粒，洗刷干净后，用比原来高一级的细石混凝土填塞压实。

三、混凝土裂缝及处治

（一）桥梁混凝土裂缝分类

裂缝可从不同角度来分类。

（1）从安全性角度来看，裂缝可分为正常的工作裂缝（即在设计控制范围内的裂缝）以及非正常裂缝（即超出规定范围的裂缝）。

（2）从客观成因角度来看，裂缝可分为以下几种。

①先天裂缝：由于设计不当，不可避免地在结构中产生的裂缝。

②原生裂缝：由于施工工艺不当，造成的结构中原本可以避免的裂缝。

③后天裂缝：正常使用荷载造成的累积损伤裂缝，以及非正常荷载造成的突损伤裂缝。

（3）从受力来看，裂缝可分为弯曲裂缝、剪切裂缝、局部承压伴随的劈裂和崩裂、拼接缝的分离和扩展形成的裂缝以及差动裂缝（由于外部约束或内部变形差而造成的一种混凝土裂缝）等。差动是一种常见而又常常被忽略的裂缝，其常见的几种成因总结如下。

①在原有基础（或承台）上浇筑长条混凝土时，新浇混凝土在硬化过程中收缩受到原

混凝土约束而产生裂缝，有时分层浇筑的混凝土构件也会发现这种裂缝。

②施工台座上长期存置或长期不拆模的梁，由于台座或模板约束了混凝土的收缩和温差变化，会导致普通钢筋混凝土梁和未及时张拉的预应力梁开裂。

③先张预应力混凝土梁放张次序或速度不当，先放松短束，或过快地放松全部预应力钢束，由于台座的约束和梁体混凝土变形反应滞后都可能造成梁体混凝土开裂。

④悬臂浇筑时，随着混凝土浇筑过程，悬臂挠度不断变化，先浇筑的混凝土产生裂缝；挂篮合拢段的浇筑，如果没有充分考虑挂篮拆除的反作用力，会导致上部混凝土开裂。

（4）从外因来看，裂缝产生的外界因素包括荷载和变位、成桥内力、温度变化、材料时效（如混凝土收缩、徐变）、先天和后天的截面削弱、化学与物理作用（钢筋锈蚀、预应力筋锚头锈蚀、酸碱腐蚀）等。

（5）从时间来看，裂缝可分为早期裂缝、混凝土强度成长期裂缝和使用期裂缝。早期裂缝一般在浇筑混凝土后第二天可能发现，主要有沉降缝（塑性混凝土沉降引起）、早期收缩缝、模板变形缝等。

（二）梁桥常见裂缝

1. 钢筋混凝土简支梁桥常见裂缝

（1）弯拉裂缝。弯拉裂缝一般在梁（板）跨中即 $\frac{1}{4} \sim \frac{3}{4}$L 附近产生。在梁（板）的侧面，这类裂缝往往从梁（板）的受拉区边缘，沿与主筋垂直的方向竖直延伸，常在两条延伸较长的裂缝间有数条较短的裂缝。这种裂缝宽度一般为 0.03~0.2 毫米，板於裂缝宽度一般略小于 T 梁的裂缝宽度，裂缝之间的间距一般为 0.05~0.3 米。

在梁（板）的底面，这类裂缝也会沿着与主筋垂直的方向发生，特别是空心板或者箱，裂缝宽度一般为 0.03~0.25 毫米。总体来说，这种裂缝在板或箱主要表现在底面，在 T 梁主要表现在侧面。

弯拉裂缝主要是弯曲拉应力超出混凝土极限抗拉强度引起的弯曲裂缝。一般认为，只要这类裂缝在梁（板）侧面延伸不到截面中性轴位置，这类裂缝宽度在荷载作用下的变化就不大，也就比较稳定。所以，只要最大裂缝宽度不超过限值时，即认为此种裂缝对结构当前的承载能力影响不大，但对结构的耐久性有影响。

弯拉裂缝也有可能是贯通的，但裂缝数目不多，宽度为 0.1~0.5 毫米，深度为梁板高度的 5%~20%，这类裂缝一般是施工过程中就已经形成，对结构承载力影响不大，对结构刚度稍有影响，但对结构的耐久性影响极大。

（2）腹剪裂缝。腹剪裂缝是钢筋混凝土 T 形梁和箱梁最常见的斜裂缝之一，但在板梁中很少见到。这类裂缝一般在支点附近至 1/4 跨范围内发生。在梁的腹板侧面上，裂缝延伸方向与梁纵向成 45°~60°的夹角。裂缝宽度一般为 0.1~0.3 毫米。斜裂缝通常有数条，裂缝间距为 0.5~1.0 米。

腹剪裂缝产生的原因是，在荷载作用下，在靠近支点的部位，剪力大而又有一定的弯矩存在，主拉应力超过混凝土抗拉强度，在梁腹板中出现腹剪裂缝。在较大的荷载作用下，这类裂缝的宽度会有所增大，但只要在斜裂缝的限定宽度之内，裂缝上下延伸的长度不会有较大变化。

钢筋混凝土 T 形梁另一类常见的斜裂缝形态是弯剪裂缝。它是从竖向弯曲裂缝上发展的余裂缝，一般与梁轴线成 30°~45°夹角。这类裂缝往往只有少数几条，裂缝宽度为 0.2~0.3 毫米，一般位于 1/4 跨附近。这类裂缝发生在弯矩和剪力都较大的部位，拉应力超过了混凝土弯拉强度，首先出现了弯曲裂缝，随着荷载增加，这种向上延伸的裂缝由于受到剪力影响而发生倾斜。

（3）表面裂缝。表面裂缝常见于高度较大的钢筋混凝土 T 形梁腹上。裂缝位于腹板 1/2 梁高处，裂缝的下端达不到梁的受拉区边缘。裂缝在腹板半梁高附近宽度较大，一般为 0.2~0.5 毫米，严重者可达 0.8 毫米。裂缝上下端的宽度较小，裂缝的间距无一定规律。这类裂缝在梁跨间各部分都可能存在。在梁的跨中附近，这类裂缝大致与主筋垂直，而在梁的支点与 1/4 跨之间，裂缝大致与梁轴线成 60°的夹角。

表面裂缝主要是梁体混凝土不均匀收缩产生的。当然，也有荷载因素。如果没有荷载因素，裂缝与梁轴线大体上是垂直的。

（4）水平纵向裂缝。水平纵向裂缝多在主筋位置附近并顺着主筋延伸，其延伸长度有长有短，与梁体受雨水侵蚀有关。

水平纵向裂缝是混凝土缺陷与钢筋锈蚀共同作用的结果。这种病害多见于桥梁的边梁，这是由于边梁受雨水的影响较内梁的可能性大。梁体受到雨水侵蚀后，由于混凝土本身的缺陷如不密实、微裂缝等，使雨水浸入钢筋，钢筋锈蚀使自身"变粗"，挤压混凝土使之开裂，开裂的混凝土使钢筋锈蚀进一步加剧。

这种因素造成的裂缝往往不仅是纵向裂缝（纵向钢筋方向），也造成竖向裂缝（箍筋方向），所以梁体的防水非常重要。

不仅如此，这种裂缝在拱桥中也很常见，特别是在拱肋截面较小的双曲拱桥中，由于拱肋压应力始终处于一个较高水平，在混凝土缺陷与钢筋锈蚀的作用下，就更容易产生这种裂缝，严重的还造成混凝土保护层完全剥落。

还有一种板底的纵向裂缝与上述原因关系不大，主要是在施工过程中造成的，如底模不均匀沉降、混凝土收缩、板内积水冻胀等。

（5）网状裂缝。网状裂缝宽度一般很小（0.01~0.05毫米），分布于梁腹板表面上，似一片片断网，没有一定的规律。在荷载作用下，裂缝的宽度和长度变化很小。这类裂缝是由于梁体混凝土内外收缩不均匀而引起的，是非荷载作用产生的裂缝。当然，这种裂缝也可能在一定表面积的混凝土构件上产生，如墩台身、盖梁、拱座等。

（6）支座处裂缝。支座处的裂缝常见于简支梁钢制支座上垫板处的梁体上。裂缝由支座上垫板与混凝土交界处发生并斜向上发展，裂缝最大宽度可达2毫米。有些无支座或者是简易支座的桥梁也会发生这种病害。这类裂缝可能是由于桥墩不均匀沉降或歪斜、混凝土局部承压能力不够、支座侧斜或转动不自如等造成的。也就是说，这种病害和局部承压有关，与支座失效后在支座处产生的拉力有关。

2. 预应力混凝土梁桥、连续梁桥及其他梁桥常见裂缝

预应力混凝土梁桥的裂缝除钢筋混凝土梁可能产生的裂缝外，也有一些自身所独有的裂缝。

（1）在锚固区内，由于预加力的作用，锚板下局部应力过大，可能使其下的混凝土产生沿力筋方向的纵向裂缝或者以一定角度散开。裂缝宽度及数量与预加力有关，与锚下间接钢筋的配置有关，与混凝土强度有关。

（2）先张法梁梁端锚固处的裂缝，始于张拉端面，宽度约为0.1毫米，长度一般只延伸至扩大部分的变截面处，主要是压应力过大造成的。

（3）后张法梁梁端锚固处的裂缝通常发生在预应力筋齿板锚固处，裂缝比较短小，发生在梁端时多与钢丝束方向一致，在锚固处时与梁纵轴多成30°~45°的夹角；营运初期有所发展但并不严重，以后会趋于稳定。其主要是由于端部应力集中，混凝土质量不良所致。

（4）在多梁式梁桥中，由于配置预应力束筋的需要，常将部分腹板加厚成马蹄形。与锚固区一样，该区段截面承受的压应力较大，如果马蹄内的箍筋配置数量不足或构造不当，则可能引起纵向裂缝。同时，由于剪力的作用及混凝土收缩徐变，在马蹄与腹板交界处也可能产生纵向裂缝。

（5）有些后张法的箱梁也会出现沿预应力筋方向的纵向裂缝，经过一段时间使用后，

这一病害愈加明显，有的甚至纵向贯通。很显然，这一裂缝也和压应力过大有关。

（6）有些先张法板梁，在其端部 1.5~3.0 米的范围内的顶板出现 1~3 条横向裂缝，这是由于预应力过大或者放张过早而混凝土强度不足造成的。有些后张法的梁板也会有类似的病害，不过产生的原因却不同，如施工时模板的不均匀沉降、未及时在设计的支撑位置安放支座等。

（7）弯拉裂缝也发生在钢筋混凝土连续梁桥、悬臂梁桥中。除跨中正弯矩区域外，在支点负弯矩区也发生弯拉裂缝，但其分布与跨中有区别。这是由于在负弯矩区，除弯矩较大外，此处还有较大的剪应力，故在梁体正面可见横向裂缝，而侧面一般表现为斜裂缝（主拉应力缝）。这类裂缝一般比较集中，只有少数几道，而且分布范围较小，这是由于负弯矩峰值下降较快的缘故。

这类裂缝的危害性比正弯矩区的裂缝危害要大得多，因为桥面雨水容易通过裂缝进入梁体，加剧主筋锈蚀。

（8）翼板横向裂缝一般发生在连续箱梁翼板较大的梁桥中，在 T 形梁中很少见。裂缝一般在负弯矩区段较明显，分布在桥墩前后 L/4 区段内，而且是跨径越小，桥越宽时越明显，翼板悬臂越长越明显。裂缝在翼板端部较宽，可达 0.2 毫米，通常是 20~50 厘米一道。

翼板横向裂缝过去没有引起足够重视，但其危害性比较大，这类裂缝一般认为是负剪力滞和温度共同作用的产物。

（9）在预应力混凝土斜拉桥中，最外侧拉索以外的主梁顶板横向开裂也是一种常见的病害。这种病害与负剪力滞有关，也与拉索的水平分量有关。

无论是斜梁桥还是斜板桥，由于爬移影响，梁板有从钝角向锐角转动的趋势，使锐角处的梁板与挡块产生挤压，锐角部分被挤开裂，严重者可挤碎。各孔转动不一致时，也可使相邻两孔的桥面板产生挤压而开裂，伸缩缝隆起。

（10）在整体现浇斜桥中，由于防振锚栓的作用，使锐角部分不能自由上翘，即使钝角支承区附近产生与钝角平分线方向一致的力矩，使板顶上缘受拉，在此处产生与平分线基本一致的裂缝，严重的可使两对角之间裂缝贯通。斜度越大，宽度比越大，这种裂缝就越严重。

无论是正交的、斜交的，还是异形的整体现浇斜板桥，均可能在板底出现一条或者数条纵向或者与纵向呈一定角度的裂缝，裂缝宽度为 0.1~0.3 毫米。其原因是，板宽越大，横向力矩也就越大，在主拉应力作用下使板底开裂。所以，工程中应尽量避免采用宽度大的整体现浇结构。

由于曲率的作用，使得扭矩成为弯桥设计的一个控制因素。由于截面抗扭强度不足时，可能使主梁腹板产生与轴线约为45°的斜裂缝，但是这种裂缝与直桥中的主拉应力产生的斜裂缝是不同的。前者是弯扭剪复合作用形成的，后者是弯剪作用形成的。

在预应力弯桥中，若曲率半径小，纵向预加力施加太大而未设防崩钢筋或防崩钢筋设置不当时，腹板外缘混凝土在预加力朝圆心水平分力作用下使混凝土崩裂从而引起纵向裂缝。这种裂缝的危害性很大，可能使内缘混凝土完全崩裂而预应力束筋完全被拉出体外。与此类似的裂缝也可能发生在变高度的箱梁底板上。

四、支座常见病害及处治

（一）支座老化、变质、开裂

支座发生老化、变质、开裂主要是由于运营时间较长，受到行车的长期作用以及日光、雨水等侵蚀。对于轻度老化的支座可注意保养，继续发挥其作用。如果比较严重，则应更换。

（二）支座剪切变形、开裂

支座发生剪切变形主要是因长期行车荷载作用，动载振动横向力与恒载形成剪切力对支座的损害严重，支座的损坏不平整，使得桥梁上部承重结构的横向受力严重。支座剪切变形如果比较严重，则应将其更换。

（三）支座位置串动、脱空

支座产生串动、脱空，不能正常工作时应立即修整更换。板式橡胶支座局部脱空时，可采用填塞楔形钢板维修。辐轴支座的实际纵向位移，应与计算的正常位移相符；当纵向位移大于容许偏差或有横向位移时，应加以修正。当辐轴出现不允许的爬动、歪斜或摇轴倾斜时，应校正支座的位置。支座已经串动到失去其正常作用，应立即予以调整。

五、桥头跳车及处治

（一）桥头跳车原因

桥头跳车是桥梁投入使用后普遍存在的一种病害，一般的台后路面与桥台路面高差普遍在 2~3 厘米，个别的桥梁甚至达到了 6~7 厘米，桥台与台后路面明显存在台阶。桥头跳车不仅影响行车舒适，而且还会使桥产生过大的冲击力，诱发或加重桥梁的病害。同时，影响桥头伸缩缝的工作性能，加速其破坏过程，伸缩缝需频繁维修、更换。

桥头跳车主要原因是台后填土及路基与桥台间的不均匀沉降。而不均匀沉降的原因包括：①填土前原地面的承载力不足；②填土质量不好，容易发生沉降；③土方碾轧质量不合格；④桥梁构造物的影响，碾轧机械无法达到的部位出现死角。

（二）桥头跳车防治措施

设计上考虑通过增加台后搭板的形式来避免或减轻桥头跳车的现象。

施工中，严格控制填土及碾轧质量。可以通过长期观测，判断桥台、台后及路基沉降是否稳定。若沉降相对稳定，可考虑将台后路面凿掉后重新铺装混凝土，但不能破坏或扰动原来的台后回填土。

第八章　公路基础设施养护

第一节　公路沿线设施养护

一、安全设施的养护

公路安全设施主要包括供行人、自行车及其他车辆通行的跨线桥（立交桥）或地下通道，以及护栏、隔离栅标柱、中央分隔带、通信设施、夜间行车安全措施等。

（一）跨线桥

跨线桥为上跨式横过公路的设施，通常设置在有行人、自行车和其他车辆横跨高速公路及一级公路的地点，特别是交通流冲突较为严重的地方，如车站、大型商业中心或其他交叉口处。

1. 检查

每年定期检查 1~2 次，如遇暴风雨、地震、大雪等严重自然灾害或被车辆碰撞时，应进行临时检查。各类检查包括以下内容：

（1）结构检查，参照前述桥梁检查内容进行；

（2）外观检查，主要检查油漆涂料的剥落、磨损及褪色情况；

（3）照明设施检查，主要检查线路、灯具及配套设备的损坏情况；

（4）桥面检查，主要检查桥面及踏步的损坏程度，以及踏步防滑设施的磨损状况。

2. 养护与维修

参照前述桥梁养护维修有关内容进行，并及时清理桥面杂物、积水积雪，确保照明设施绝缘良好，工作正常。

（二）地下通道

1. 检查

地下通道应每月定期检查，主要包括以下内容：

（1）结构物有无渗水、漏水等异常情况；

（2）排水道有无阻塞或损坏，采用机械排水的应检查排水泵工作是否正常；

（3）照明与通风设施有无损坏；

（4）消防、安全等防范设施有无损坏。

2. 养护与维修

通过检查如发现异常部位应及时修复。通常养护应包括以下内容：

（1）地下通道要经常清扫，保持整洁；

（2）墙体应定期整饰，一般每年一次；

（3）通道地面与踏步应保持完好状态；

（4）照明、排水、通风及消防设施实行定期例行保养。

（三）护栏

护栏是引导驾驶员视线，增加驾驶员和乘客安全感，防止车辆驶出行车道或路肩，从而避免或减轻行车事故的设施。护栏的结构类型一般有：梁式护栏，包括型钢或钢筋混凝土护栏、钢管或钢管—钢筋混凝土组合式护栏等；拉索式护栏，主要有钢丝护栏和链式护栏；柱式护栏，有石护柱、混凝土及钢筋混凝土护栏；墙式护栏，主要为钢筋混凝土护墙。

1. 护栏的检查

护栏检查包括日常检查和每季度定期检查，检查内容如下：

（1）各类护栏结构部分有无损坏或变形，立柱与水平构件的紧固状况；

（2）污秽程度及油漆状况；

（3）拉索的松弛程度；

（4）护栏及反光膜的缺损情况。

2. 养护与维修

（1）波形梁钢护栏

①保持波形梁钢护栏的结构合理、安全可靠。

②护栏板、立柱、柱帽、防阻块（托架）、坚固件等部件应完整、无缺损。

③护栏质量符合相关标准要求。

④护栏的防腐层应无明显脱落，护栏无锈蚀。

⑤护栏板搭接方向正确，螺栓坚固。

⑥护栏安装线形顺畅，无明显变形、扭转、倾斜。

（2）水泥混凝土护栏

①保持水泥混凝土护栏线形顺畅、结构合理。

②水泥混凝土护栏应无明显裂缝、掉角、破损等缺陷。

③水泥混凝土护栏使用的水泥、砂、石、水、外加剂、钢筋等材料质量应符合相关标准、规范及设计要求。

④水泥混凝土护栏的几何尺寸、地基强度、埋置深度，以及各块件之间、护栏与基础之间的连接应符合设计要求。

（3）缆索护栏

①缆索护栏各组成部件应无缺损。

②缆索护栏各组成部件应无明显变形、倾斜、松动、锈蚀等现象。

③缆索护栏使用的缆索、立柱、锚具等材料质量应符合相关标准、规范及设计要求。

（四）隔离栅

隔离栅是设置在高速公路及一级公路上的安全防护措施，其作用是防止行人横穿行车道。有的城市道路为渠化交通流或避免人车混行也设置了隔离栅。

1. 隔离栅的检查

隔离栅的检查与护栏相似，主要包括以下内容：

（1）结构部分有无损坏或变形；

（2）有无污秽或未经交通管理部门批准的广告、启事等；

（3）油漆老化、剥落及金属构件锈蚀情况。

2. 隔离栅的养护维修

（1）应保持隔离栅的完整无缺，功能正常。

（2）隔离栅金属网片、立柱、斜撑、连接件、基础等部件无缺损。

（3）隔离栅质量应符合相关标准要求。

（4）隔离栅应无明显倾斜、变形，各部件稳固连接。

（5）隔离栅防腐涂层应无明显脱落、锈蚀现象。

（五）标柱

标柱是在积雪严重地段、漫水桥或过水路面两侧设置用于标明公路边缘及线形的设施。标柱一般采用金属或钢筋混凝土制作，也可因地制宜采用木料或圬工材料制成。标柱每隔8~12米安设一根，涂以黑白（或红白）相间的油漆。

标柱的养护主要是经常检查有无缺损歪斜，并保持位置正确、油漆鲜明。

（六）中央分隔带

在高速公路和一级公路上，按规定应设置中央分隔带，城郊混合交通量大的路段可设置快慢车隔离带。

1. 中央分隔带的检查

（1）分隔带和隔离带的排水通道是否阻塞。

（2）路缘石损坏情况。

2. 养护与维修

（1）及时疏通排水通道。

（2）清除分隔带或隔离带内的杂物和过高且有碍环境的杂草。

（3）修复或更换缺损的路缘石。

（七）通信设施

在高速公路或汽车专用线应设置紧急电话，以便驾驶人员及时向交通管理机构报告交通事故、车辆故障和紧急救援等。特殊长大桥梁、隧道也可根据需要设置有线电话，有条件的可安装监控、通信及统计分析多媒体管理系统。

配备通信设施的养护主要是保证通信线路畅通，设备完好；安装有多媒体管理系统的地方还应配备有发电机，确保系统正常运行。

（八）夜间行车安全设施

夜间行车安全设施包括照明设备、反光标志、反光标线、中央分隔带上的防眩板（遮光栅）。夜间行车安全设施的养护是保护这些设施功能完好，损坏的要及时修复或更换。其中，防眩设施的养护应符合下列要求：防眩板、防眩网等防眩设施应完整、清洁，具有良好的防眩效果；防眩设施应安装牢固，无缺损；防眩设施应无明显变形、褪色或锈蚀；防眩设施的质量应符合相关标准要求。

二、交通标志的养护

（一）公路交通标志的定义及分类

公路交通标志是用图形符号和文字传递特定信息，用于管理交通，保证交通安全，协助车辆顺利通行的安全设施，包括主标志、辅助标志和其他标志。

（1）主标志包括警告标志、禁令标志、指示标志、指路标志等。

①警告标志是指警告车辆、行人注意危险地点的标志。其颜色为黄底、黑边、黑图案，形状为顶角朝上的等边三角形。常有平面交叉路口标志、连续弯道标志、陡坡标志等。

②禁令标志是指禁止或限制车辆、行人交通行为的标志。其颜色（除个别标志外）为白底红圈、红杠、黑图案，形状为圆形、顶角向下的等边三角形。常见的有禁止驶入标志、限制质量标志、限制高度标志等。

③指示标志是指指示车辆、行人行进的标志。其颜色为蓝底、白图案、形状为圆形、长方形和正方形。常见的有直行标志、向右行驶标志、准许掉头标志等。

④指路标志是指传递道路方向、地点、距离信息的标志。其颜色（除里程碑、百米桩、公路界碑外），高速公路为绿底白图案，其他公路为蓝底白图案，形状（除地点识别标志外）为长方形和正方形。常见的有里程碑、分界碑、指路牌等。

（2）辅助标志是指附设在主标志下，主要起表示时间、车辆种类、区域或距离、警告、禁令理由等辅助说明作用，其颜色为白底、黑字、黑边框，形状为长方形。

夜间交通量大的公路，应尽量采用反光标志。

属于国际公路和重要的旅游公路，宜同时标注汉英两种文字。

（3）其他标志（见下文）。

（二）交通标志养护基本要求

公路交通标志的养护应符合以下要求：

（1）应保持交通标志设置合理、结构安全，板面内容整洁、清晰；

（2）标志板、支柱、连接件、基础等标志部件应完整、无缺损，且功能正常；

（3）标志应无明显歪斜、变形，钢构件无明显剥落、锈蚀；

（4）标志面应平整，无明显褪色、污损、起泡、起皱、裂纹、剥落等病害；

（5）标志的图案、字体、颜色等应符合相关标准要求；

（6）反光交通标志应保持良好的夜间视认性。

（三）交通标志的检查

公路交通标志的检查分日常巡视检查和定期检查。如遇暴风雨、洪水、地震等严重自然灾害或交通事故时，应进行临时检查，各种检查内容如下：

1. 公路交通标志是否被沿线的树木、广告牌等遮掩；

2. 牌面及支柱的变形、损坏、污秽及腐蚀情况；

3. 油漆的褪色、剥落及反光材料的反光性能；

4. 基础及底座的下沉或变位；

5. 连接螺栓是否松动或焊接缝是否开裂；

6. 缺失情况。

此外，还要根据道路条件的变化（如新增或取消路口、新建或改建桥梁、窄路拓宽、局部改线等）或交通条件变化（如增设或变更交通管制等），检查公路交通标志的设置地点、指示内容及标志相互位置关系等是否适当。

（四）养护与维修

在检查的基础上，根据发现的异常情况，应采取有效的养护维修措施，主要内容如下：

1. 标志有污秽或贴有广告、启事等时，应将其清洗干净；

2. 油漆脱落或有擦痕，面积较小时可用油漆刷补，油漆脱落或褪色严重，指示内容辨别性能明显降低时，应重新油漆或更换新标志；

3. 标志牌变形、支柱弯曲倾斜或松动的应尽快修复；

4. 破损严重、反光标志性能下降或缺失的应更换或补充；

5. 如标志设置重复，有碍交通或设置地点和指示内容不适当时，经批准后进行必要的变更；

6. 如有树木、广告牌等遮蔽时，应清除有碍标志显示部分或在规定的范围内变更标志的位置地点。

以上的检查及养护维修主要用于指示、警告、禁令及指路等主标志一类的永久性标志。

（五）介绍其他标志的有关内容

其他标志主要有告示标志和施工标志等。

告示标志是预告前方的道路情况，指示车辆改变行车路线或提醒驾驶人员提高警惕的一种临时性标志。当前方公路因道路翻浆、路基坍陷、坍方、桥梁破坏、隧道冒顶或洪水等而阻断，需指示车辆改变行驶路线时，可标示："前方××千米处因××不能通车，请从××公路绕行。"这种告示标志应设在公路阻断处两端绕行道的交叉路口上。当公路虽遭破坏，但尚能通行或因气候原因改变行车条件，需告示车辆注意行车安全时，宜用"前方××，注意瞭望""××××，车辆慢行"等标示的告示牌，设置在需告示地点前100~200米处的右侧路肩上。告示标志外形为长方形，图案为白底、红边、黑字，标志板尺寸为80厘米×120厘米或120厘米×80厘米，板面应清洁、字体工整、醒目。一旦道路修复、恢复正常行车，则应立即撤除。

施工标志是保证施工正常进行和操作人员安全，提请车辆避让的告示和警告性标志。施工标志包括标志牌、锥形交通标志、标志灯和标志服等，在公路上的施工工地或在不断绝交通的公路上进行施工或养护作业时使用，要求颜色鲜明、醒目。

施工标志牌均采用红白相间的图案。临时设在施工作业区附近。遇有公路局部冲坍、桥梁冲断等紧急情况，可立即用施工标志牌阻挡，也可临时用土、石、树木等设置路障，以防止车辆误入，发生危险。当在公路上进行挖沟槽等作业时，除必须设置醒目的施工标志牌外，在夜间应悬挂施工标志灯。施工标志灯一律使用红色光源，一般可用电灯、煤油灯、汽灯等。

在不断绝交通的公路上进行施工、养护和测试等作业时，为保证操作人员的安全，提请车辆避让，操作人员应穿着施工标志服。在夜间进行上述作业的人员，宜穿着具有反光性能的施工标志服。

在高速公路进行专项工程或大修养护作业时，为了安全改变交通流向，使车辆顺利通过作业区，保障养护作业的安全，必须实施交通控制。交通控制区由警告区、上游过渡区、缓冲区、作业区、下游过渡区与终止区六个部分组成。警告区长度不得小于1 500米，区内每隔一定距离设置限速标志、前方施工标志、前方车道变窄标志、禁止通行标志等；上游过渡区长度为65~100米，当车辆行驶至该区时车速应小于40千米/小时，并在该区前设置禁止驶入标志；缓冲区长度为 80 米，其与上游过渡区之间应设路障；作业区长度根据养护作业或施工的需要确定，车道与作业区之间必须设置隔离装置，并应为工程车辆提供安全的进、出口；下游过渡区长度应大于 30 米；终止区长度不应小于 30 米，在其末端应解除所有限制标志。交通标志的设置位置、渠化装置和临时性路面标线等具体规定可参见养护规范有关内容。

三、交通标线的养护

（一）交通标线的定义及分类

公路交通标线是管制和引导交通的安全设施，包括路面标线、箭头、文字、立面标记、凸起路标和路边线轮廓标等。它可以和公路交通标志配合使用，也可单独使用。

高速公路、一级公路、二级公路均应设置路面标线，其他等级公路可根据需要设置。路面标线应采用耐磨耗、耐腐蚀，与路面黏着力强，具有较好的辨认性，便于施工，对人畜无害的路标漆、塑胶标带、陶瓷和彩色水泥等材料制作。

（二）交通标线的养护要求

交通标线的养护应符合下列要求：

1. 具有良好的可视性，边缘整齐、线形流畅，无大面积脱落；

2. 颜色、线形等应符合相关标准要求；

3. 反光标线应保持良好的夜间视认性；

4. 重新画设的标线应与旧标线基本重合。

（三）交通标线的养护

路面标线、箭头、文字标记应经常清扫或冲洗；路面标线磨损严重或脱落，影响辨认性能时，应重新喷刷或修复，并避免与原标线错位；进行路面局部修理使路面标线局部缺损或被覆盖，应在路面修理完工后予以修补或喷刷。

立面标记应保持颜色鲜明、醒目，经常清除表面污秽，如已褪色或脱漆应及时重新涂漆。

凸起路标的主要养护内容是保持其反射性能，应经常清除凸起部位周围杂物、反光玻璃球表面污秽；主要修理内容是保持完好的反射角度，发现松动、损坏、丢失应及时固定、修复或更换。

路边轮廓标应经常清除表面污秽及遮蔽轮廓标的杂草、树枝、杂物；脱漆及反光矩形色块剥落的应及时涂漆或补贴；标注倾斜、松动、变形、损坏或丢失的，应及时扶正固定、修复、更换或补充。

第二节　公路突发灾害预防治理

一、水毁的防治

（一）水毁的预防

水毁是指暴雨、洪水对公路造成的各种损毁。水毁预防是在雨季和洪水来临之前为防止或减轻暴雨、洪水对公路的危害而进行的工作，其范围包括以下几个方面：

1. 防止漂浮物大量急剧地下冲；

2. 清疏各种排水系统；

3. 修理、加固和改善各类构造物；

4. 检修防洪设备，备足抢护的材料、工具及救生、照明和通信等设备。

对公路水毁要做到全面预防，重点治理。为此，每年汛期应进行必要的水文观测，掌握洪水的动态，并与当地气象、水文部门取得联系，及时收集水、雨情况预报资料，或向沿河居民进行调查，预先了解洪水强度、到达时间和变化情况，以判断对公路的危害性，及早采取措施；在汛前应进行一次预防水毁的技术检查，内容包括以下几个方面：

（1）检查桥梁墩台、调治构造物、涵洞、引道、护坡和挡土墙基础有无冲空或破坏；

（2）桥下有无杂物堆积淤塞河道，涵洞、透水路堤有无淤塞，以及河流上游堆积物、漂浮物的情况；

（3）河床冲刷情况和傍河路基急流冲刷处有无冲空或下沉；

（4）浸水路堤和陡边坡路段的路基有无松裂；

（5）边沟、盲沟、跌水等排水系统有无淤塞，路面、路肩横坡是否适当，路肩上的临时堆积物是否阻碍排水；

（6）养路房屋的基础有无淘空，墙体有无破裂倾斜、剥落，屋顶有无流水。

查出的隐患，应在雨季、汛期之前治理完毕。

在洪水期，顺流急下的巨大漂浮物对下游的桥梁构成极大的威胁，因此首先要对桥梁上游沿河的根部被淘空的树木、竹林及洪水位以下的竹、木、柴、草和未系结牢固的竹、木排筏进行检查，作必要的处理。

漂流物较多的河流，为避免漂浮物撞击墩台，可在墩台前一定的距离处设置护墩体；其形式可根据水流的缓急、水位的高低、漂流物的多少、流量的大小等情况选择。一般有单桩、单排、束桩、双排、三角形等，材料有木、钢、石块、水泥混凝土等。

在漂流物未到达桥梁之前，应尽快打捞，一般可在桥梁上游河流转弯处将漂流物拉向河边，并用缆绳锚定。

在洪水期间，发现有整排木排或特大流冰冰块时，可在上游采取爆破打散。

对空腹拱桥，特别是双曲拱桥的拱上立柱，禁不起漂流物冲击，更应加强防患，确保桥梁安全。

各种构造物的基础如有淘空，应及时处治。当河床冲刷严重危及墩台基础时，除必要时在上游设置调治构造物外，还可根据河床水位的高低，在枯水期铺砌单层、双层块（片）石护底，或采用沉柴排、沉石笼（可采用耐特龙塑料网石笼）、抛石块护基处理。

防止透水路堤淤塞是预防水毁的关键。如水流混浊，水中含有较多黏土颗粒时，应在上游设置过滤堰。

水流中夹有较多树叶、杂草或地势平坦、沟底土质松软时，可用小木桩环绕进水口边打入土中，桩顶要露出最高水面20厘米以上。木桩上用竹片或柳条编成弧形防护篱，以阻拦夹带物，并注意在洪水期间经常清除杂物。

水流中夹带沙质颗粒时，可在上游设置沉沙井来积沙，每次洪水后清除积沙一次。渗水路堤如不能满足泄水需要时，应根据流量，改建为涵洞。

（二）水毁的抢修

在雨季和汛期，公路管理机构应组织人员对所辖公路进行昼夜巡视检查，对易毁的路段和构造物应设专门的抢护队伍守护，以便随时发现险情及时采取措施。当洪水对公路发生破坏时，应进行紧急抢护，并做到以下几个方面要求：

第一，保证重点，照顾全面；

第二，先干线，后支线；

第三，先修通，后恢复，抢修与恢复相结合；

第四，先路基、桥涵，后路面工程；

第五，干线公路应随毁随修，力争水退路通，待雨季过后再进行恢复；

第六，乡级公路，应由沿线乡镇积极抢修，尽快恢复通车，公路管理部门给予适当经费补助和必要的技术指导。

1. 路基水毁抢修措施

对于因养护不够而发生的路基水毁，可以分析水毁原因，按照有关养护修理的要求进行修复。如路基发生坍陷，应迅速使用已经备好的土料进行修补，如路基行车部分已泥泞难行，应将稀泥挖出，撒铺沙砾料维持通车。

对靠近河流、湖塘及洼地的路基，因洪水猛涨并不断冲刷路基，使路基发生塌陷时，可以根据具体情况，适当采用下面几种方法进行抢修：

（1）在受水冲刷的部分抛石块、沙袋、土袋等；

（2）洪水冲刷，并有波浪冲向路基时，可在受水浪冲击的部分，用绳索挂满芦苇编成的芦排或带树头的柳树，以防水浪冲打；

（3）如果路基边坡已大部分塌陷，可以在毁坏部分，顺路方向每米打木桩一根，桩里面铺设秸秆料或树枝，并填土挡水，或用草袋装上沙石、黏土等材料填筑；

（4）当路堤有被洪水淹没危险时，可在临河一面的路肩上，用草袋或黏土筑成土坡临时挡水。

对于因漫水造成的路基水毁，可根据漫水的深度、路基宽窄、材料取运难易，采用下面几种方法进行抢修。

第一，填土赶水法。路基漫水长度不大，漫水深度在0.3米以下时，可以直接从两头填土把水赶出，填土厚度要比现有水面再高出0.3~0.5米。填土后先将表层夯实维持通车，或填沙砾、碎砖、炉渣等矿料，提高路基以维持通车。

第二，打堤排水法。如路基漫水较长，漫水深度在0.5米以下时，可在漫水路段的两侧路肩上，用草袋装土填起两道土堤，先把路基上面的水围起来，然后将土堤里面的水排除，露出原路面后有的可以直接维持通车，如土壤湿软时可以撒铺一层沙砾或碎砖、炉渣后再维持通车。

第三，打桩筑堤排水法。如果路基浸水深度在1米左右时，可采取打桩筑堤，每道堤必须先打两行木桩，间距和行距都是1米左右，木桩直径一般为10~15厘米，打好木桩后，在桩里面铺秸秆料，然后在中间填土踏实，达到堤不漏水以后，再把围起来的水从路上排出，并在原路上铺一层沙砾、碎砖等维持通车。

2. 桥涵等构造物水毁抢修

第一，汛期对抗洪能力不足的桥梁，应有专人负责查看，以便及时发现险情进行抢护，分不同情况可采取下列措施。

（1）监视漂浮物在桥下通过的情况，必要时用竹竿、钩杆等引导其顺利通过桥孔，防止其聚集在桥墩附近。堵塞在桥下的漂浮物，必须随时移开或捞起。

（2）洪水时，如桥涵墩台、引道、护坡、锥坡或河床发生冲刷，危及整个构造物时，应采取抛块石、沉放沙袋或柴排等紧急措施进行抢护。但抛填不能过多，以免减少泄水面积而增大冲刷。抛填块石时，可沿临时设置的木槽滑下，以控制抛填位置。

（3）遇有特大洪水，采用抢护措施仍不能保全的重要桥梁，在紧急情况下，经上级主管部门批准，可用炸药炸开桥头引道，以增加泄水面积，保护主桥安全度汛。

第二，桥涵锥坡、路堤和导流坝等边坡被水浪冲击和水流冲刷时，应按不同情况，因地制宜采用下列防浪措施进行抢护。

（1）土袋、石袋防浪。用草袋装入沙石料、黏土等（每袋只装其容量的2/3），铺置于迎水坡上，袋口向里互相叠压。

（2）芦排防浪。用芦苇编成芦排，铺置于迎水坡上，用竹条或绳索压住，并用小桩固定，用石袋压稳。

（3）草席防浪。用普通草席铺于边坡上，下端坠系沙石袋，上端用绳索固定在堤顶的木桩上。

（4）铅丝石笼防浪。用8号或10号铅丝编成铅丝笼，内装石块，置于迎水边坡上。

冲毁的路基、桥涵，须立即抢修便道便桥，便道便桥是维持通车的临时措施，能够保证在使用期间的行车安全即可。便桥可用打桩或石笼作桥墩，并不宜过高，应尽量省工省钱，以免增加施工困难和拖延时间。

（三）水毁主要原因及治理对策

1. 沿河路基水毁的成因及治理

（1）沿河路基水毁成因

沿河（溪）公路受洪水顶冲和淘刷，路基发生坍塌或缺断，影响行车安全，乃至中断交通，称为沿河路基水毁。它常发生在弯曲河岸和半填半挖路段。主要成因有以下几种：

第一，受洪水顶冲、淘刷的路段，路基缺少必要的防护构造物；

第二，路基防护构造物基础处理不当或埋置深度不足而破坏，引起路基水毁；

第三，半填半挖路基地面排水不良，路面、边沟严重渗水，路基下边坡坡面渗流普遍出露，局部管涌引起路基坍垮；

第四，风浪袭击路基边坡，边坡过量水蚀而坍垮。

（2）防治沿河路基水毁的措施

防治沿河路基水毁的措施，可以采用设置不漫水丁坝、漫水丁坝和浸水挡土墙等。

2. 桥梁水毁的成因及治理

（1）桥梁水毁的成因

桥梁受洪水冲击，墩台基础冲空危及安全或产生桥头引道缺、断，乃至桥梁倒坍，称为"桥梁水毁"。其主要原因有以下两种：

第一，桥梁压缩河床，水流不顺，桥孔偏置时，缺少必要的水流调治构造物；

第二，基础埋置深度浅又无防护措施。

（2）防治桥梁水毁的措施

防治桥梁水毁的措施，可根据情况采取增建各种水流调治构造物和墩台基础防护构造物，具体如下。

第一，增建水流调治构造物防治桥梁水毁。

①稳定、次稳定河段上桥梁水毁防治。

稳定、次稳定河段上桥梁水毁防治措施，可根据调整桥下滩流、河床冲淤分布的实际需要及水流流向等情况分别加以选择。

a. 正交桥位，两侧有滩且对称分布时，两侧桥头布置对称的曲线形导流堤。

b. 正交桥位，两侧有滩但不对称分布时，两侧导流堤一般布置成口朝上游的喇叭形。大滩侧为曲线形导流堤，小滩侧为两端带曲线的直线形导流堤。

c. 桥位在河流弯道上，凹岸布置直线形导流堤，凸岸布置曲线形导流堤。

d. 桥位与河槽正交，一侧引道向上游与滩地斜交，另一侧引道与滩地正交时，斜交侧桥头布置梨形堤，引道上游侧设置短丁坝群。当水深小于 1 米，流速小于 1 米/秒时，可以边坡加固代替短丁坝群；正交侧桥头设置直线形导流堤。

e. 桥位与河槽正交，一侧引道伸向下游与滩地斜交形成"水袋"，另一侧引道与滩地正交时，斜交侧桥头设置曲线形导流堤，引道上游进行边坡加固，并在适当位置设置小型排水构造物，以排除"水袋"积水；正交侧桥头设置直线形导流堤。若斜交侧滩地不宽，可设封闭导流堤消除"水袋"。

f. 斜交桥位，两侧有滩地对称分布时，根据河槽流向，锐角侧设梨形堤，另一侧设两端带曲线的直线形导流堤。

②不稳定河段上桥梁水毁防治。

在不稳定河段上桥梁水毁防治，可根据河岸条件、河床地貌及桥孔位置等情况分别采取下列措施。

a. 桥梁位于出山口附近的喇叭形河段上，封闭地形良好，宜对称布置封闭式导流堤。

b. 引道阻断支岔，上游可能形成"水袋"。为控制洪水摆动，防止支岔水流冲毁桥头引道，视单侧或双侧有岔及地形情况，可对称或不对称设置封闭式导流堤。

c. 一河多桥时，为防止水流直冲两桥间引道路基，可结合水流和地形条件，在各桥间设置分水堤。

d. 桥梁位于冲积漫流河段的扩散淤积区，一河多桥而流水沟槽又不明显时，宜设置漫水隔坝，并加强桥间路堤防护。

③增建各种调治构造物具体布置与设计，参照现行《公路桥位勘测规程》有关章节的规定。

第二，增设冲刷防护构造物防治桥梁墩台水毁。

桥梁墩台明挖（浅埋）基础，应根据跨径大小、桥位河段稳定类型，分别增建基础防护构造物。当河床较稳定，冲刷范围小时，宜采用立面防护措施；当河床稳定，冲刷范围较大时，宜采用平面防护措施。

二、冰害的防治

公路冰害应根据以往治理情况，做好现场调查，分析研究，制定预防或抢修措施，降低工程造价，提高治理效果，并对沿线冰害的预防和治理措施进行全面记录。在寒冷地区，河水冻结可对桥梁浅桩产生冻拔，使小桥涵形成冰塞引起构造物冻裂，解冻时大量流冰对桥梁墩台产生巨大冲击，以致形成冰坝威胁桥梁安全；在地下水或地面水漫溢到地面或冰面时，逐层冻结而形成涎流冰。涎流冰覆盖道路，会造成行车道凸凹不平或形成冰块、冰槽等，严重影响行车的安全；若堵塞桥孔则会挤压上部结构导致损坏。

为防治桥基冻拔，可适当加大桩深。对于冻塞现象，除经常清除涵内冰冻外，必要时可适当加大孔径和涵底纵坡或在上游采用聚冰池或冰坝等构造物。

为避免气温突变解冻的流冰对桥梁墩台、桩的冲击，一般可在桥位上游设置破冰体，并在临时解冻前，在桥位下游对封冻冰面用人工或爆破方法开挖冰池及时疏导。冰池长度为河宽1~2倍，宽为河宽的1/3~1/4，并不小于最大桥跨。

如水面宽度小于30米时，冰池长度宜增加到水面宽的5倍，并在接近冰池下游开挖0.5米宽的横向冰沟。在危急时，应在下游将冰块凿开逐一送入冰层下冲走，在上游将流冰人工撬开或用炸药炸开予以清除。

公路上的涎流冰面积一般有数百平方米到数千平方米，有的可达数万平方米，其厚度一般为数厘米到数米。涎流冰主要分布在我国东北大兴安岭、小兴安岭和长白山地区及西藏、川西和西北地区海拔2 500~3 000米以上的山地和高原上。

涎流冰可分为河谷涎流冰和山坡涎流冰，前者主要危害桥涵，后者主要危害公路路面。

对于河谷涎流冰可选择以下方法防护。

第一，桥梁上游如有大片地形低洼的荒地，可用土坝截流。

第二，河床纵坡不大的河流，可于入冬初，在桥下游筑土坝，使桥梁下游各约50米范围形成水池，水面结冰坚实后，在水池部位上游开挖人字形冰沟，以利集中水源。同时挖开下游河床最深处的土坝，放尽池内存水，保持上下游进出口不被堵塞，使水从冰层下流动。

第三，于桥位上下游各30~50米的水道中部顺流开挖冰沟，用树枝柴草覆盖，再加铺土或雪保温，并经常检修，保持冰沟不被冻塞，于解冻时拆除。

山坡涎流冰的主要的防治措施如下。

其一，聚冰沟与聚冰坑。聚冰沟多用于拦截冲积扇沟口处的泉水涎流冰和地势较缓的山坡涎流冰；聚冰坑多用于水量较小、边坡不高的堑坡涎流冰，用于积聚涎流冰使之不上路。

其二，挡冰墙。挡冰墙适用于涌水量不大的山坡涎流冰和挖方边坡涎流冰，用于阻挡和积聚涎流冰，防止其上路。

其三，挡冰堤。挡冰堤一般用浆砌片石、块石筑成，高度须根据冰量而定，一般为60~120厘米，顶宽为40~60厘米。基础埋置深度按土质、积冰量及当地冰冻深度等情况确定。当积水量较大时，可与聚冰坑配合使用。

挡冰堤适用于地势平坦、涌水量不大、有山坡涎流冰和径流量不大的小型沟谷涎流冰。修筑在路基外，山坡地下水露头的下侧或沟谷内桥涵的上游，用于阻挡涎流冰，减小其漫延的范围。

山坡上的涎流冰，可采用柴草、草皮或石砌的长堤予以拦截。在沟谷内一般采用干砌石堤，以利秋夏排水。挡冰堤的长、宽、高和道数按当地的地形及涎流冰数量确定，基础埋置深度按当地土质和冰冻深度而定。

其四，设置地下排水设施。适用于一般寒冷和严寒地区，常用的有集水渗井、渗池、排水暗管和盲沟等。必要时在出口处设置保温措施或出口集水井。

其五，涎流冰清除。对流至路面的涎流冰要及时清除，撒布沙砾、炉渣、矿渣、石屑、碎石等防滑材料或氯化钙、氯化钠等盐类防冻剂，以防行车产生滑溜，并设置明显标志。当冰层在盐类物质和行车作用下变软时，应立即将冰层铲除，以防降温时重新冻结，并应重撒防滑材料。

三、雪害的防治

公路雪害有积雪和雪崩两种形式。积雪对公路的危害主要是影响行车安全，严重的则会阻断交通。较严重的积雪，在我国多发于东北地区、青藏高原及新疆等地。山上大量的积雪突然沿山坡或山沟崩落下来，就会发生雪崩，在我国新疆及西藏的山区多有发生。大量的雪崩不仅能掩埋路基、阻断交通，还能击毁路上的行车及建筑物。

对雪害的防治，应通过全面的调查研究，摸清雪害的成因与基本规律，了解现有防雪设施工作效果，保持防雪设施完好，增添必要的防雪设施，减少雪害对公路及交通的危害程度。

（一）风雪流的防护

1. 风雪流的防护措施

（1）设置阻雪设施，使风雪流通过路基时无大量雪的沉积。

（2）设置下导风板，以加大路基附近的贴地面风速，使风雪流通过路基时不沉积并吹走路基上疏松的积雪。

（3）路线通过迎风或背风山坡的坡角处和距离坡度转折点 5~10 米处最易积雪。开阔地区低于该地平均积雪深度或草丛深度以上 0.6 米的路堤和深度小于 6 米的路堑也易积雪。在有条件的地方，可采取局部改线或提高路基高程的办法解决，否则，应根据实际情况增设相应的防雪措施。

（4）受风雪流影响的公路，路基边坡和路肩交接处应建成和保持流线形，清除公路两侧影响风雪流顺畅通过的建筑物、草木和堆积物，公路养护材料应堆积在路外的备料台上，堆放高度不得高于路基的设计高程。

受风雪流影响的路段，在路旁一定范围内不得植树。高速公路和一级公路的分隔带不得栽植和设置有碍风雪流通过的树木及构造物。防雪林带也应按规定的位置种植。

（5）在风雪流影响能见度的路段，为保障行车安全，应在公路一侧设置标柱或导向桩。设置间距在直线段一般为30~50米，弯道上可适当加密，在窄路、窄桥处应在两侧同时设置标柱。

（6）在冬季风吹雪次数频繁的平原和微丘荒野地区，可沿公路另建一条平行的辅道。开始降雪时，立即封闭主线，开放辅线，主线上的雪被清除后，开放主线交通，同时清除辅线的积雪，以备下次降雪时使用。平时对辅道予以必要的维修和养护，保持其良好的状况。

（7）防雪林带是防治风雪流的重要措施。其他防雪工程是配合防雪林带的辅助措施，防雪林带的树种可以选用：

①乔木，如白榆、白杨、沙枣和白蜡等；

②灌木，如沙拐枣、花棒、梭梭和柠条等；

③草，如芨芨草、苜蓿和扫帚苗等。

防雪林带应指定专人养护管理，保证林木的成活和正常生长。

2. 防风雪流设施的设置及养护要点

防风雪流设施包括下导风板、屋槽式导风板、防雪墙、阻雪堤和防雪栅栏等，其设置和养护要点如下。

（1）下导风板：设在公路的上风侧路基边缘，先埋设立柱，在立柱上部钉以木板或涂以沥青的铁丝网，使风雪流被阻挡，集中加速在下部缺口处通过，并吹走路上疏松的积雪。设置时应符合以下要求。

①控制板面的透风度。风速较大时，不大于35%；风速较小时，不大于25%。

②下口高度，背风时为1.0~2.2米；迎风时，为1.0~1.8米。总高度不宜小于3米。

③两种风向交替作用的地方，可在路基两侧都设下导风板，组成双向导风板系统。

④雪季终止后，应对设施进行检修。活动式下导风板应在拆除后妥善保管，以备下次雪季用。

（2）屋槽式导风板：适宜于山区背风山坡路段设置。雪季应进行维修，以保持结构完好。板面坡度与山坡自然坡度一致，并具有原设计的足够长度。

（3）防雪墙：设在公路上风侧的阻雪设施。可用木、石、土、树枝或雪块等筑成。设置时应符合下列要求。

①保持其高度不小于1.6米，与路基边缘的距离为其高度的10倍左右。

②迎风面尽量保持直立的形状，走向与风向垂直。雪量较大时，可平行设置多道防雪墙。

如不符合上述要求，应在雪季前调整、补修。

（4）防雪堤：设在雪阻路段迎风口一侧，距离路基 15~20 米，高度不低于 1.6 米，边坡为 1:1，长度与雪阻路段同长。

（5）防雪栅栏：作用同防雪墙。一般用木材制成，有较大的透风度。设置时应符合以下要求。

①保持高度为 2~3.5 米，栅栏与地面保持 50 厘米的间距。

②迎风地形山坡坡度大于 25°时，不宜设置防雪栅栏。

③保证其阻雪后雪堤的末端与路基的距离不小于 5 米。

④防雪栅栏的透风度：风速较小、移雪量较多、场地宽广的地段，宜用 50%~60%；风速较大、移雪量较少，场地狭窄地段，宜用 20%~30%。

⑤活动式防雪栅栏被埋 2/3~3/4 时，应及时拔出重新在迎风侧的雪堆顶部安放。

（二）雪崩的防治

1. 雪崩的防治原则

（1）路线（特别是盘山公路）多次通过同一雪崩地带时，应尽量将公路移出。

（2）对危害公路的雪崩生成区，应于雪季前后，对防雪崩工程措施，如水平台阶、稳雪栅栏等进行维修，保护森林、植被，以充分发挥稳定积雪体的作用。

（3）对雪崩运动区，要保持工程措施（如土丘、楔、铅丝网和排桩等）的完好，以减缓和拦阻雪崩体的运动。

（4）对雪崩的运动区与堆积区，应保持使雪崩体从空中越过公路的工程措施（如防雪走廊）或将雪崩体引向预定的堆雪场地的导雪堤等完好。

（5）在大的雪崩发生前，制造一些小规模的"人工雪崩"，化整为零，以减轻雪崩对公路的危害。

（6）各种防治雪崩的工程措施，都应注意保持原有植被和山体的稳定，避免造成人为的滑坡、泥石流与碎落坍方。

2. 防雪崩工程措施的设置及养护要点

（1）水平台阶。是在公路侧面山坡上稳定积雪并阻拦短距离滑雪的工程设施。养护应符合下列要求：

①水平台阶养护时，要经常整修台阶平面和坡面，并植草植树，保持其良好的稳雪能力；

②台阶平面宽度应保持在 2 米左右。

（2）稳雪栅栏。为防止山坡上积雪的蠕动沿等高线设置的防雪措施。

①露出地面部分的高度应保持大于该处的积雪深度。

②栅板宽与栅板间距均宜保持在 10 米左右。

③立柱的间距为 2 米左右。

④栅板宽与坡面角度宜保持 105°，斜支柱与坡面角度宜保持 35°~40°之间，支撑点应位于立柱高的 2/3 处。

⑤最高的一排栅栏应尽可能接近雪崩的裂点及雪檐下方。

（3）导雪堤。为改变雪崩运动方向，使雪崩堆积到指定地点的防雪设施。导雪堤有土堤、浆砌石堤、铅丝笼石堤等结构形式，可根据当地沟槽坡度及施工条件选择使用。设置应符合以下要求：

①与雪崩运动方向的夹角宜小于 30°；

②堤体应及时进行维修，保持其原设计的抗冲击与摩阻力；

③导雪堤末端应保有足够的堆雪场地，雪季前应进行检查并进行必要的清理。

（4）防雪走廊。是在公路上修筑的构造物。形式与明洞相似，能使雪崩雪从其顶上越过；也可防止风吹雪堆积。养护应符合以下要求。

①必须保持工程各部结构完好。

②防雪走廊与公路及内侧的山坡应紧密连接。如有空隙，可用土石分层回填并夯实。

③保持防雪走廊上部沟槽中设置的各种防治发生雪崩的辅助设施及山坡植被的完好。

④走廊的顶盖倾角应尽量与山坡坡度一致，两者之间的夹角一般不宜超过 15°。

（5）导雪槽。是在公路上修筑的构造物，内侧与山坡紧密连接，外侧以柱支撑，可使雪崩雪从其顶上越过的工程设施。适用于防治靠近公路一侧上方的小雪崩。根据实际情况可做成临时性或永久性。设置和养护应符合以下要求：

①必须保持工程各部结构牢固完好；

②槽下净空应满足有关规定；

③导雪堤宜做成从内向外略倾斜。

（6）阻雪土丘。在雪崩运动区的沟槽内，用土堆筑而成，养护应符合以下要求。

①保持宽为 10~12 米，长为 15~20 米，高于该沟最大雪崩峰面高度。有损坏或几何尺寸不足，应及时修补。

②修补时不得在土丘下部或两侧取土。

（7）楔。是在雪崩运动区下部和堆积区上部设置的楔状构造物群。其主要作用是分割、阻挡、滞留雪崩体。其高度应大于雪崩体峰面高度，可用木、石、水泥混凝土、金属等制成，养护应符合以下要求：

①保持构造物完好；

②保证其高度大于雪崩峰面高度，不足时应及时加固。

（8）铅丝网。是设在沟槽雪崩运动区的狭窄通道内，阻拦崩雪继续向下运动的设施。设置和养护应符合以下要求：

①铅丝网宽度与沟槽同宽，高度应大于雪崩峰面高度，支柱埋置深度不应小于 1 米；

②网眼铅丝不得小于 8 号，网孔不得小于 6 厘米，支柱宜用型钢；

③雪季后应及时检修。

（9）排桩。作用同铅丝网。设置在较大的沟槽雪崩支沟口处或规模不大的雪崩沟槽内。养护应符合以下要求：

①保持所有柱体完好；

②高度应大于雪崩峰面高度。

3. 减缓或阻止雪崩体崩落措施

在雪崩体崩落前，可采取以下措施减缓或阻止其发生崩落。

（1）在雪崩生成区的积雪体上撒钠盐，以促使雪崩融化后形成整体，增加雪体强度，减轻雪崩的危害。

（2）用炮轰或人工爆破以损坏雪檐、雪屋的稳定性。也可在雪崩体坡面从两端用拉紧的绳索将下部的积雪刮去，使其上部失去支撑，制造小规模的"人工雪崩"，以减轻雪崩的危害程度。

（3）阻止风雪流向雪崩生成区聚雪。

（三）积雪路段雪害的防治

根据有关调查研究及现场观测资料的介绍，对公路积雪路段宜采取以下措施。

1. 放缓边坡

路堤边坡的坡度小于1:4时,路提及其边坡上一般不会产生积雪现象。因此,如果当地条件允许,可将低于1米的路堤边坡改建成1:4。

2. 提高路基

在平原地区,当路线走向与主导风向垂直或接近垂直的路段,风雪流绕越1米高的路堤时则速度增加,雪粒不会落在路堤上。因此,对低于该地平均积雪深度或草丛深度为0.6米的路堤,应提高至1米以上。

3. 加深路堑或改线

路堑与风向垂直时,在浅于2米的路堑中将形成减速区,因而产生积雪现象。路堑越浅,积雪越快;但风雪流在深路堑中则产生回转气流使风速增加。所以,大于6米的路堑几乎不会出现积雪现象。对于2~6米深的路堑,虽然也能形成一定的回转气流,但速度增加不大,因而也会形成比较缓慢的积雪现象。因此,对浅于2米的路堑,应根据当地情况采取加深路堑或改线的办法,以消除或减轻积雪的产生。

(四)除雪

1. 除雪方式

(1)人工除雪:如采用木制板、畜力拉刮板等方法进行除雪。

(2)机械除雪:如采用平地机、推土机、除雪机、汽车或拖拉机带扫雪机械等方法进行除雪。

2. 除雪方法

(1)每次除雪后都要及时清理有风雪流的路段,将雪抛弃到下风的路堤以外。

(2)在冬春降雪或下雨后,如路面上有结冰现象时,应在桥面、陡坡、急弯、桥头引道、居民区和交叉道口处,首先撒铺一层沙砾、石屑等防滑材料,以保证行车安全。

(3)如积雪很厚阻车时,为尽快恢复交通,应在路线中心清出一条车道,然后再继续清除路面两侧积雪。

3. 除雪人员及其他人员安全

(1)在立交桥、上跨桥上作业人员,要注意防止落下冰雪伤害下面行人。清理桥面积雪时,如果下面有车辆和行人通过,要采取预防措施,不使冰柱或积雪落下。

(2)桥面结冰,往往会比道路其他部分早一些,如果使用警告标志,一定要使标志清晰。

(3)积雪融化后再度结冰,较原来降雪的危险性更大,因此应尽可能排除桥面积水,不使其结冰。

（4）因冰雪造成的车辆事故可能会逐渐累积。因此，当一辆车阻碍道路交通时，应尽可能在远离事故地点，开始向驶近车辆的驾驶员发出警告。

（5）在路上除雪作业的养路工人及车辆，要注意自身安全，对前后车辆的驾驶员要发出适当警告，可设置闪光信号、布置信号旗手等来警示驾驶员，严防交通事故发生。

（6）除雪时要有出发和返回时间、人员、机械工作记录。如发现作业人员、机械没有按时返回，应及时派人寻找。

第三节　公路绿化养护与管理

一、概述

（一）公路绿化的定义与分类

1. 公路绿化

公路绿化是利用乔木、灌木、花草合理地覆盖公路两侧边坡、分隔带、道班房周围及沿线空地等一切可供绿化用的公路用地。

2. 公路绿化路段

在公路用地范围内，能人工栽植和自然生长乔木、灌木和花草的路段为可绿化路段。公路隧道、桥梁、涵洞、石质路基及石方护坡、重盐碱、沙漠和特别干旱地区的路段等，不能人工栽植或不能自然生长木本、草本绿色植物的路段，为不可绿化路段。

3. 公路绿化的分类

我国公路绿化分为高等级公路绿化和普通公路绿化。其中，高等级公路绿化还包括服务区及立交桥等区域的绿化，普通公路绿化还包括道班、交通岛等区域的绿化。

（二）公路绿化的作用

1. 稳固路基，涵养水源

公路路基边坡上种植乔木、灌木、草皮，这些植物有固土和防止水流冲刷的作用，使路基土不致流失与坍塌。粗壮的乔木兼有挡土墙的作用，对陡坡地段的路基具有良好的稳固作用。草皮具有过滤作用，使地表水的有害物质减少，植物的根系可以吸收水中的重金属离子，对地表水具有一定净化作用。

2. 保护路面，降低养护成本

公路两侧的树木长大成林后，使路面的大部分不受阳光直接照射，路面的日温差和年温差减小，因温度应力及温差引起的路面破坏大大降低。另外，树木还能减弱雨、雪、风、沙对路面的直接破坏，增加路面使用年限，降低养护成本。

3. 美化路容，舒适旅行

公路绿化工程使公路变成由乔木、灌木、花卉、草皮立体覆盖的绿色长廊，变成一道亮丽的风景，一年四季有花有草，行人心情舒畅。树木、花草还能减少公路粉尘，降低噪声，大大改善环境，保护人们的身心健康。

4. 防止污染，改善环境

公路上行驶的车辆产生噪声、粉尘、有害气体和二氧化碳等污染，而植物对这些污染有很好的防治作用，可以减小噪声、吸滞烟尘与粉尘和吸收有害气体。

5. 杀死细菌，保护健康

空气中散布着各种细菌，大多附着在灰尘上，是传播疾病的重要因素。植物可以减少空气中的细菌数量，一方面，是由于植物可以减少空气中的灰尘数量，从而减少了细菌；另一方面，树木本身有杀菌作用。在有树木的公路上，每立方米空气中的含菌量比没有树木的道路上减少85%。所以，公路绿化对杀死细菌，保护行人健康十分有益。

（三）公路绿化的要求

第一，公路绿化应根据"因地制宜、因路制宜，适地适树"的原则，在公路绿化实施前，对绿化路段进行现状和自然情况的调查，进行路段绿化总体设计，使之具有目的性、整体性、稳定性和艺术性，充分满足公路绿化功能要求。

第二，高速公路因其车速高、流量大，进行绿化时，公路两侧土路肩、边坡以种植人工草为主，中央分隔带宜种植不同颜色的灌木、花卉和草皮，不应栽植乔木。

第三，一级公路绿化应以乔木为主，可配植一些灌木和花草。平原路段应以人工造景为主，采用不同的绿化植物品种，以不同高度、不同株距分段组合方式进行；山区路段应以自然景观与人工造景相结合的方式绿化，并尽量利用自然景观；位于城市郊区的路段，有中央分隔带或分道行驶隔离带的，可栽植绿篱和花草。绿篱的高度以60~120厘米为宜，在平曲线处可适当高些，可起防眩作用。其两侧按平原路段标准绿化。

第四，二级公路绿化应尽量采用乔木与灌木相结合的方式进行，避免单一品种长距离栽植形式，并充分体现当地特色。

第五，三级、四级公路车速较慢，可采用行列对称式的栽植方式绿化。为增大两侧透视度，应加大株距，以 4~6 米为宜。

第六，在平面交叉、立体交叉及隧道进出口等地，应根据地形条件进行绿化。平面交叉处应按设计要求留出规定的视距，在设计视距影响范围以内，不应种植乔木，可栽植常绿灌木、绿篱和花草；小半径平曲线外侧栽植成行的乔木，以引导汽车行驶，增加安全感；立体交叉分割出来的环岛，宜铺植开阔的草坪，其上点缀一些灌木和花卉；隧道进出口两侧 30~50 米以内，宜栽植高大乔木遮阴，以适应驾驶员视觉对隧道内外光线的变化，保障车辆安全行驶。

（四）公路绿化工作

1. 山区

应发展具有防护效能的绿化工程，如防护林带、灌木、草皮护坡等，以含蓄水分，滞缓地表径流，减轻水土流失，防冲刷、坍塌。

2. 平原区

应配合农田水利建设和园林绿化总体规划要求，栽植单行或多行防护林带，以减轻或消除风、沙、雪、水等对公路的危害；在平面交叉、桥梁、分隔带、环岛、立体交叉的上下边坡和服务区等地，应配栽观赏矮林、灌木、花卉或多年生宿根植物以美化路容。

3. 草原区

应在线路两侧，栽植防风、防雪为主的防护林带，以阻挡风、雪侵蚀危害公路。

4. 风沙危害地区

应栽植耐干旱、根系发达、固沙能力强的植物品种，以营造公路防风、固沙林带为主。

5. 盐碱区

应选择抗盐碱，耐水湿的乔木、灌木品种，配栽成多行数的绿化带，以降低地下水位，改善土壤结构。

6. 旅游区

通往名胜、古迹、风景疗养区及重要港口、水库和机场等地的公路，应以美化为主，营造风景林带，主要栽植有观赏价值的常绿乔木、灌木、花卉及珍贵树种和果树类。

养护基层单位（公路段、道班等）的庭院应以方便生活、便于工作、利于生产的原则进行绿化。公路沿线的广场、分隔带、立交桥等附近空地及停车场、休息区等地，应根据环境条件，借助自然山水、地形、地貌，设置绿篱、凉亭、池塘、花坛、草坪等，以更好地绿化和美化公路。

二、公路绿化养护与管理

（一）公路树木的栽植

栽植绿化树木，应按照公路绿化工程设计及任务大小，合理安排和组织劳动力、机具，做好整地、画线、定点与挖坑工作，并及时选苗、起苗、运苗，在春、秋季或雨季适当时期进行栽植。

1. 选苗工作，应选择适合当地环境条件、观赏价值较高、发育正常的优壮苗木，具有良好顶芽；根系发达，有较多的须根；没有病虫害和影响生长的机械损伤等。

2. 乔木、灌木应采用明坑栽植；属于无性繁殖的树种，也可埋干栽植。

3. 防护林的栽植，应按因地制宜、因害设防的原则进行。一般防洪、防雪林带应密植；防风、防沙林带，应留有适当通风空隙；防护路基、边坡的灌木丛或经济林，一般应密植或与乔木混栽。

4. 移植较大的苗木或珍贵树种、果树、花木及针叶树等时，应带原土栽植，土球直径应超过树木直径 10 倍以上，并将土球包装整齐不松散，以确保成活。

5. 坑栽树木，一般应使坑径比根幅大 10 厘米，坑深比根长大 20 厘米，能使苗根充分舒展。

6. 栽植苗木时，在干旱季节或干燥地区，栽前应浇水洇坑，栽后立即浇透水，半月之内，再浇透水 2~3 次；乔木栽植后，应及时扶正、封土和刷白。

7. 当天栽不完的剩苗应假植好。

（二）公路树木的管护

做好公路树木的管护，是绿化工作中的一项重要工作，也是实现公路绿化的成败关键。检验公路绿化的指标有成活率、保存率和修剪管护状况 3 项。成活率是指栽植发芽长叶至少在一个生长季节以上的苗木占总栽植量的百分数；保存率是指成活两年以上树木占总栽植量的百分数；修剪管护状况是指修剪整齐美观，病虫害及时防治。

要做好公路树木的管护，着重应做好以下几项工作。

（1）幼树要加强抚育管理。应及时检查、灌溉、除草、松土、施肥、修剪、防治病虫害和补植等。

（2）成林要及时修剪、抚育，以促进树木发育健壮，树形优美，透光通气，减少病虫害发生，适时开花结果。

修剪应在秋季落叶后、春季萌芽前进行。修剪主要是把乔木、灌木的朽枝、病枝、弯曲畸形枝、过密的分枝，以及侵入公路净空、遮挡交通标志、影响视距的树枝及时剪除。

交通比较繁忙及风景游览区的行道树或风景林带，要根据不同树种及特性进行修剪，使树木冠形相同，整齐美观。

（3）每年秋季或春季，可在树干上距地面 1.0~1.5 米处，涂刷稀石灰浆、石灰硫黄浆或黏土硫黄浆，以防菌染腐烂并增加美观。

（4）在靠近村镇、风景游览区和风沙较大路段的各种新植树木，应设置支撑架、杆、护栏架和包扎树干等，防止人畜损坏，以保成活率和保存率。但应注意所采用的各种保护措施，都应和环境协调。

（5）防治树木病虫害，应以预防为主，开展生物化学防治与营林措施相结合的综合防治方法。要严格检疫制度，保持林地卫生，消灭越冬虫卵、蛹，烧毁落叶虫瘿、虫茧，及时清除衰弱木、病虫木等。

（三）草皮的种植及管护

草皮在高等级公路及城市道路绿化中应用较多，主要应用于路肩、边坡、路堤、分隔带、交通岛及沿线空地等。公路种植草皮能防尘固沙，防止水土流失，巩固路基，调节气候，吸附有害物质，达到绿化、美化、净化公路环境的效果，从而有助于提供安全、舒适、优美的行车环境。

1. 草种的选择

草种选择是种植草皮的关键。公路绿化草种的选择要因地制宜，宜路适草。一般来说，本地草种适应能力强，故应首选本地草种；如需从外地调用草种，则应尽量选用生态形式相同或相近的草种，但要先进行引种试验，待引种试验成功后再推广。

通常适合公路种植的草种应具有易繁殖、耐修剪、耐践踏、生长迅速、生长期较长、抗旱、抗热、耐寒、耐潮湿等特点。

2. 种植技术

目前种植草皮的方法主要有播种、播茎和铺植三种。

（1）播种。把草皮种子（或种子与细土混合均匀）采用撒播或条播，一般在春季或秋季进行。播种量可根据经验确定，如狗牙草每亩0.5千克，假俭草每亩5~7千克，结缕草每亩6~7千克。

（2）播茎。葡萄茎发生较强的草种，如细叶结缕草、狗牙根等，可采用播茎，就是将草皮掘起、抖落或用水冲掉根部附土，分开根部，用剪刀剪成小段，每段至少具有一节，一般每小段长为4~10厘米，将茎的小段均匀撒播，覆压1厘米厚的细土，稍予填压，及时喷水，以后每天早晚各喷一次，待生根后，逐渐减少喷水。播茎一般在春季发芽开始时进行。

（3）铺植。铺植草皮在公路绿化中应用较为常见，主要有密铺、间铺、条铺、点铺。基本步骤是：掘起草皮，取一定宽度（根据一定宽度而定）的木板放于草皮上，沿木板边缘切取草皮，厚度一般为3~5厘米，同时将草皮卷起捆扎好，运输草皮，注意用湿布覆盖草皮。按设计要求铺植草皮，草皮铺植完毕后，在草面上用木板或滚轴压紧压平，使草面与四周土面平，这样可使草皮与土壤密接，以防干旱，在铺植草皮前或铺植后应充分浇水。草皮的铺植一般在春秋两季进行，雨季铺植最易成功。

3. 草皮的养护管理技术

（1）滚压草皮。草皮铺植后，除马上采用滚压外，在每年春季土壤解冻后还需再压，使根部紧密，在生长期常进行滚压，可使草皮的叶丛紧密而平整。

（2）浇水。草皮植后，要勤于浇水，浇水要充足，一般以浸湿土层10厘米为宜，浇水时间以早晚为宜。沙土草皮每周浇水2~3次，黏土草皮则浇水一次即可。

（3）除草。草皮中生有杂草，既影响草皮的正常生长，又影响美观，因此应随时拔除。一般在杂草将要开花时拔除，如果面积过大或杂草过多，则应用除草剂杀除。

（4）施肥。草皮缺肥就会生长不良，茎叶发黄硬化，有损美观，为使草皮生长繁茂，就必须施足肥料。氮肥为营养生长的重要成分，同时也要注意施磷肥和钾肥，其比例一般为5：4：3，施肥时间南方温暖地区适宜在秋季，北方寒冷地区适宜在春季。施肥量根据草皮的生长情况和土壤情况而定。一般南方地区的施肥量为3~5千克/平方米；北方地区宜少，为2~4千克/平方米。为改良土壤进行的施肥，常以腐坏的堆肥和圈肥等有机肥料为主。在生长季节进行追肥时，施肥量宜少。

（5）割剪。草皮生长迅速，若长得高矮不齐，影响美观，应经常进行割剪。割剪工具常用剪草机，草皮割剪一般在春季和秋季生长较快的时期进行，以早晚或阴天进行为宜，下雨两天后进行割剪效果更好。割剪后既要使草皮呈现优美状态，又要使草皮能正常生长。在生长迅速季节，每周需割剪 1~2 次，在雨后还要及时滚压。

（6）更新。遇有草皮衰老或其他原因，已丧失其绿化和美化功能时，应进行草皮更新，重新种植草皮。

（四）路树采伐

《中华人民共和国森林法》把公路林列为防护林种，其主要作用是保护公路，改善环境条件，因此对公路林不得进行采伐。公路林过密、衰老或有严重病虫害或其他原因时，应进行间伐，按性质分抚育采伐和更新采伐。

1. 抚育采伐

风景林、防护林郁闭度达 0.9 以上时，应进行透光伐。伐除过密、生长不良的树木。其原则是间密留匀、伐劣留优、伐密留稀，促进树木生长。

2. 更新采伐

因公路改善需要采伐的路树，应先审批后采伐。对采伐后出现的空白路段应在工程竣工后的每一绿化季节及时绿化。成段衰老路树能更新采伐，按批准的计划办理。

路树采伐由公路管理机构审核批准并发放采伐许可证。未经批准，不得采伐。

第九章 公路路政管理中的路产保护

第一节 公路路政管理中路产保护基础理论

一、公路路政管理中路产保护的相关范畴界定

明确公路路政管理中路产保护的相关范畴是对其进行研究的前提条件。只有对公路路政管理中路产保护的对象和范围有清晰的界定，才能保证对其相关问题进行研究的准确性，才能避免实践中的一些盲点，从而更好地保护公路路产。理解公路路产，就必须先弄清楚公路的概念。公路，是指城间、城乡间、乡间能行驶机动车辆、符合特定技术标准的公共道路。在实际生活中，很多人把公路认定为已经建成的，这是理解上的一个误区。公路不仅包括已经建成的由交通运输主管部门验收认定的，还应包括符合公路工程技术标准，经国家有关部门批准立项的正在建设中的公路。《中华人民共和国公路法》（简称《公路法》）中所称公路，"包括公路桥梁、公路隧道和公路渡口"。

公路路政管理作为专业化的行政管理，国内学者对其范畴界定有着不同的看法。大多数学者都是根据《路政管理规定》将公路路政管理的含义理解为交通运输主管部门或其设置的公路管理机构根据相关法律法规的规定，实施的保护公路路产的行政管理，其中保护路产是其首要职能和核心任务。也有一些学者认为以上对公路路政管理的范畴界定过于狭隘，会导致路产保护主体法律地位模糊，部门之间的权责不明确，有些部门的权限过大，这在一定程度上影响了对执法的监督，也在一定程度上滋生了腐败。为此，一些学者重新界定了公路路政管理的范畴。

公路路产，根据《路政管理规定》，包括"公路、公路用地、公路附属设施"。可见，公路路产的范围大于公路，公路只是公路路产的一部分。公路用地，是指公路两侧的边沟

以及边沟外缘起不少于 1 米范围的土地。公路附属设施，是指为保护公路和保障公路安全畅通所设置的公路防护、管理、服务、交通安全、排水、监控及收费等设施、设备及专用建筑物等。公路路产"是县级以上人民政府交通运输主管部门或其设置的公路管理机构，实施路政管理的客体物"。从广义上来看，公路路产不仅包括以上的有形路产，还应包括公路的知识产权、科研成果及专利所有权等无形路产。本节所研究的路产只针对有形路产。也有学者把公路路产分为经营性公路路产与非经营性公路路产。

公路路产损害的种类主要有侵占和损坏两种。公路路产侵占主要是指对公路路产的非法占有。最典型的是偷窃，如偷窃护栏、行道树、标志牌、隔离栅栏等；还有在公路用地内摆摊设点、设置路障、打场晒粮、堆放物品等行为也属于对公路路产的侵占。公路路产损坏最典型的特点是"质变"，是以路产的毁损为特点，使公路路产降低甚至丧失价值和使用价值。公路路产损坏主要有以下几种情况：第一，交通事故造成的路面以及其他公路附属设施的损坏；第二，自然灾害，如地震、泥石流、台风、暴雪等公路突发事件造成的公路路产损坏；第三，涉路行为施工，如穿越公路的管线设置等造成的公路路产损坏；第四，其他损坏，如超限超载运输对公路路产的损坏，这种损坏是隐性的和累积性的。对公路路产危害极大，已成为公路路产的"第一杀手"。此外还有腐蚀性物品的泄漏及倾倒对公路路产造成的污染和损坏等。

公路路产保护，从广义上来看，包括两方面内容：一是对公路有形路产的保护。主要是指交通运输主管部门或其设置的公路管理机构，为维护公路管理者、经营者及使用者的合法权益，根据有关法律、法规、规章的规定，对公路、公路用地、公路附属设施所实施的保护行为。二是对公路无形路产的保护。具体而言，公路路产保护主体是交通运输主管部门及公路管理机构，客体是公路路产，内容是保证路产安全，维护路产不受侵犯。保护目的，从表面来看是保护国家路产不受损害，其实质是为了保护社会公众的合法权益。从整个路产管理系统来看，公路路产保护是路产养护和路产投资的基础和保障，对公路路产的保值和增值起着至关重要的作用。

二、公路路政管理中路产保护的基础理论

（一）公共产品理论

介于公共产品和私人产品之间的是准公共产品。准公共产品具有拥挤性。在准公共产品达到其拥挤点后，每增加一个消费者都会使原有消费者的效用有所减少，从而使其陷入

供给紧张。公共产品存在着"搭便车"的问题，由于公共产品的消费必须是均等的，不管其是否付费。假如每个"搭便车"者都不愿意为公共产品的提供及保护做贡献，公共产品的破坏就会越来越严重。这也是超限超载等破坏公路路产的行为屡禁不止的根源所在。公路的公共物品特性、外部性及垄断性是造成其市场失灵的原因。故如果公路路产保护完全靠市场机制运作，会导致路产保护的市场失灵。这就需要政府的介入，由政府调控来弥补市场的不足。

从我国的现实情况来看，大部分的公路属于准公共产品的范畴，具有较强的社会公益性。研究显示：乡村公路的商品性最低，基本上是纯公共产品；其他高等级公路的商品性较强，属于准公共产品。如果把路产保护完全推向市场，由于市场失灵的存在，必然会导致很多问题。因此，对于具有不同经济特征的公路，应制定不同的路产保护政策，从而协调好市场机制和政府监管之间的比例关系。对于乡村公路等纯公共产品的保护，政府应起主导作用，政府应确保公路保护资金的及时到位。对于商品性较强的公路的保护，可适当引进社会资金以缓解财政压力，但不能完全市场化，政府应在一定程度上保证对公路的控制权。不管公路的投资主体和经营主体是谁，公路路产所有权都属于国家。即使是 BOT 融资模式和 TOT 融资模式等特许经营的高速公路的路产保护，政府也必须加强监管，充分发挥其宏观调控的职能。

（二）组织结构理论

所谓组织结构，是指组织中正式确定的使工作任务得以分解、组合和协调的框架体系。管理科学理论把管理组织结构形式划分为以下几种。第一，直线制。即层级制，这是最简单的集权式组织结构形式，其领导关系按垂直系统建立，下属部门只接受一个上级的命令，不设置专门的职能结构。其优点是权责明确，便于统一指挥；缺点是容易使行政首脑产生忙乱，难以有效管理。具体到路政管理机构而言，是将路政管理机构从纵向分为若干个层次，上下层是隶属关系，每个层级所管的业务性质相同。其中，上层是领导机构，中层是传递机构，下层是执行机构，整个结构呈梯形或金字塔式。第二，职能制。它是将按职能划分部门的方法运用到整个组织的一种结构形式。其按照不同的工作性质平行划分各个部门，每个部门的范围大致相同，业务内容不同。其优点是减少人员和资源的重复配置，节约成本；缺点是各职能部门的协作性较差，不利于整体作用的最大发挥。就路政管理机构而言，各部门不能脱离所在的路政管理机构，都要以路政管理的总体目标为工作对象。第三，直线—职能制。这是在前面两种组织结构的基础上，取长补短，借鉴二者的优点建立起来的组织形式。此外，还有事业制、矩阵制等。

就路政管理机构的设置而言，若只考虑管理幅度的合理性和管理职权行使的直接性，直线制的管理机构模式更为合适；若只考虑路政管理活动的有效分工，职能制模式更为合理。结合实际，路政管理机构的设置，纵向上应满足统一调度的原则，横向上应满足彼此协调的要求，以实现纵向上直线指挥和横向上分工协作关系的有机结合，这样的机构设置应以直线—职能制模式为佳。在这种模式中，各级管理主体实施垂直领导，下级管理机构只听命于其上级主管部门领导。每级管理主体应根据业务和技术分工的需要，设置不同的职能部门。上下级同类职能部门只是业务指导关系，不存在领导与被领导的关系。在设置各级路政管理机构时，应注意形成上下贯通、左右协调的统一整体，以便达成步调一致。根据现代路产保护的客观要求和路产保护对象的复杂程度，科学地确定最佳的管理层级和管理幅度，从而实现有效指挥，以更好地完成公路路产保护的任务。

（三）依法行政理论

依法行政是指行政机关必须依照相关法律法规取得权力、行使权力并对其行政行为的后果承担相应的法律责任。简言之，就是行政机关的一切职务活动都要于法有据。依法行政是我国政府管理模式的一场真正的变革，是人治行政到法治行政的全面转变。"为政遵循法律，不以私意兴作"是依法行政的精髓所在。坚持依法行政是依法治国的必然要求，是建设法治政府的核心所在，也是我国各项事业在社会主义法制轨道上顺利运行的有力保障。党的十八大报告中也明确指出"要推进依法行政，做到严格规范公正文明执法"。

依法行政必须遵循以下原则。一是职权法定。即行政机关的职权必须由法律规定，必须在法律规定的职权范围内活动。非经法律明确授权，行政机关不具有也不能行使某项职权。二是法律保留。只有在法律明确授权的情况下，行政机关才有权在其所制定的行政规范中作出规定。三是法律优先。即在依法行政过程中要注意法律规范的位阶层次性。宪法具有最高的法律效力，法律在效力上高于行政法规、地方法规和部门规章等。四是权责统一。即法律赋予行政机关的职权，行政机关必须尽最大的努力去保证完成，同时要对其行政行为的后果承担相应的法律责任。在社会主义市场经济的历史条件下，如何正确看待依法行政，以及时、有效地转变政府职能，是一个刻不容缓的理论和实践问题。近年来，在依法治国理念的指导下，我国的依法行政也取得了很大进步。《中华人民共和国行政诉讼法》《中华人民共和国行政处罚法》《中华人民共和国行政复议法》《中华人民共和国行政许可法》等初步形成了我国行政法律体系框架。1999年《国务院关于全面推进依法行政的决定》和 2004 年《全面推进依法行政实施纲要》的发布，标志着我国依法行政迈上了一个新台阶。

在公路路产保护行政执法过程中，必须坚持依法行政的原则。具体而言，要做到：一是行政主体必须合法，即公路路产保护的主体必须是依法成立的具有相应的资格，并能承担相应的法律责任。根据《公路法》及其他相关法规的规定，公路路产保护的行政主体包括职权性的交通运输主管部门和非职权性的公路管理机构及其设立的路政管理机构，除此之外的任何组织都不具备公路路产保护的行政主体资格。二是行政权力的行使必须合法，即路产保护的执法人员必须是在法定的权限范围内行使职权，不能越权或滥用职权，对自由裁量权的使用要合理、得当。在行使路产保护职权的时候不仅要实体合法，更要程序合法，真正做到有法必依、执法必严、违法必究。三是行政主体要承担相应的责任，即公路路产保护的行政主体要做到职权和职责的统一，坚持权力主体和责任主体的一致，尽一切力量保证完成其任务，不互相推诿。四是行政要合理，即路产保护的行政主体做出的具体行政行为要适度，符合公平正义的原则。在公路路产保护制度的建立和执行的过程中，都要始终不懈地坚持依法行政的原则，把依法行政作为衡量公路路产保护行为规范与否的标准之一，真正做到依法行政、依法治路，以保证各项公路路产保护工作的规范有序。

（四）公共服务理论

公共服务就是政府通过提供公共产品和服务，为社会公众经济、政治和文化生活提供有力的保障，从而满足社会公众生活的多方面需求。政府职能的公共性决定了公共服务是其核心职能。经济调节、市场监管和社会管理这三项职能的落脚点都应放在公共服务上。如果政府不能及时、有效地为公众提供公共产品与服务，就会导致公共服务供需失衡及社会矛盾加剧等问题。

服务型政府是现代政府的实质。在一定程度上，如果没有公共服务，现代政府就失去了存在的意义。我国服务型政府的塑造要以满足社会公众需求、维护社会公众利益为目标，以为人民服务为宗旨，为社会公众提供充足优质的公共产品和服务。

实现公路路产保护工作的科学发展，必须增强公共服务意识，强化公共服务职能，牢固树立以人为本的路政执法理念。路政管理部门应该坚持管理和服务并重，从而转变工作作风，强化人性化服务。路政执法人员在开展路产保护工作的过程中应做到文明执法、热情服务，简化审批程序，规范行政许可，真正将以人为本、执政为民的理念落到实处。我们应重塑路产保护理念，即路产保护首先是为保障公共安全，其次才是保障路产自身的安全。也就是说不断提高公路路产的安全性，让人民群众放心是以后公路路产保护工作的重点和方向。

（五）制度变迁理论

制度经济学所讲的制度是"一系列被制定出来的规则、服从程序和道德、伦理的行为规范"。正式制约（如宪法、法律、法规）和非正式制约（如习俗、传统、习惯等）以及它们的实施共同构成了制度。就制度的功能而言，制度是全社会的"游戏规则"。就其形成而言，制度是制度安排的结果。制度是一种稀缺的资源，也是政府的公共产品之一。通过制度创新建立和维护制度环境，实现合理、有效的制度安排并向社会提供制度选择，是政府的基本公共职能。只有通过制度上的创新，才能更好地应对不断出现的新情况，从而促进整个社会系统的有序运行。制度创新可以在一个动态变化的过程中不断界定和明晰产权，形成关于创新的激励机制，降低"搭便车"等机会主义的可能，降低交易费用，解决制度的不均衡问题，并减少未来的不确定因素，最终促进经济的不断增长。当制度创新要求日趋强烈，最终以法律的形式加以确定时，就形成了制度变迁。制度变迁可以是"自下而上"的，也可以是"自上而下"的国家主导的变迁。

公路路产保护制度的改革过程实际上是制度变迁的过程。制度的变迁过程就是一个制度的帕累托改进过程。作为一种制度变迁，要解决好路径选择问题。我国公路路产制度受到我国"制度环境"的影响。具体而言，这种影响包括两方面。一是公路路产保护制度变迁的内容在一定程度上取决于制度环境。制度环境是指基本的政治、社会和法律规则，具有相对稳定性，其决定了公路路产保护制度变迁的约束条件。路产保护制度改革的目标，不是去突破制度环境的架构，而是在其制度环境中进行有效的改变。二是公路路产保护制度变迁方式取决于制度环境的变化方式。我国对制度环境的逐步调整决定了公路路产保护制度具有渐进式的特点。结合公路路产保护自身的特点，借鉴我国其他领域改革的经验，我国公路路产保护制度变迁应采取诱致性制度变迁与强制性制度变迁相结合的方式，即将公路管理机构"自下而上"的探索与政府"自上而下"的指挥协调相结合，积极进行公路路产保护的制度创新，不断地探索公路路产保护的新途径，以便更好地保护公路路产。

第二节　我国路政管理中路产保护的发展及现状

路产保护经历了从经验保护到法制保护的转变。原来只是单纯地靠行政手段，通过行政命令来保护公路路产。20 世纪 80 年代以来，随着公路路产保护相关法律法规的相继出台，法律手段也成为路产保护的重要手段，路产保护逐渐走上了法制化的轨道。在路产保护的实践中，管理机构、管理人员和管理装备也经历了从无到有，逐步完善的过程。

从我国路政管理中路产保护的发展历程中，不难发现我国公路路产保护的相关制度逐步完善，公路路产保护工作也取得了明显成效。但深层次的问题尚未根本解决，目前我国公路路政管理中路产保护仍存在一些弊端和不足。

一、法律法规不健全

法制相对滞后是制约我国公路路产保护的因素之一。目前，虽然我国公路路产保护的法律法规体系正在逐步完善，但实际中仍然存在一些问题。比如，公路路产损害的救济渠道问题，在《公路法》及其他相关法律法规中没有特别规定，通常的民事诉讼渠道也不能适应公路路产快速修复的需要。《公路法》第四十六条规定："任何单位和个人不得在公路上及公路用地范围内摆摊设点……利用公路边沟排放污物或者进行其他损坏、污染公路和影响公路畅通的活动。"但《公路法》及其他相关法律法规对具体的污染行为实施的行政处罚标准和方式并没有具体规定。因无据可循，此项路产保护赔（补）偿款也无从收取，只能由路政管理部门自己承担。此外，路产保护相关法律法规对造成路产损害行为的处罚，没有具体的实施细则。例如，《公路法》第七十六条规定了对擅自占用、挖掘公路及损坏公路附属设施等破坏公路路产的行为处以三万元以下的罚款，其标准制定的过于笼统，造成路政执法人员因自由裁量权过大而随意处罚的现象的发生。

自 2011 年 7 月 1 日起公布施行的《公路安全保护条例》在《公路法》规定的原则范围内，进一步细化了公路路产保护方面的法律制度，为公路路产保护提供了更具体、更有力的法律依据。可由于这一条例出台时间较短，其实用性和行政处罚方面的规定仍处于试验和适应阶段，其效果和影响也需要实践的进一步检验。在路产保护的实际工作中，由于法律法规不健全而引发的争议和问题屡见不鲜，在很大程度上制约着路产保护工作的有效开展。

二、机构设置不统一

我国传统的公路路产保护机构可分为三个层次：一是交通运输主管部门，如省交通运输厅、市县交通运输局等；二是交通运输主管部门依法委任的公路管理机构，如省公路管理局、市公路管理局、县公路管理段等；三是由公路管理机构设立的实施路政管理的机构，如省公路路政管理局、市路政管理科、县路政管理大队等。伴随着收费公路的出现，特别是经营性高速公路的出现，形成了三种高速公路路产保护的模式：一是路政管理机构独立执法，负责高速公路的路产保护，高速公路的经营者提供高速公路路产保护的经费，实行收支两条线；二是路政管理机构派路政管理人员进入经营性企业，专门对高速公路路产进行保护；三是交通运输主管部门授权公路经营性企业，由经营者代行路产保护的职责。路产保护机构设置的多样性，容易导致职权交叉，多头管理。举个实际的例子，某省高速公路管理局和省公路管理局都是隶属于交通运输厅的行政机构，二者都赋有路产保护的职责，这就导致了实际工作中的职责交叉。职责上的交叉点不仅需要很大的行政成本去协调，还会降低行政效率。公路路产保护主体的多元化，在一定程度上使得公路路产保护的严肃性受到了质疑，也削弱了路产保护中行政执法的权威性。

各省市路政机构设置不一，没有一个统一的管理机构。有的设置在交通运输主管部门内部，有的设置在公路管理机构内部。各县（市）的路政机构也是五花八门，有的叫路政处，有的叫路政科，还有的叫路政大队等。在执法实践中，各地的路政管理机构设置方式不同、机构名称和职责各异，机构设置重叠问题突出，这就导致了在路产保护过程中各部门沟通协调不力、运行不畅。特别是在各省公路管理的衔接地带，容易出现职权不明的问题，从而导致多头执法现象的发生，这不仅影响了路产保护工作的开展，还大大降低了路产保护的能力。

三、职权划分不明确

公路管理机构是我国公路路产保护的主体之一。公路管理机构不是政府行政部门，要行使路产保护等行政管理职能时必须由相关法律法规的行政授权或者行政机关的行政委托。公路管理机构在履行相关的公路行政管理职责时是行政授权还是行政委托存在着争议。依据行政法的相关理论，行政授权是指法律法规对一个本无独立行政职权的机构授予行政职权，从而使其具备行政主体资格，这是行政分权的一种体现。行政委托指行政机关在其职权范围内依法将其行政职权或行政事项委托给相关行政机关、社会组织或个人。二者的不同之处在于，行政授权的直接依据是法律法规的授权条款，行政委托直接依据的是行政委托协议；被授权的组织具备行政主体资格，而被委托单位不具有行政主体资格，也不承担对外的法律责任。《公路法》规定公路管理机构在行使公路行政管理职责时由县级以上交通运输主管部门决定。这就意味着《公路法》并没有直接授权公路管理机构行使路政管理的职责，公路管理机构在行政公路行政管理相关职责时是一种行政委托，不具有行政主体资格。《公路安全保护条例》规定："公路管理机构依照本条例的规定具体负责公路保护的监督管理工作。"这就意味着公路管理机构在履行公路保护职责时是行政授权，具有法律主体资格，能独立承担相应的法律责任。而在实践中，交通运输主管部门常以"委托书"的形式明确公路管理机构关于公路路产保护的职权，例如，一定范围的行政处罚等。这样，公路管理机构在行政主体资格上的模糊性会导致路政管理人员身份不能一致，给公路路产保护工作带来了不便，也使破坏公路路产的责任人认为执法活动缺乏权威性，从而产生抵触情绪，对路产保护工作极为不利。

公路路产保护涉及部门较多，具有跨系统、跨行业的特点。与路产保护密切相关的有交通、国土、工商、城建、农业及公安交管部门等，由于涉及部门多，执法依据不同，容易导致职责交叉、各自为政，也由此引发了许多矛盾。特别是，公安交管部门和公路管理机构在公路路产保护上存在着职权交叉的问题。按照相关法律法规的规定，公路路产安全由公路管理机构负责，公路交通安全由公安机关交通管理部门负责。"一路两制，政出两门"造成公路路产保护和公路交通安全管理的脱钩。公安、公路两个部门因在执法依据、处理方式上存在着差别，二者在执法中的矛盾也不可避免。职权的交叉会导致互相推诿，不利于及时、有效地处理问题。例如，在公路上摆摊设点、打谷晒场等行为，侵占公路使用权，破坏公路路产，也影响了交通安全，但由于管理难度大，两个部门常常相互推诿。这样不仅增加了执法的难度，降低了工作效率，还严重影响了公路路产保护。

四、保护手段有欠缺

我国公路路产保护手段方面的问题有：从法律手段来看，公路路产保护中过多地采用法律手段去替代其他手段，法律手段运用不当，反而产生了相反的结果。例如，相关执法人员不视具体情况而定，对损坏路产的责任人盲目地扣车、扣证，滥用法律赋予的权力。这不仅影响了执法的严肃性，也有悖于路产保护的初衷。从行政手段来看，我国公路路产保护的相关法律、法规均明确地规定了公路管理机构有管理和保护公路的责任，有权检查、制止各种损害路产、路权的违法行为，但对公路管理机构行政强制权的时效和范围没有明确的规定。例如，相关法律、法规仅规定公路管理部门可以责令当事人限期拆除不符合规定的标志、建筑物等，却没有及时强制权，这极大地降低了路政管理的权威性和有效性，影响了公路路产保护的及时性。从经济手段来看，《路政管理规定》仅规定路产损坏赔（补）偿费由公路管理部门收取，而公路路产的赔（补）偿数额，公路管理机构却无权决定。这就造成了路产赔（补）偿标准弹性大，各地标准的不统一，增加了执法的随意性和处理程序的不规范性。从技术手段来看，公路路产保护在设备的先进性和人员的专业性方面存在欠缺，给公路路产保护工作增加了困难。路政管理人员要对公路、公路用地、公路附属设施等进行巡查，其巡查盲点较多，仅靠传统方法不能及时、有效地处理公路路产损害。此外，我国公路路产保护配套设施和监控设备与发达国家相比仍有一定的差距，特别是应对地震、泥石流、雨雪冰冻灾害等公路突发事件时，设备和技术方面的欠缺不仅严重影响着公路路产保护水平，还直接关系到人民群众的生命财产安全，应予以高度重视。

五、执法队伍建设不足

公路路政执法人员的素质如何在一定程度上决定着路政管理水平和路产保护的效能。我国路政执法人员在路产保护过程中存在一些急需解决的问题。从执法理念来看，一些路政执法人员不能坚持以人为本的执法理念，在执法过程中重管理轻服务。更有甚者执法不严，以权谋私，单纯追求经济利益，以罚代管。在处理路产赔（补）偿案件时，重实体轻程序，随意行使自由裁量权，不能很好地发挥路产保护职能，严重地影响了路政执法队伍形象。从人员素质来看，执法人员的学历和专业化水平有待提高。从队伍管理上看，存在着有法不依、法规制度落实不力的现象，趋利执法的现象依然存在。从编制管理上看，存在着较大的地域差异，缺乏科学、合理、统一的核定编制的依据和标准。从教育培训上看，存在着培训层次不齐、培训方式方法不统一、培训质量不高等问题。从执法过程上看，执法程序、执法方法、执法用语等还没有形成一套完善的工作规范，执法评议考核机制不够科学。这些问题的存在，不仅影响着路政执法队伍的形象，也制约着公路路产保护工作的开展。

六、经费保障不到位

公路路产保护的经费保障方面存在欠缺。路政管理机构大部分是自收自支的事业单位，其经费来源主要是收取公路路产赔（补）偿费。而路政管理的主要职责是保护路产路权，这就意味着管理得越好其经费越少，这种情况不仅不利于路产保护工作的开展，还在一定程度上滋生了腐败行为，严重地影响了执法队伍的形象。此外，公路路政管理人员和装备有限，直接影响了路产保护的巡逻工作，使得大量的路产破坏行为不能及时、有效地被发现，导致公路路产赔（补）偿费实收率的下降。同时，由于很多人对公路路产保护的认识还不到位，对相关的法律法规还不了解，损坏路产的当事人拒不缴纳路产赔（补）偿款的现象大量存在，这在很大程度上影响了公路路产赔（补）偿费的足额收取。

虽然我们对公路路产损失赔（补）偿制定了相关标准，但在标准掌握上存在着一定的随意性和机动性。在实际的操作过程中，易出现套用高标准或擅自扩大收取范围等现象；或擅自减免，搞人情收费，造成收取的公路路产赔（补）偿款不足以弥补路产损失。这样，路政管理机构的经费得不到保障，也给公路路产保护的行政执法带来困难。

第三节　改进路政管理中路产保护的对策建议

改进我国公路路政管理中的路产保护，既应借鉴国外先进经验，也应顺应我国政治经济改革方向，结合各地实际情况和路产保护的规律和特点。目前，我国的行政管理体制改革正在逐步推进。公路路产保护中存在的机构重复、职能交叉、权责不明等问题都与其改革方向相背离。我们必须按照中央关于行政管理体制的总体部署，规范公路路产保护机构设置，合理划分各个管理机构的职能，做到权责明确、政事分开、精简高效、分工协作，从而建立起符合实际、科学有效的具有中国特色的公路路产保护制度。只有这样，才能充分调动各方的积极性，实现资源的有效配置，更好地保护公路路产，从而促进公路事业健康、持续、快速的发展。针对我国路产保护中存在的问题，笔者从以下六个方面提出了相应的对策建议。

一、健全路产保护的相关法律法规

路产保护相关法律法规体系的建立健全与我国公路事业的发展息息相关。有关法律、法规、规章制度是进行路产保护的依据，法律法规健全与否在很大程度上决定着路产保护水平的高低。随着我国公路事业的迅猛发展，公路路产保护工作的重要性也日益凸显，要使公路路产保护工作规范、有序地开展，就必须建立健全相关的法律法规，使路产保护的各项工作真正做到有法可依。

面对不断出现的新情况和新问题，国家有关部门应借鉴国外路产保护的经验，结合我国路产保护的实际情况，不断完善公路路产保护相关的法律、法规和规章，使路产保护真正走上法制化轨道。通过立法的方式，理顺路产保护的法律关系，明确路产保护中各部门的权力和责任，规范路产保护的执法行为，完善路产保护的监督制度。在《公路法》《路政管理规定》及《公路安全保护条例》的基础上，结合高速公路自身的特点和功能，制定专门针对高速公路路产保护的法律、规章，以更好地保护高速公路路产。同时，各省有关部门应当结合本地公路路产保护工作的现状，对现有的地方法规进行修改和完善，使路产保护工作得以规范运行，以更好地促进公路事业的发展。

二、统一路产保护的机构设置

公路路产保护工作的有效开展，在很大程度上取决于机构设置的合理性和具体运行的规范性。有效的行政机构设置是进行科学的行政管理活动的前提，也是我们行政管理学科面临的一个重要课题。行政效益原则要求我们"以最少的社会资源而获取最多的社会效果"，这就要求行政机关在依法行政的过程中不断地提高行政效率和工作质量。统一行政机构的设置，无疑是提高行政效率的有效方式。

在公路路产保护方面，同样需要统一公路路产保护机构来迎合上述理念。公路路产保护工作面广、涉及因素多，专业性也较强，加上管理部门分割的问题，使得公路路产保护在资源配置、信息传递等方面的效果较差，工作开展的难度较大。为了加大对公路路产的保护力度，我国应当建立统一的公路路产保护机构，进一步理顺职责关系。统一公路路产保护机构设置，变分散管理为集中管理，能有效地节约行政资源，有利于路产保护工作的统一协调，有利于路产保护工作的上下配合，也有利于社会资源的最优配置。只有这样我们才能更有效地提高公路路产保护机构的权威，才能更有效地调动公路路产保护人员的积极性和能动性，从而提高路产保护的工作效率，更好地维护当事人的合法权益。

在全国设置统一的公路路产保护机构，是提高公路路产保护效率的前提，是由公路路产保护的整体性和系统性决定的，是管理科学理论的基本要求，也是国外许多国家实践证明了的有效经验。裁并机构，实行统一领导，实现职能部门化和专业化管理，符合精简效能原则。同时要考虑机构设置中的管理层次和管理幅度，实行分级管理。明确上下级之间的分工，确定各部门的职权，以实现工作的高效有序。统一领导和分级管理是紧密联系，不可分割的统一体。统一领导是前提，分级管理是统一领导的保障。因而，要对公路管理机构进行改革，以解决机构重复设置的弊端。

统一公路路产保护机构设置，并非易事。它需要对上下、前后、左右不同的机构进行整合，需要不断地完善部门间、系统内以及跨地区执法的沟通和协作机制。在公路管理机构内部，应该打破路政、养护和应急各自为政的局面，重新设置工作部门，调整工作机制，实行一岗多责，对路产保护的各项工作进行综合管理。如果没有厘清部门内部机构的职权分配，没有建立起结构合理、程序严密的权力运行机制，各个部门之间的矛盾会转化为部门内部矛盾，无法真正消除冲突。只有以行政效率为导向，充分考虑决策权、执行权和监督权的合理配置，建立起全国统一的公路路产保护机构，才能做到统一执法。只有以职能为基础，明确各自的职责范围，进行机构重组，才能建立起科学、合理的组织体系。只有建立起良好的协作机制，充分发挥各部门的作用，才能保证整个组织体系的高效运作。同时，应将分散的路政大队及派出的路政人员合并到路政管理机构，统一进行专业化管理，实现职能部门化，从而构建起焕然一新的公路路产保护制度。

公路路产保护在机构设置上应遵循精简效能的原则，以实现权责一致、提高效率的目标。公路路产保护工作涉及多个层次、方面、地区和部门，要使各个部门协调有序地高效运转，就必须精简机构，避免推诿扯皮，实现人力、物力、财力等资源的最优配置，从而更好地为公路路产保护服务。

三、明确路产保护的职权划分

（一）落实各级政府的路产保护职权

明确不同层级政府公路路产保护职权是提高路产保护水平的重要措施。公路是重要的基础设施，其公共基础地位决定了保护公路路产是政府管理的重点之一。明确各级政府的公路保护事权，依托事权，建立统一领导、分级负责的管理体制才能有效地保护公路路产。根据公路等级和其在路网中功能的不同，国道、省道、农村公路的管理事权分别属于中央、省级、市县及以下人民政府。国道由交通运输部负责规划，具体的公路路产保护工作委托省级公路管理机构负责，中央应加大对国道保护的资金投入。省道由省、自治区、直辖市的交通运输主管部门规划，其路产保护由相应的公路管理机构负责，其资金由省级政府负责筹集。县道、乡道规划由地级市、县级交通运输主管部门编制，路产保护由县（市）公路管理机构和乡（镇）人民政府负责。同时结合行政管理体制改革中减少行政层级的趋势，逐步推行"三级设置、二级管理"的管理模式，即国道、省道实行省与市垂直管理、以省为主的模式，农村公路则实行省指导县、以县为主的管理模式。省级公路管理机构可以整合其他独立存在的路政管理机构、高速公路管理机构等，以此来解决多元化、分割式管理带来的种种弊端。省、市交通运输主管部门应加强对农村公路路产保护的行业指导。县级交通运输主管部门是农村公路管理的实施主体，乡（镇）人民政府应做好村道并协助做好乡道的路产保护工作。高速公路的路产保护与一般公路有相同之处，但也有自身的管理特性。按照《公路法》对收费公路路政管理的规定，省级交通运输主管部门应实行"一厅一局"的管理模式，不再设立高速公路管理局；按照"集中、统一、高效、特管"的要求，省级范围内实行属地管理与分段管理相结合的形式，即由地、市级交通运输主管部门和公路管理机构组建高速公路路政管理机构，负责辖区内高速公路路产保护工作。

在公路路产保护中，各级政府应该承担领导责任，着重做好以下几个方面的工作。

第一，加强超限超载运输车辆的治理。近年来，超限超载运输违法现象频频出现，引发了大量的交通事故，严重损坏了公路路产。超限超载治理难度大，需要在各地政府统一领导下，各相关部门联合、协作，建立起治超长效机制，才能做到从源头上治理，从而使各项政策措施真正落到实处。各级政府要按照《关于加强车辆超限超载治理工作的通知》的相关要求，把治超工作列入年度工作重点，对相关部门实行严格的责任追究制，落实治超经费，健全治超监控网络，积极解决治超工作中出现的问题。

第二，加强农村公路路产保护。随着近年来农村公路通车里程的不断增长，农村公路路产保护能力与保护需求之间的矛盾日益严重。各级人民政府应根据农村公路路产保护的实际需要，进一步完善组织机构的设置、厘清各个部门的权责关系，合理安排农村公路保护资金，加强监督管理，保证农村公路保护的各项政策措施真正落到实处，真正建立起适应农村公路发展实际的公路路产保护体系。此外，地方政府还应做好农村公路保护的宣传及沿线群众爱路护路村规民约的签订等工作。

第三，加强公路突发事件应急管理。各级人民政府应根据《突发事件应对法》《公路法》和《公路安全保护条例》等相关法律法规，积极组织交通运输主管部门和公路管理机构制定地震、泥石流、雨雪冰冻灾害等公路突发事件的应急预案，组建应急队伍，定期进行应急演练。同时要完善公路突发事件应急物资储备保障制度，利用信息化等手段，建立起高效的公路突发事件应急处置机制，充分发挥路网的疏导功能，从而提高应对公路突发事件的能力，以更好地保护公路路产。

第四，其他方面。公路路产保护工作具有很强的综合性。保护公路路产应该从行业行为向政府行为转变。各级政府要加强领导，制定相关的规章、制度来加强公路路产保护，建立起"政府主导、部门联动"的公路路产保护工作机制，形成路、地、警等部门联动执法体系，合理利用多方资源并督促各相关部门落实公路路产保护工作，为公路路产保护营造良好的执法环境。

（二）明确相关部门的路产保护职权

明确各相关部门职权，加强分工协作，是公路路产保护工作有效开展的重要前提。在公路路产保护中，要处理好交通运输主管部门和公路管理机构之间的关系。交通运输主管部门的宏观指导和公路管理机构的微观管理有效结合，是提高公路路产保护水平和完善公路路产保护制度的重要途径。交通运输主管部门和公路管理机构之间的关系应是决策和执行的关系。要准确定位交通运输主管部门和公路管理机构的角色，推进决策和执行的适度分离，做到权责明确、分工合理。制定公路法律规范和相关政策等抽象行政行为的职能，原则上由交通运输主管部门集中行使；公路行政执法等具体行政行为的职能，原则上由公路管理机构集中行使。各级交通运输主管部门在公路路产保护过程中要切实履行宏观管理职能，做到不越位、不错位和不缺位，当好"裁判员"。按照《公路法》《路政管理规定》及《公路安全保护法》等相关法律法规的要求，把保护公路路产的具体职能切实赋予公路管理机构，并对公路管理机构进行有效的监督。各级公路管理机构要准确定位，从加强自身建设入手，积极探索提高公路路产保护水平的有效途径，切实提高公路路产保护的能力。此外，还必须尽可能明确与其他行业部门，如公安交管部门、国资管理部门在公路交通安全、公路路产管理等与公路路产保护相关的职责权限。在具体的公路路产保护工作中，公路管理机构发现交通事故时，应向公安交管部门通报。公安交管部门发现由交通事故造成的公路路产损害时，应向公路管理机构通报。这样在权责明确的前提下，建立健全部门配合协调机制，以便更好地保护公路路产。

公路路产保护工作综合性强，涉及部门较多。做好公路路产保护工作，必须依靠地方政府的大力支持和相关职能部门的密切配合，将单一交通行业的行为转变为整个社会的行为，将单纯交管部门的行为转变为政府主导的综合行政行为。各级政府应在路产保护中起到主导作用，同时建立起发展改革委、公安、纪检、城建、工商、交通等部门共同参与的"大路政"管理体系，形成公路路产保护工作的长效机制。

分工协作是对公路路产保护的客观要求，只有做到分工协作，公路路产保护在资源配置、信息传递等方面才能取得良好的效果，才能有利于公路路产保护工作的统一协调，从而提高我国公路路产保护的效能。在整个公路路产保护系统中，既有中央和地方等各个管理层次，有法律、行政、经济、技术等多种保护方式，也有组织、协调、控制、反馈等多个环节，这些并不是独立的，而是相互配合，相互作用的。只有坚持分工协作的原则，按照各自的职能运作，才能提高公路路产保护的效能，从而适应公路路产保护系统性和协调性的特点。根据管理学中管理幅度和管理层次理论，我国公路路产保护应坚持分工协作的原则，合理划分管理层级，明确不同层级、部门的管理权限及它们之间相互配合的要求，以实现中央和地方、交通运输主管部门和公路管理机构、公路管理机构和其他行业部门之间的分工协作。从而形成统一领导、分级管理的模式和分工协作、协调运行的机制，以便最大限度地保护公路路产。

四、丰富和完善路产保护手段

公路路产保护手段，是路产保护主体对客体实施保护的桥梁，在很大程度上决定着路产保护的水平。在具体的路产保护工作中，不能单纯地通过行政命令权、行政处罚权，靠收取路产补偿费来加强对公路路产的保护。路产保护还应充分发挥舆论手段的作用。从一定意义上说，破坏公路路产现象层出不穷的根源在于我国公民的法制意识和路产保护意识的淡薄。很多公民对路产保护工作不了解，对相关的法律法规也不熟悉，这也是公路路产纠纷时有发生的重要原因之一。因此，路政执法人员应加强公路路产保护的法制宣传教育工作，可以结合《公路安全保护条例》颁布实施的有利契机，深入城区和乡镇开展宣传，让群众了解相关的法律法规，在全社会形成爱护公路、依法保护公路路产的良好氛围。这样既可以让广大群众深入了解路政执法目的，又可以让全社会监督执法行为。此外，政府还应考虑建立公路路产保护宣传教育的长效机制。例如，可以借助各种宣传阵地，如宣传车、宣传单、电视、报纸、条幅、标语等，加大对公路路产保护的宣传力度，使公民能熟悉公路路产保护的相关法律法规，从而做到知法守法，并积极参与到公路路产保护的实际中来。

此外，应提高公路路产保护中的科技含量，加强路政装备的改善，借助信息化手段确保公正执法，以更好地实现保护公路路产的目的。具体而言，就是要加强技术支撑体系建设，将路政 GPS 卫星定位系统、执法文书现场制作系统、超限超载运输车辆查询系统、综合管理信息等系统尽快投入使用。建立远程监控平台，形成全部覆盖的治超监控网络。通过这些系统的应用，既可以对路政人员的执法过程进行有效的监督，又可以落实路政执法责任制，从而提升公路路产保护的能力。

在具体的路产保护实践中，应根据实际情况，综合运用多种手段，实现静态保护和动态保护的结合，并对其加以丰富和完善，从而实现多层面、全方位的路产保护，以期达到最佳效果。

五、加强路产保护的队伍建设

公路路产保护工作情况复杂，涉及面广，处理难度相对较大，没有一支思想好、纪律严、效率高的执法队伍，路产保护工作就很难有序开展。公路路产保护的效果和水平在很大程度上取决于公路路产保护执法队伍综合素质的高低，建立一支正规化的路产保护执法队伍迫在眉睫。首先，要转变执法人员的执法理念，把"服务人民，奉献社会"的职业道德教育摆在路政执法队伍建设的突出位置，使执法人员牢固树立"以人为本"的服务理念，增强责任意识，在行使依法治路、保护路产职权过程中，自觉维护法律权威，真正做到有法必依、执法必严。其次，要提高执法人员的综合素质。完善招聘制度，严把队伍"入口关"。对新入职人员的学历、体能标准等作出明确规定，本着公开、公正、公平的原则进行统一的招录考试，从源头上提高人员素质。同时加强岗位培训，规范执法行为。在具体实施的过程中，应坚持对执法人员进行法律及专业知识教育，定期举办路政人员培训班，使执法人员具备跨学科的知识，掌握公路工程学、法学、行政管理学等多学科知识，全面增强路政人员的执法能力。最后，还要规范考核制度，加强执法监督，对违法行为要及时纠正，依法处理。按照《交通运输行政执法评议考核规定》建立科学的绩效考核机制，坚持多层次、多角度地进行考核，规范考核主体和形式，量化德、能、勤、绩、廉等方面的内容，平时考核与年终考核相结合，以保证考核工作的连续性。通过规范各项制度，树立"廉洁、务实、高效"的路政执法队伍新形象，从而全面提高公路路产的保护能力。

六、提高路产保护的经费保障

路产保护经费是保证公路路产保护工作正常开展的经济基础。经费落实不到位，直接影响到执法装备和执法人员，也在很大程度上影响着公路路产保护工作的正常开展。因此，根据《国务院关于加强预算外资金管理的决定》，应将公路路产保护经费纳入统一的财政预算，由国家财政负担路产保护的经费，实行专款专用。可以由省级路政管理机构统一预算，纳入省级财政预算；也可以根据各省市的实际情况决定其路产保护经费是由中央财政全额拨付还是两级财政按比例共同负担。公路路产保护经费纳入财政预算，充分体现了事权和财权相对应的原则，不仅厘清了各管理部门的职责权限，还有利于加强财政监管，确保了公路路产保护经费来源的稳定性，从而规范了公路路产保护经费的使用，确保公路路产保护各项职责真正落到实处。

依法收取的公路路产损失赔（补）偿经费应遵循专项使用的原则，不得截留、挪用；凡属于恢复公路路产的经费必须及时、全额地用于公路路产的恢复。随着公路路产的不断增加和更新，公路路产赔偿标准也应作出相应的调整，以便适应形势发展的需要，从而更好地保障当事人合法权益。同时，应该增设特殊职能专项经费。例如，为了更好地保护公路路产，各省应当增加治理超载超限运输的专项经费和用于公路应急安全保障的专项经费，并将其列入各级财务预算中，建立起保障专项经费的长效机制，为公路路产保护的各项工作提供充足的物质保障。

第十章 公路路政档案规范化管理

第一节 公路路政档案规范化管理概述

公路路政档案规范化管理需要一定的理论及归档要求做支撑，本章是以行政管理理论为基础，系统分析公路路政档案规范化管理的内涵、归档要求及相关概念，以便为后文的具体分析奠定一定的思维基础。

一、规范化管理内涵

规范化管理本质上是管理系统运行分析与设计的方法论。规范化管理是为管理规范化活动（重点是规范化研究）提供组织管理与技术指导的理论与方法体系。规范、管理工作规范、管理规范化活动、管理规范化研究，是规范化管理知识体系中最为基础的几个概念。

人们在实践中使用概念的模糊性，管理规范化也可以更一般地称为规范化管理。也就是说，如同科学管理、全面质量管理等概念一样，规范化管理在不同情况下也可以有不同的理解：或者作为一种管理理论（知识体系），或者作为改进管理的活动——在规范化管理理论指导下开展的管理规范化活动，甚至还可以作为一种管理状态——实现了规范化管理理论所希望达到的科学化、规范化状态。当然，在学术领域，为避免概念使用的混乱，我们更多地使用"管理规范化活动""管理规范化研究"概念。由于管理业务在不同情况下有不同的称谓，这些称谓都可以在规范化管理之前冠之，如分别称为政务规范化管理、司法规范化管理等。

本章研究是在学术领域内规范化管理研究。规范化管理可以这样理解，强调的是在管理的过程中，要充分体现人的价值，而不是把人当作一颗螺丝钉和齿轮，是在对人的本质特性准确把握的基础上，通过确立一套价值观念体系来引导下属员工的意志行为选择。规范化管理具有四个基本特征。第一，系统思考。贯彻整体统一、普遍联系、发展变化、相互制衡、和谐有序、中正有矩六大观念。第二，员工参与。让每一个员工都参与到规则的制定过程中来，以保证其理解、认同和支持。第三，体系完整。有完整的思想理论，对企业管理的方法和技术进行整合和协调。第四，制度健全。有能构成企业组织运行规则，健全组织成员行为激励诱导机制的管理制度。

二、路政档案规范化管理内涵

路政档案管理规范化，是指依据路政档案开展管理事务的规范、运营框架或流程，包括计划、组织、领导、控制等流程形成统一、规范和相对稳定的管理体系，并在路政档案的管理工作中，按照这些组织框架和运营流程实施，以期达到路政档案管理工作井然有序和协调高效的目的。

路政档案规范化管理，是建立在路政档案管理规范化的基础上，依照路政档案的运营流程或框架对组织体系进行建设和管理，解决路政档案管理中的集权与分权、人治与法治；要求对路政档案运营的流程形成制度化、流程化、标准化、表单化以及数据化；要求路政档案建立以责、权、利对等为基础的管理框架，通过这种规范化的建设，使路政档案常规的事件纳入制度化、数据化、流程化的管理，以形成统一、规范和相对稳定的管理体系，以此来提高工作质量和工作效率，保障公路行业健康有序的发展。

规范化管理在路政档案工作上涉及多个方面，最主要体现在路政档案的机构与组织管理、路政档案的基础设施、路政档案的基础业务、路政档案的开发利用方面。对路政档案全面推行规范化管理，是贯彻落实《中华人民共和国档案法》（以下简称《档案法》）《公路法》的具体体现；是政府实施规范化、服务型政府的实际举措；是全面提高路政档案管理水平的有效手段；同时也是推动路政档案事业向前发展的有力措施。

三、从行政管理视角诠释公路路政档案规范化管理

公路路政档案管理分类，属于公路行政管理的逻辑起点。从现有公路路政档案管理的分类及内容来看，学界对公路路政档案还没有统一的认识，这就导致了在具体的路政管理活动中，无法有效地保护及管理公路路政档案。笔者认为，公路路政档案是路政管理机构在行政执法过程中形成的，具有保存价值的文字、图表、数据、声像等各种形式载体的文件材料，凡是路政管理机构在路政执法过程中产生的文书、文件及笔录等资料都应归属于

公路路政档案，而公路路政档案管理的课题也就是这些各种各样的文书资料。路政档案管理是路政内业问题范畴，而内业又是零碎的、散乱的，因此对路政档案做以明确分类是当务之急。法律讲究的是有法可依、有法必依，路政档案管理必须做到有法可依。对路政档案进行规范化分类，有利于制定执法案卷统一的标准，监督执法程序的合法性，也使执法依据的填写能够做到准确无误，自由裁量权运用较为适当，文书格式更加规范。这一切都为规范路政执法行为、减少不必要的案件纠纷奠定了坚实的基础。笔者认为路政档案可以划分为十二大类，按照此大类进行路政档案管理无疑是路政档案走上法制化、规范化的题中之义。所谓十二大类是指：公路路产管理档案、公路两侧建筑控制区管理档案、路政许可档案、公路行政处罚案件档案、公路赔（补）偿案件档案、公路行政强制措施案件档案、公路行政复议诉讼案件和国家赔偿与追偿案件档案、公路超限运输审批与治理档案、专项综合治理档案、路政人员服装装备器材档案、路政巡查与督察档案、其他综合信息类档案。十二大类关于执法案卷的各类档案里，对需完善的内容作了统一的规定。按十二大类归档后，资料做到了分类明晰、一目了然。十二大类分类归档是对所有行政案卷、所有台账报表、执法队伍管理措施等最全面、最明晰的分类方法。按广中有精、精中有细的十二大类开展路政工作，去组建路政内业档案，使路政管理工作做到全面发展，促进内业管理日趋规范化、精细化。

公路路政档案管理是行政管理在公路产业的具体延伸，其具体的管理内容、管理方法及管理理念都要以行政管理学理论为基础，从行政管理视角诠释公路路政档案管理十分必要。行政管理学是一门研究政府对社会进行有效管理规律的科学，而政府对社会进行有效管理的手段有行政手段、经济手段和法律手段。然而不管是采取哪一种手段，最核心的就是要在法律法规的范围内活动，因此从这个视角来分析公路路政档案管理，可知公路路政档案管理需要相应的法律法规来给予一定支撑。目前，公路法体系中，《公路法》《档案法》《公路安全保护条例》《路政管理规定》等都零散地提到了路政档案，但是没有系统而规范的法律规定，从而导致公路路政档案管理无法走上规范化、法制化道路。公路路政档案管理作为行政管理的一个具体延伸，其不仅需要行政管理理论及方法作为支撑，更需要在法学范畴内构建其规范化的法律制度，以政府公共服务理论为核心价值，以保护路产、维护路权为根本目的，最终确保公路产业发展的法制化、规范化。

四、从归档要求视角阐释公路路政档案规范化管理

公路路政档案管理是一个系统工程，其具体的归档要求自然更为精细和翔实。从归档

要求视角审视公路路政档案管理，可知公路路政档案管理迫切需要规范化。公路路政档案的归档要求如下。第一，各种公路路政档案和台账要逐季、逐年分类装订存档；未经批准不得丢失、损坏、销毁和外调。第二，归档的档案材料同一类的应格式一致、书写装订工整、字迹图像清晰，符合规范化要求。禁用圆珠笔、铅笔书写。第三，文书档案管理人员对办案移交的案件文书应及时处理。行政处罚案件文书采用一案一卷方式立卷；一宗案件的文书立一个案卷，独立装订，并加制卷皮（含封面和封底）。卷内文书、材料应当标明页码，装订排列应当整齐有序。卷皮封面应当标明案卷名称、编号等内容。同时，随着公路事业的发展以及现代科学技术迅速融入公路行业，对路政档案管理工作的要求也越来越高。路政档案管理要实现规范化、现代化和科学化。有必要利用计算机通信技术和网络技术，实现路政内、外业相互沟通，同时有利于执法文书和执法程序的科技化。为了获得档案的第一手资料和档案的真实性，可以借鉴其他执法部门的管理经验，给执法人员配备数码相机，在每一台执法车上配置必要的硬件设施，如在执法车上安装计算机以及全球定位系统等，做到案件的现场执法处理。同时也有利于路政执法效率的提高。档案最主要的目的是开发利用，在路政档案文件材料归档和保管做好的基础上，还应该做好公路路政档案的开发和利用，发挥档案的独特作用即服务这一主题，为公路建设、管理、养护等工作提供有效的服务。此外，公路路政档案是反映路政档案管理机构历史真实面貌的重要依据，是路政管理决策和制定政策的基础，也是衡量路政管理科学化和现代化的重要尺度，更是路政管理工作的重要法律凭证。根据这一要求，路政档案管理必须在法律法规的范畴内活动和运行，否则便不能做到精细化和规范化，这也是路政档案管理对行政管理学发展到现在的必然回应。

五、从《档案法》阐释公路路政档案规范化管理

《中华人民共和国档案法》是我国档案事业的龙头法。公路路政档案管理必然要在《档案法》的规定范畴内运作，但又应具有自己不同的管理特色。路政档案涉及面广、文件材料种类繁多、周期长短不一，这些特点给文件材料的收集和积累的准确性、完整性，带来一定的困难。因此，做好档案管理工作，必须始终坚持贯彻落实《档案法》，依照有关法律和上级的规定，根据相关公路法律、法规，制定本单位的档案管理制度、健全档案材料、完善档案的立卷归档制度、档案查阅和借阅制度、档案鉴定销毁制度等，做到按制度管理人和事情，科学建档、科学管理。明确路政内业和外业人员职责，在资料的收集和归档工作方面严格要求、规范内外业人员；在归档和保管方面严格按照档案管理的相关标

准进行，使路政档案管理工作向规范化和法制化的方向发展。笔者认为，路政档案是档案的一个重要分类，其相应的档案管理要遵循《档案法》的基本规定。同时，路政档案又与其他的档案不同，其针对的是路产和路权，是档案在公路产业的具体应用和延伸，其在管理时要遵循特殊法，即《公路法》《路政管理规定》等公路法律法规，对公路路政档案进行特殊的管理和监控。具体来说，公路路政档案管理需要加强制度化建设。要制定公路路政档案管理办法、归档范围及保管期限，统一公路档案管理工作标准，达到制度化、规范化、标准化的要求，同时要提高认识，加强公路档案管理，加强监督指导。通过制度化建设达到公路路政档案管理的规范、标准。为了使公路路政档案工作走向法制化、制度化、规范化的轨道，发挥公路路政档案的作用，做到以法治档：一方面，要建立和健全各类档案规章制度，使档案工作逐步达到规范化、标准化、制度化；另一方面，是更新管档治档观念。管理档案，不仅是为了保存，也不是资料的堆积，更重要的是为了开发利用。在档案管理过程中长期以来遵循的是传统的管理方式，不同程度地存在着"看摊守堆"，因此，必须改变旧的治档方式，认真履行《档案法》赋予的职责，以法治档。在《档案法》的指导下，根据公路法律规范，构建公路路政档案管理的规范化流程。规范化建设是公路路政档案管理的重要发展目标之一，这个过程需要漫长的努力和实践，这也是路政管理机构的神圣使命。

第二节　公路路政档案规范化管理问题的提出

路政档案是衡量路政管理科学化和现代化的重要尺度，是路政决策和制定决策的基础，其管理水平的高低直接影响着路政管理工作的好坏。由于管理制度不完善，领导和档案管理人员不重视，管理技术与现代化、信息化脱节等原因，在实际工作中使路政档案管理工作处于低水平运转，制约了路政管理工作的有效开展，致使公路不能为社会提供更好的服务。

一、公路路政档案管理机制问题

公路路政档案事业随着我国公路建设的发展取得了很大的成绩，例如，从基础设备、设施上有了很大的改善等。但总体上讲，公路路政档案事业仍处于相对滞后局面，其发展极不平衡，既不能为公路路政管理提供管理决策的信息资源，也不能满足公路建设发展的要求。究其原因，虽有客观条件的限制，但从档案管理机构自身角度而言。例如，人员素质不高，思想观念落后，积极性、主动性不强等，明显制约了公路路政档案工作的发展。

（一）路政档案机构缺乏复合型人才

随着公路建设事业的飞快发展以及现代科学技术的突飞猛进，路政档案的工作也发生了很大变化。随着信息化、现代化、网络化的发展，对路政档案管理人员的要求越来越高。在档案管理上不仅需要成为档案管理的"专才"，还要成为"通才"。因为在知识经济时代，档案工作很多问题的解决已不可能是仅靠档案专业知识技能完成的，许多新兴学科本身就涉及了多学科综合知识，所以确保培养有能够持续健康发展的"专""通"兼并人才，才能适应不断变化和发展的科学技术和社会需求。路政档案人员那种封闭半封闭的工作状态和被动服务的态度，不但严重影响了档案本身的价值，而且也是对路政档案工作创新的最大障碍。

领导不重视制约着路政档案管理的规范化。路政档案管理工作与路政管理及公路建设的发展不相适应。其中，最主要的就是路政档案机构的领导没有把路政档案工作放到工作的重要日程，对路政档案管理工作认识不清，没有引起足够的重视。因此在设置路政档案机构中，就出现了对档案专职人员的配备、资金和档案室的配置都不积极支持。例如，一些路政档案机构的领导认为档案管理工作可有可无，档案管理的工作处于无人问津的状况，档案失去了其应有的功能。还有一些单位的领导把本单位的办公文书职能与档案的工作职能相混淆，在档案管理工作方面不配备专职人员等，这些都严重地影响了档案管理工作的质量，使档案管理的专业化水准落后，更谈不上档案管理的规范化。

（二）路政档案服务机制问题

路政档案机构是档案工作服务公路经济和社会发展的基地和窗口，服务工作是路政机构的中心工作。随着公路事业的高速发展，路政档案服务机制也应随之改变，在服务创新机制中取得了一定成果。但在实际的路政档案管理工作，路政档案服务机制尚有不完善的地方。

路政档案服务理念上的创新不足。路政档案工作的根本目的是为路政管理提供决策与管理的依据，为公路的建、管、养提供有效的服务。长期以来路政档案机构视为保密机构，致使路政档案的信息资源得不到广泛利用，严重地阻碍了路政管理和公路经济的发展。路政档案的工作重心尽快转移到提供档案服务社会、服务经济建设上是当务之急。

路政档案服务实践上的创新不足。路政档案部门不是一个孤立的部门，它参与到路政外业、社会经济及社会活动中，与社会发展同步，不断提高路政档案工作的发展空间和面向社会的效益观。路政档案那种资源封闭，只讲投入，不讲产出，不求效益的观念已经严重降低了路政档案的经济价值和社会效益。路政档案管理要走向法制化、现代化，就有必要加强路政档案的宣传，主动为社会各方面提供服务。尤其是在开发路政档案信息资源方面，利用信息技术提供资源共享和咨询功能是路政档案管理要深化的服务任务。

二、公路路政档案管理制度问题

路政档案管理制度是路政档案管理工作的具体表现，是路政档案管理必须遵循的规章制度，在一定程度上促进了我国路政档案管理和路政管理的发展。随着国民经济的迅速发展，中国交通建设步入了一个崭新的阶段，公路建设事业得到了快速的发展，使路政管理和路政档案管理也发生了巨大变化。笔者认为，现行的路政档案管理制度复杂、不规范，致使在实际的具体执行中很难落实。在法制社会的新要求下，路政档案作为路政管理行政执法"有法必依"的重要途径，其管理制度也应该作出相应的调整和完善。

路政档案法律法规及规章的实际可操作性还需要进一步完善。路政管理的目的是在于维护公路合法权益，保障公路的完好、安全和畅通，促进公路事业的发展。省级公路实行开放式管理。大部分是二级公路，公路沿线村民受"若要富，先修路"思想的影响，村民发生侵占公路路产的事情到处可见。村民对公路用地的概念也比较模糊，出现侵占公路路权的现象就会经常发生并屡禁不止。一些地方政府轻视法律，通过一个口头通知或者一纸文件，公路路产就被无偿占用。路政机构对此既不能阻止也不能依法处理。路政管理执法方式的不完善说明公路法治进程的缓慢，因此，尽快完善路产档案保护法律法规才是当务之急。

路政档案管理在具体规范制度方面的法律法规还不是很完善。尤其是在路政档案开放方面缺乏具体完善的法律法规，这就需要相关部门加快路政档案管理的法制进程。同时，路政档案管理的具体内容还没有统一的体系，这也是路政档案管理规范化的重要课题。此外，路政档案管理实质上是行政管理活动，而这种行政管理活动就需要一定的内部或外部监督来规范，于是路政档案管理的行政监督也成为一个重要问题。

（一）公路路政档案的权属问题

明晰路政档案的权属问题是路政档案规范化管理的关键。明确国家档案馆、路政管理机构和路政档案机构的法律关系，是公路路政档案权属的题中之义。具体来说，路政档案的管理权、所有权、建档权、知情权和监督权等都应该在法律法规下进行明确的规定，如《公路法》《路政管理规定》规定路政管理工作应当遵循"统一管理、分级负责、依法行政"的原则。但是，在公路路政档案管理的具体操作中，相关法律法规之间并没有协调一致，如《档案法》《档案行政处罚程序暂行规定》均明确规定县级以上档案行政管理部门为执法主体，而《公路路政档案管理制度》规定：省公路管理机构的路政机构是负责全省路政档案管理工作的指导、监督和考核，没有具体明确公路档案管理权限主体。再者，公路管理机构具有行政执法主体的资格，但是在具体执法中，理论与实际往往不相符，有的则是交通主管部门的委托而没有执法主体资格，在路政档案工作中，就极易产生管理空白或多重管理的现象，从而不利于公路路政档案管理的规范化及法制化。

（二）公路路政档案的收集、归类和保管问题

公路路政档案的收集、归类和保管的流程缺少规范化管理。《路政档案管理制度》只是规定路政档案有内业专人负责收集与整理，对于具体的操作程序及方法没有流程性的规定。例如，路政档案工作人员在对照管理办法整理档案时发现了许多问题，路产管理资料如何归档，办法没有细化，没有明确的卷内目录。而且各个路政档案管理机构的路产资料名称没有规范，从而不太清楚资料的组卷先后。路政巡查该如何归档也不明确，路政执法的案件如有续案该如何归档、档号如何编写等。此外，也没有相配套的规章制度，于是就造成了公路路政档案收集、归类及保管的非规范性。根据《档案法》档案的管理应该先收集、归类之后才能进行规范化的管理。但是，在公路路政执法中，由于执法设备的落后、执法人员素质的缺乏以及公路内业外业的脱轨，造成了公路路政档案无法及时收集归类，结果导致公路路政档案的无形流失，对公路路产间接造成了损失。综上所述，公路路政档案管理是一个系统性的工程，需要规范化和程序化的步骤，如收集、归类、管理、销毁等程序，才能确保公路路政档案的有效性及参考价值，为公路产业的规范化发展奠定了坚实的后盾。

（三）公路路政档案的开放利用问题

路政档案充分有效开放利用的"瓶颈"在于相关法律法规内容尚未完善。随着路政档案信息化建设和政务公开建设的发展，路政档案也在加快进程，以促进路政管理和公路行业的飞快发展。虽然路政档案开放利用工作在实际中取得了一定成果，但也出现了一些理

论与实践不相符的情况。例如，档案开放利用程序过于复杂，不符合新公共政府理论即服务性政府要求，不利于公路行政相对人依法活动的展开。因此，公路档案的开放利用应该简化程序，坚持"以人为本"的政府服务理念，将路政档案开放流程及时间尽量缩短，以便为相对人提供更好的政府服务。同时保护路产、维护路权，为公路产业的发展作出相应支撑。

三、公路路政档案管理技术问题

信息化的飞速发展给路政档案的发展带来了根本性的变革。路政档案只有引进并运用先进的信息化管理，直接改变档案的记录方式和存储方式，才能在互联网的平台上实现资源共享和体现档案的实际经济效益。随着公路路政建设的发展，路政档案管理需要逐步实现管理上的规范化，这就要求采用新技术，特别是信息技术来代替某些传统的管理手段和方法。目前，国内的路政档案管理主要是以行政管理为主，缺少基础数据库，而且在档案信息资源共享的法律法规方面也有空白和不足，就会产生决策上缺乏科学性，随意性比较大的局面。因此尽快完善路政档案信息化出现的问题也是当务之急。

（一）数字化的标准问题

路政档案信息化建设基于其信息资源的数字化。档案数字化是档案管理利用中采用现代科学技术发展的一种新事物。在近几年的档案发展过程中，路政档案信息资源的数字化建设取得了较好的成绩，逐渐从传统的纸质档案管理迈向纸质与电子文件相结合的形式发展与转变，但在此过渡阶段还有一些问题需要完善。

信息组织标准是建设路政档案信息资源数字化的基础。随着信息化社会的发展，计算机和现代通信技术也融入了路政档案。如光盘、胶片、磁带和数码相机等现代化工具的广泛应用，改变了路政档案单一的记录和保存信息方式，也方便了路政档案利用者查询和修改。但是由于对标准化把握得不严格，在技术要求和格式规范方面，没有作出统一的规定，如数据格式转换、通信规则、检索语言等不统一，导致在实际工作中出现了各建设单位各行其是，阻碍了路政档案信息网的形成和资源共享的实现，也造成了人力、财力和物力方面的资源浪费。应该说标准化问题已经成为路政档案数字化建设的薄弱环节，也是路政档案信息化建设的最大障碍，尽快完善标准化也是该问题解决的关键。

（二）数字化的范围鉴定问题

档案信息资源进行数字化的范围很难鉴定。路政档案信息资源的数字化也是由其实际应用价值而定的。在众多路政档案中，并不是所有的路政档案都具有保存价值和开发利用价值，而且也要考虑密级限定，哪些可以优先转化为数字化档案信息资源。另外对价值性原则中规定为"属于归档范围且永久或长期保存的、社会利用价值高的档案可列入数字化加工范围"。这些规范知识从宏观的角度对档案信息资源数字化进行理论政策规定，通常都是大范围的规定，使档案机构在实际工作中操作比较困难，如规范中"符合一定要求"的模糊规定，因人而异会有不同的档案记录结果。

进行档案信息资源数字化，增加了鉴定工作的难度。一方面，对传统纸质档案的鉴定方法和标准不能直接用于鉴定数字化处理后的档案信息资源，这也给路政档案信息资源数字化建设的鉴定增加了难度；另一方面，对鉴定数字化后的档案信息资源是否具有真实性、完整性、唯一性、标准性以及安全性的标准和措施都还不完善，使鉴定工作的依据不充分，就会产生档案机构具体的操作不规范。

（三）网络环境下信息资源的问题

档案信息网络化建设是路政档案工作应对公路发展的必然选择。在信息时代，为满足人们对路政档案信息"广、快、精、准"的要求和路政档案数量、种类的增多，建立规范的路政档案信息网络，进行路政档案信息网络化的管理已是迫在眉睫。但在路政档案管理网络化建设初期还存在着困难和问题，完善档案信息网络化建设，对路政档案管理及公路建设有很大的促进作用。

路政档案信息资源的资料和更新问题，是实现路政档案网络化管理的核心问题。长期以来路政档案馆藏信息资源不丰富，不但没有建立强大的路政档案信息资源数据库，而且在图片、影像、声音等多媒体形式方面的路政档案信息资源也比较少。另外档案价值具有时效性，具体是指"档案对社会的有用性是有限的，某些档案在一定的时期内对利用者是有价值的，超过这个时间限制后则降低或丧失了其实际应用价值"。路政档案信息资源尤其如此，但在实际工作中，路政外业执法人员和路政内业人员有时候并没有协调一致，就出现了档案第一手资料的怠慢，例如，现场资料的勘查经过收集、整理、鉴定和数字化等一系列程序，中间每个环节都需要一定的时间，如果处理的时间过长或者有所遗漏，或者路政档案管理者对档案网站的更新意识不强，就不能及时有效地录入路政档案信息资源数据库，也使路政档案信息资源失效，不能为路政管理领导及公路建设提供决策和建议，也就失去其存在的价值。

（四）信息安全传输及利用的问题

网络环境下应充分考虑路政档案信息资源的安全传输与利用。在进行路政档案网络化初期建设时，发现在安全传输及利用方面存在着两个方面的内患。一方面，是影响路政档案网络化安全传输与利用的内部环境因素，主要是人员的防范意识、技术支持力度和管理机制问题等。"据有关资料显示，现在90%以上的网站存在严重的漏洞。网站遭到攻击，并不全因为对手高明，而是档案信息网络管理人员缺乏安全意识。"由于路政管理人员在网络维护方面没有进行系统和定期的培训，防范意识比较弱就直接影响了路政档案网络化的发展；另外传统的路政档案安全管理制度和法律法规已不符合高度复杂的网络环境档案信息网络化的发展。安全保障技术的滞后也是制约路政档案网络化发展的主要原因。引入的新技术与档案信息网站不相匹配，主要表现在：新技术在运用到档案信息管理系统中，在管理和安全保障技术方面不能很快地相融通，例如，档案信息网络传输技术和网络控制技术方面、档案信息加密技术方面等。另一方面，影响路政档案网络化安全传输与安全利用的外部环境，主要是网站遭到黑客攻击、恶意篡改和病毒侵害等因素引起的系统瘫痪、路政档案信息数据被盗的严重后果。要避免上述行为的发生，需要健全的法律法规去规范，以及档案信息伦理意识方面进行约束；还需要对档案管理者和利用者从道德方面进行教育。这样才能有利于档案信息资源的安全传输与利用，有利于路政档案管理网络化的正常运行。

第三节　公路路政档案规范化管理的问题分析

公路路政档案管理需要从理念、制度及技术这三个方面来进行规范，从而从宏观上构建路政档案规范化管理的理论及实践体系。此部分正是在公路路政档案管理实践基础上，通过查漏补缺寻找存在的问题，从而分析公路路政档案管理在理念、制度及技术方面的学科依据。

一、路政档案管理机制的分析

新公共服务理论是路政档案规范化管理的关键及目标，是路政档案向深层次、多样化服务创新的理论依据。新公共管理理论的竞争机制和企业管理模式又为路政档案提供了管理方法。借鉴以上理论对规范路政档案管理具有重要的指导意义。

（一）从新公共管理理论分析

新公共管理主张在政府管理中运用市场竞争机制改造政府，同时采用私营企业的管理理论和方法提高政府的管理效率。依据此理论，在路政档案管理机构中引进私营机构的管理模式，改革路政档案机构的发展方向，对路政档案规范化管理有重要意义。

引入竞争机制是提高其路政档案管理效率的有效途径。在路政管理机构中，要提高其效率，优化档案服务，降低行政成本，引入市场竞争机制是可靠的选择。为此，路政机构比照市场竞争的优胜劣汰、等价交换一类的规则获取经费等资源，同时需要与路政外业组织等机构进行竞争。还有必要在路政档案机构推广信息技术、重视档案工作人员的开发与管理和提高路政机构的能力。最主要的是，要在路政机构内部广泛实行绩效管理，明确规定路政档案机构应达到的工作目标，创造如量化绩效评定、签订短期就业合同、直接给予物质奖励等管理方式和技术方法，对最终的工作结果予以评价，奖励那些达到或超额完成预期目标的档案工作人员。

路政档案管理机构可借鉴由新公共管理理论主张引入企业管理模式。无论是公共机构的管理还是私人机构的管理在其本质上是相同的，两者的不同之处仅存在于私营机构具有卓越的管理水平，例如，在灵活、效率、质量、服务水平、创新能力等方面。基于这些路政档案管理机构有必要引入企业家精神，改造路政机构的行政文化，进而形成充满生机和活力的、具有创造精神和良好应对或应变能力的机构。与此同时，路政档案机构还有必要借鉴企业的管理理论、管理模式、管理原则、管理技术来改造，以克服路政档案管理机构的弊端，提高行政绩效水平，改进档案公共服务的质量。

（二）从新公共服务理论分析

新公共服务理论主张公共服务的精神。在实践中着重公民社会和公民身份，以公共服务的社会和民主为导向。新公共服务追求共同的价值观和利益是通过广泛的对话与公民参与来实现的，其本身又被视为公民权的扩张部分。而作为社会公共资源的路政档案，其服务是建立在公共行政人员全心全意为公民服务之上的，因此也具有远公共服务性。利用新公共服务理论的精神理念，以此来实现路政档案的公共服务职能具有一定的指导意义。

路政档案服务在市场经济条件下具有远公共服务的属性。由于新公共服务强调的是服务而非掌舵；公共利益是目标而非副产品；重视人而不只是生产率等。路政档案提供的服务是一项不确定性的公共产品，虽然路政档案关系到公路行业的建设、养护、经营、管理等各个领域，以及社会整体利益和长远利益，但对路政档案机构的投资很难在短期内得到回报。因此很少有单个经济机构愿意涉及无利可图的领域，路政档案无法通过提供服务来收回成本，但路政档案在市场经济条件下，路政档案服务却具有远公共服务的属性，不能以效益来衡量。公共服务理论刚好能规避公共服务的不利，其注重对公共服务提供与生产主体的约束，同时强调公共服务的社会性、开放性和共享性。路政档案公共服务，就是要把公共服务的理念应用到各层次的公共服务组织，并贯彻以人为本，满足人与社会的全面、协调、可持续发展。

新公共服务理论提出了公路路政档案的实质，即为公路路政档案管理者及利用者提供高效的服务。路政档案管理人员的工作方式应从管制型向服务型转变。对于路政管理机构的领导者，要重视并尊重档案工作人员，让员工参与决策。这样新公共服务的指导作用才显现出来，而且员工得到足够的重视，才会有创新意识，工作效率就会提高，反过来又会更好地为社会提供服务。另外，路政档案工作人员也应认真对待政治权威的责任，加强自己的责任意识，并做到对公民所承诺的服务兑现，意识到自己作为公共服务的提供者，应全心全意为公民提供公共服务，保证公民的公共利益。

二、路政档案管理制度的分析

路政档案管理制度主要包括相关法律法规制度的设计、档案管理具体内容设计及相应的行政监督体系。下文也正是从这几个方面来进行阐释的。

(一) 路政档案管理法律法规的属性与构建

"依法治国"是我国的重要治国方略，路政档案管理作为公路产业的一项重要活动，其也要纳入法制的范畴。路政档案管理是路政管理工作的集中体现，而路政管理势必要在《公路法》《路政管理规定》等公路法律规范范畴内运作。路政档案管理也需要有系统的法律法规来做基础支撑，以确保路政档案管理能有法可依。遗憾的是《公路法》和《路政管理规定》只是对路政档案管理作了宏观规定，不够具体，如《路政管理规定》只是在内业管理这一部分涉及路政档案管理，此外没有具体的法律规章或细则来作细致规定。同时，在路政档案管理这一方面，《公路路政档案管理制度》对从档案分类、管理、借阅及保管等方面作了较为详细的规定。但该制度仅仅停留在制度的范畴内，并不具有法律效力及属性，这就导致在管理中无法对路政档案管理进行法制化。此外，路政档案的对外开放问题也日渐成为路政档案管理的核心要义，因为路政档案设置的初衷就是为了方便有关机构和相对人对路产、路权的监督和保护。完善路政档案对外开放，主要是路政档案的借阅和保管方面，对路政档案管理规范化体系的建立意义匪浅。针对这一弊端，笔者认为，在遵循《公路法》《路政管理规定》的前提下，路政档案管理制度方面，有必要制定出更为详细的规章制度，尤其是在路政档案的对外开放方面设计更为完善的制度规范，从而构建规范的路政档案管理法规体系。

（二）路政档案管理具体内容的分析与设计

路政档案管理是一个系统的工程与体系，其内容自成一体，环环相扣，完备具体的路政档案管理体系有利于路产保护和路权维护。目前，在制度方面，路政档案管理缺乏系统的规范及制度，各个公路管理机构都有其自身的路政档案管理制度，导致公路路政档案管理没有一个系统规范的内容及范畴可以依据。从理论上来分析，路政档案管理本质上也是档案管理，而在档案管理这一方面，我国早在 1987 年就出台了《档案法》，对档案的分类、档案机构及其职责、档案的具体管理、档案的利用和公布都作了细致规定，这也为路政档案管理提供了宏观依据。因此，公路路政档案管理的内容体系在设计上可以参考《档案法》的内容。同时以《公路路政档案管理制度》为主体，从路政档案的分类与归档、路政档案的管理、路政档案的借阅与利用、路政档案的销毁、路政档案的保管期限、路政档案管理机构、路政档案管理工作人员的基本素质及培训、路政档案相关法律责任等方面，来构架完善的公路路政档案管理规章制度，为公路档案管理提供完备的内容体系。

（三）路政档案管理行政监督的理论与分析

路政档案管理是公路路政管理机构的重要行政活动，而任何一个行政活动都应在监督的范围内活动。路政档案管理作为公路管理机构的内部管理活动，为了对路政档案进行规范化管理，也为了防止路政档案管理人员的故意或过失造成档案的损毁，于是一定的行政监督是十分必要的。对于任何一个权力的运行，必须要具备一定的监督体系，才能保证活动的正常进行。在路政档案管理中，档案的分类归档、借阅与利用、保存与销毁都需要相应的监督来确保。具体来说，在销毁路政档案时，需要至少多个其他机构人员来做相应的监督，确保档案销毁的规范性，也防止档案的流失与毁损。这是对公路管理机构，对档案管理机构或人员管理档案行为的监督。此外，交通主管部门及其他公路管理机构也可在体系内对路政档案管理进行一定的监督，以权力之外的机构来监督，在很大程度上可以防止内部权力寻租，确保路政档案管理的规范化。此外，随着科技发展，路政档案的电子化也日渐提上日程。纸质版档案如何转化为电子版档案，这个也需要一定的行政监督来完成，以完善的监督体系确保这一过程的顺利有效进行。

三、路政档案管理技术的分析

公共选择的电子政务理论为路政档案管理提供了技术保障，知识管理明晰了路政档案管理的核心价值体系。结合其理论有益于路政档案管理走向规范化的方向发展。

（一）电子政务视角分析

电子政务是政府决策优化的必然选择，极大地改变了政府决策的程序和范围，同时也是对传统政府决策模式的再造。电子政务主要运用信息及网络通信技术而建构的一个虚拟机关，目的主要是为政府机构、企业及社会公众提供一个相互交流的信息化平台。随着高速公路网广泛迅速的发展，在路政档案管理中引入信息技术，有利于档案建设各个环节与相关机构密切衔接，以及各种档案信息资源整合，促进路政内业与外业之间的协调发展。运用电子政务对促进路政档案规范化管理具有很大的启示作用。

1. 电子政务视角看政府失效

政府弥补市场缺陷的方式主要是通过制定和实施公共政策，即政府决策。公共选择最主要的理论就是政府决策，通常所说的政府失效即是政府决策失效。表现为一项公共政策在实施过程中效力退化或丧失而不能优化配置社会资源。政策失效主要体现在没有达到预期的社会公共目标，即使达到了社会公共目标，所投入的成本也会大于所带来的效益或者是带来严重的负面效益等。按照电子政务理论的观点，认为政府失效主要是因为公共决策本身的复杂性，公共政府决策的方法及信息获取渠道等方面。政府制定与实施政策不是最大限度增进公共利益服务，而是通过自己获得信息和效用最大化原则制定决策。这种方式很容易导致信息的失效性，进而使政府决策结果不能达到预期的目标，造成人力、物力和财力的浪费。电子政务的兴起则很好地解决了传统政府决策模式的弊端，在提高决策质量和水平上具有明显的优势，有利于实现政府决策的科学化和民主化。电子政务理论是克服政府决策失效应用于实践的具体体现。

电子政务的基础是信息技术。电子政务就是运用现代信息技术再造政府，将政府改造成一个精简、弹性、创新、有应变能力、高效率的良好政府。电子政务成为公共管理服务质量提高的理由，也是现实政府责任的更为快捷的途径。电子政务基于网络和信息技术可以保证政府决策系统在决策信息的输入、传递、加工、反馈等环节，以实现政府办公的信息化，从而达到政府决策的优化和社会资源的优化配置。电子政务有利于决策过程的公开化和民主化，让公众借助电子政务的平台及时有效地参与政府，也有利于政府向服务型的政府转变。借助信息网络技术可以实现政府和公众的直接联系，减少政府的垄断地位和寻租行为的发生，对政府决策实行有效的监督。

2. 从电子政务角度分析路政档案管理

电子政务是借助信息技术对政府事务的管理。我国关于电子政务建设的战略决策涉及的内容很多，最主要的电子政务可以概括为以下几个方面。政府内的电子政务，政府与政府的互动。中央政府与各级地方政府之间、不同地方政府之间、政府的各个机构之间、政府与公务员和其他政府工作人员的互动，如政府间的电子公文系统、政府间的电子法规政策系统，还有政府间的业绩评价系统等。政府对企业的电子政务，主要是政府在电子采购与招标时，以及办理电子证件和电子税务等业务时，通过电子网络精简管理业务流程，进而提高政府的办事效率，与此同时企业非常方便迅速地从政府获得各种信息服务，避免一些不必要的人力、财力和物力的资源浪费，从而推动企业的发展。政府对公民的电子政务是最重要内容，主要涉及的是政府为公民提供信息服务通过电子网络系统，例如，对公民进行教育的培训服务、公民信息服务和电子证件的服务等各种服务。路政档案属于政务系统，其档案信息化也属于电子政务的概念范畴。路政机构是交通部授权的国家行政管理机构，路政档案机构是政务系统的保管基地，通过引入电子政务理论，为路政档案管理的规范化工作提供技术手段和保障。路政档案管理以现代信息技术建立规范化、标准化和简单化的工作流程，将计算机技术和现代控制技术与遥感（RS）、地理信息系统（GIS）、全球定位系统（GPS）等电子信息技术有效集成公路路政档案管理信息系统。并依此管理信息系统具有强大的分析和数据管理功能，适应各种层次管理机构随时查看已有路政档案现状的需要，还能够通过强大的空间分析功能和丰富的图表显示，实现路政档案管理的电子化。

路政档案做好信息化建设是电子政务的有效延伸。路政档案进行信息化建设包括其自身的信息化建设和其他机构相关的信息化，还包括为规范信息化而建立的相关技术和安全方面的法律法规建设。路政档案自身信息化建设的内容主要为：路政档案的数字化以及档案数字化相关的标准化工作；路政电子文件归档和电子档案管理；路政档案网站建设和网络传输安全；路政档案目录数据库；路政档案声像、图表等多媒体数据库等。路政档案也给予了电子政务建设很大的支持。在路政档案管理中主要体现在：路政档案机构提供了丰富的档案信息，可以为路政管理机构决策服务，同时从路政电子文件的归档、路政档案的保管方面，路政机构提出合理化建议，有利于路政机构更好地服务于公众。从这一角度分析路政档案利用低的原因，档案资源与社会需求不适应，就迫切需要优化档案新资源的结构和配置，以此来改变路政档案资源结构单一的落后局面。

（二）知识管理视角分析

知识管理是最近几十年兴起的一种管理方式。知识管理最初应用于企业管理的知识保护和创新，并用来服务于企业的长期战略。随着档案工作信息化建设的开展，档案以新的形势和灵活多样的方式方法发挥出更多功能，为社会提供全面而准确的服务。作为知识管理的一部分，档案信息化工作已融入知识管理的框架之中，并成为知识管理中最基础和最重要的方面。信息化建设作为知识管理的一种工具不但可以加强知识交流，最主要的是促进档案信息资源的有效利用。

知识化管理对新时期档案管理工作具有指导作用。档案的知识属性是知识化管理具有指导作用的基础。因为档案知识是规范化处理后的知识资源，将按照知识管理的方式再应用到档案管理工作中，并指导和创新档案管理工作。档案管理发展的新阶段是档案知识化管理。在档案管理系统知识化建立和完善的过程中，最主要的是对显性知识管理。显性知识对信息技术的要求比较高，即采用现代信息技术对知识的识别、挖掘和重组，而不是过去简单的对档案信息的处理。档案知识化管理对传统的档案信息管理进行了拓展和深化，表现在管理对象、管理方式、管理技术和管理目的等方面。路政档案机构采用档案知识化管理，实现知识的创新和共享，就是在档案信息管理的基础上，通过对知识的挖掘和重组来提高企业的创新能力、反应能力和技术技能，依此提高路政档案的管理水平。

知识管理提高档案管理技术及信息资源的有效利用。从信息资源建设和技术的角度来看，知识管理最关注的是知识库的建设。知识库是针对某些领域问题的需要，采用某种知识方式建立在存储器中互相关联的知识集群，其操作和利用都很方便。对于路政档案来说就是建立档案知识库，即建立档案数据库。档案知识库对文件的关联度、结构化要求很高，恰好知识管理系统可以对档案相关内容进行数据挖掘进而提供有效的理论决策。档案信息资源的数字化，主要是通过现代高新技术把各种载体的档案信息资源，转化为计算机能识别的数字化形式储存，利用互联网和计算机系统进行管理，能及时有效地为各类人员提供服务，实现资源的共享。再利用知识管理的科学方法对路政档案信息数字化进行管理和利用，就能够有效地发挥路政档案信息的作用和价值。

注重知识管理，能够促使档案信息管理职能更加完善。档案信息管理随着知识管理的加强及信息技术的发展而转变，从注重档案实体的管理向注重档案内容即知识管理的方向转变。在档案管理中，加强知识管理，主要是借助网络化的平台，创建一个新的知识服务体系。这个体系的信息资源比较丰富，还可以随着社会的发展，及时更新信息资源。从信息管理向知识管理的转变关键在于，打造一个好的信息资源基础及其网络服务基础，建立一个切合实际需求的信息与知识服务模式。知识管理对路政档案的质量和数量都提出了更高的要求。只有丰富的路政档案信息资源，才能为路政管理者和档案利用者提供全面和准确的决策。于是路政档案机构除了采用网络实时归档外，还要和路政其他机构结合，收集图文并茂的路政档案信息，依此来提高档案的数量和质量，同时通过这些档案信息资源，也可反映出路政机构对公路行业的经济调节，以及社会管理和公共服务的整体动态。促进公路建设事业有序的发展，充分发挥公路作为国家重要的基础设施的社会功能与经济作用，更好地为国家经济发展、社会文明和人民生活服务。

第四节　完善公路路政档案规范化管理的建议

路政档案规范化管理的工作需要在实践中不断完善和发展。科学规范的路政档案管理要想适应公路经济的高速发展，为公路行业提高经济效益和社会效益，就必须与时俱进，树立科学发展观，坚持发展为第一要务，以人为本为核心，使路政档案走向规范化、现代化和法制化的方向，并全面协调可持续的发展。

一、完善公路路政档案管理机制的建议

路政档案是指路政管理部门在路政管理活动中形成的，具有保存价值的文字、图表、声像等资料。包括公路路产档案、公路两侧建筑控制区管理档案、路政处罚文书档案、路政管理日常工作资料/信息/报表档案、路政装备档案、路政文书档案、路政案件复议/应诉和国家赔偿与追偿档案、路政许可档案、路政人员档案等。路政档案具有类型多样、专业性强、数量众多等特点，因此，做好路政档案整理工作难度大。

（一）加强路政档案整理工作的价值

首先，凭证作用。公路路政管理的行政执法性质决定了路政档案具有重要的法律凭证

功能。2017年新修订的《公路法》第五章"路政管理"，赋予了县级以上地方政府交管部门一定的行政执法权，从法律意义上确立了路政管理工作的属性和地位，推动了公路管理法治化进程。作为来源于一线路政管理活动的真实记录的路政档案，做好对其的规范整理，对维护路政管理过程中各方合法权益意义重大。

其次，参考作用。公路路政管理是一项长期性的工作，涉及路产管理、装备管理，甚至是路政人员的管理，等等。作为路政工作全过程的历史记录，路政档案是路政管理工作经验结晶。例如，通过对路产类档案整理编研，以及对路产档案中的公路基础档案资料的分析、研究，总结公路土地使用、征地拆迁等成功经验，为后期的路政管理提供重要的现实参考。因此，要做好路政档案规范整理，总结路政管理过程中的有益经验，发挥路政档案参考价值，意义非凡。

最后，文化作用。路政档案作为广大路政工作者默默守护公路、确保交通大动脉畅通的历史记录，展现了千千万万路政人的奉献和付出。可见，路政档案也是人类宝贵的精神文化财富，对社会文化的积累、传播、发展和进步发挥着重要价值功能。

（二）做好路政档案整理工作的难点

首先，周期长，完整整理难。路政档案整理包括收集、制作、归档、保存等工作内容，是一项专业性、长期性工作。周期长是其首要特点，这就给路政档案管理部门提出了更高要求，要做好不同时期路政档案资料的规范收集整理工作。

其次，差异大，全面整理难。近年来，随着路政事业的发展，争创"四好公路"，等等，路政档案的数量和内容呈现出大幅度增长态势。以农村公路路政档案管理为例，路政处理、处罚等案件类档案要求实行一案一档，而路政管理许可类档案则要采取一件一档，设备运行档案则实行每个设备一册，全年一卷的整理模式，不同档案类型，其整理归档的内容差异大，加之路政档案数量庞杂，对防止整理遗漏等提出了更高要求。

最后，类型多，规范整理难。随着路政业务的拓展，以及信息技术在路政档案管理中的应用，路政档案类型呈现出多元化发展特点。从外在形态来看，既有纸质类档案，也有电子类档案，还有照片类档案，以及数字档案、声像类档案，从内容来看，有文书档案、路政业务档案、人事档案等，不同类型的路政档案对保存方式、保管条件都有其不同要求和规定。如纸质类档案要做好防霉、光盘存储的档案要做好防磁，照片档案要防晒等，但从实际情况来看，因档案种类众多，以及档案人员综合业务素能等因素，使得档案整理的规范性不强。

（三）把握路政档案整理工作的要求

路政档案作为公路路政管理活动的全过程历史记录，确保全面、完整、规范整理至关重要，这就需要根据不同类型路政档案特点和重点，做好路政档案整理工作。以几种主要路政档案为例。

首先，公路路产档案。公路基础档案作为最原始资料，应从起点到止点按里程桩号立卷归档，完整整理，以备查询。公路自有路产应分类制作路产档案卡片（如Ⅰ类为需要附图的路产档案，包括公路涵洞档案、隧道档案、交通标志档案等，Ⅱ类为无须附图的其他路产档案，包括波形防护栏、铁丝网、钢立柱等设施档案）；占用公路路产设施档案应制作档案卡片、附件并附彩色照片。

其次，路政处罚文书档案。简易程序处罚的文书档案整理时，应按照封面、目录、处罚决定书、处罚票据存根、封底等顺序进行组卷，属于超限运输的，还应有检测单据，并按年度合订成册立卷归档；一般程序处罚的文书档案整理时应按照封面、目录、立卷登记表、询问笔录、勘验检查笔录、现场图片、照片、交通违法行为调查报告、通知书存根、行政处罚决定书存根及送达回证、处罚票据存根等顺序进行整理，属超限运输的，还应有检测单据。

再次，路政内业资料。路政内页资料种类多，涵盖面广，除了需要按照统一格式上报的台账或报表外，路政管理人员在日常的巡查日记、工作日记或特殊时期的巡查活动等资料，也应及时做好整理，作为短期保存资料，以备查考。

最后，路政车辆设备档案。主要包括路政执法巡查的车辆基本情况登记表、使用登记表和维修保养登记表，如相关的车辆设备购置资料、保险资料、车辆改装资料、警灯使用证，等等。

总之，除了上述主要路政档案资料按规定和要求做好整理外，还要做好路政文书档案、路政许可档案、路政赔/补偿案件文书档案、路政人员档案资料的规范整理等工作。根据不同类型的档案特点和要求，做好相应的档案整理。

（四）注重路政档案整理工作的方法

首先，加强路政档案工作领导。针对路政档案管理特点，把握路政档案管理工作的规律和要求，重点需要加强路政档案工作领导。一方面，要建立路政档案领导机构。组建由分管路政工作负责人、路政业务部门代表和路政档案人员组成的路政档案工作领导小组，具体负责领导、实施路政档案整理工作；另一方面，要明确路政档案管理范围。根据《档案法》《公路法》《中华人民共和国行政处罚法》《路政管理规定》等相关规定，结合实际，制定具体的路政档案资料接收范围、整理标准和要求，确保路政档案资料规范立卷归档。

其次，健全路政档案整理标准。路政档案资料数量庞大、种类多样，内容丰富，坚持标准化整理理念，制定路政档案整理标准规范，不断健全路政档案整理的具体标准和要求。例如，路政建设项目档案整理时应严格执行《建设项目档案管理规范》，路政文书档案应执行《电子公文归档管理暂行办法》《机关文件材料归档范围和文书档案保管期限规定》《文书档案案卷格式》，照片类路政档案应按照《照片档案管理规范》，做好相关资料的接收、整理等工作。

再次，把握路政档案整理方法。档案整理是一项专业性很强的工作，应遵循路政管理工作的特点和实际，采取灵活多样的整理方法，确保整理工作质量。一方面，坚持定期整理与随时整理相结合，将每年的档案归档月作为路政档案整理月，做好集中接收、整理工作。也要结合路政管理工作实际，对一些专项路政活动，做好随时整理。另一方面，坚持重点整理与其他整理相结合。既要做好路产档案、处罚文书档案、车辆设备档案和内业资料的整理，也要做好路政文书档案和路政人员档案资料整理，最终要确保规范、科学整理，满足档案管理标准和规范要求。

最后，提升路政档案整理能力。路政档案接收离不开广大路政人员的支持，以及具体从事路政档案工作者的辛勤付出。为此，要通过举办路政、交通、档案，以及信息技术等相关知识的宣传、教育和普及，既要增强路政档案从业人员的业务素能，也要加强计算机信息技术等学习，切实提高路政档案工作者的综合业务素能，为做好路政档案整理工作提供有力的人才支持和保障。

二、完善路政档案管理制度的建议

路政档案管理制度的规范化，需要从宏观和微观两个视角来进行分析完善。

（一）宏观法律规范的建议

路政档案管理要走上法制化、规范化的发展道路，就是要以《公路法》为基础，构建体系完善的法律制度。如前文所述，路政档案管理的法律法规还不健全，没有形成有效的法律体系，导致路政档案管理没有有效的法律规范可以依据，造成路产路权不完善保护。

根据我国法律规范体系，宪法至高无上，法律要在宪法的规范内生效，行政法规又低于法律的效力，政府规章和部门规章是较为具体的法律规范，要服从于宪法、法律和行政法规，根据这一理论，路政档案管理法律规范体系的建立，首先要符合宪法的基本要义，其次是要遵循《公路法》的基本原则。在《路政管理规定》等其他公路法律法规方面的指导下，将《公路路政档案管理制度》赋予法律效力，上升为具体的路政档案管理，按照法律规范的具体内容组合设计其内容，从基本原则、法律规范（具体包括路政档案的收集、分类、保管、借阅等）、法律责任几个大的方面具体规定，全面而又细致地设计出路政档案管理的具体内容，构建一个以《公路法》为龙头，《路政管理规定》为基石，《公路路政档案管理规定》为具体实施法律的规章体系，将路政档案管理切实纳入法律规范的范畴。

（二）微观法律制度的建议

建立完善的法律法规体系，是路政档案管理的法律保障，也是微观层面路政档案管理的必然要求。路政档案对外开放要做到真正的有法可依、执法必严，就必须加强档案管理的法律法规建设，才能使路政档案开放纳入法制化的轨道。例如，针对路政档案法律法规对外开放操作性不强的问题，可以建立健全与之相关的适用法规与实施细则。

路政档案机构要强化开放意识，尤其是树立服务大众的意识。路政档案工作人员要以新的思维方式执行档案法中关于开放的规定，例如，档案开放坚持以开放为原则，不开放为例外的原则也值得路政档案管理机构效仿。在实际的工作中简化开放工作手续，利用互联网的平台和国际接轨。在借阅方面，只要提供有效证件一经核实就发放借阅期为一年的借阅证，并且不收取任何费用。希望通过试点能在全国范围内展开，提高路政档案的利用率，更好地为公路行业服务。

三、完善路政档案管理技术的建议

信息化是规范管理路政档案管理的技术保障，也是我国经济和社会发展的必然要求。档案信息化就是指在档案工作中充分利用计算机技术、网络技术、信息技术，对档案资源进行处理、管理、开发和利用，达到为社会发展提供服务的目的。路政档案信息化的核心要素是档案的数字化及网络化。档案数字化和网络化建设是信息化建设中一个重要的内容，完善与之相关的技术管理系统及法律法规对路政档案规范化管理有十分重要的意义。

（一）构建数字化建设的基本标准

路政档案数字化建设的构建是路政档案管理过程中一场深刻的革命。从新技术革命对路政档案工作的影响入手，在分析国内外路政档案数字化工作进展概况的基础上，针对路政档案数字化建设中出现的问题，提出从标准化、数字化鉴定及数字化传输和安全的相关法律法规方面提出建议进行完善。

标准化是构建路政档案数字化的关键。现在路政档案最主要的工作是，将档案信息资源进行数字化加工。主要是对传统纸质档案的数字化处理、音频档案的数字化处理和视频档案的数字化处理。在数字化转化过程中要借鉴国际标准和国外先进标准规范，结合我国目前标准规范研制状况及发展趋势，建立统一和通用的转换标准。这样建成的数据库才能适应各种通用软硬件，才能在不同的通信网络系统中实现资源共享，才能方便利用者的利用，才能避免出现各自为政，互不兼容、重复建设等现象。在进行数字化时还要考虑数字化档案的存储格式、压缩算法、检索方法等，严格按照规定的、统一的技术要求、统一的文本格式和统一的工作标准进行数字化。

（二）完善数字化的鉴定工作

做好档案信息资源的鉴定工作，是构建路政档案数字化建设的基础。针对路政档案数字化的范围很难鉴定的问题，应从以下几个方面进行完善。第一，要求鉴定路政档案信息资源的真实性。要求路政档案机构设置安全操作日志，对路政档案工作人员和档案信息随时自动保存以确保档案资源的安全性及真实性。第二，要鉴定路政档案信息资源的完整性。在进行档案数字化处理时要注意档案信息资源的完整性，对残缺不全和字迹模糊的档案，可以修复的用仪器修复，不能修复的要注明以免引起负面效应。第三，要鉴定路政档案信息资源是否具有开放性。要严格按照《档案法》《中华人民共和国保密法》和《公路路政档案管理制度》规定，并结合本单位的实际情况，根据路政档案的内容随时调整要公开的档案。例如，对于保密的重要档案信息资源最好不要录入数据库；对于半公开的档案信息资源可以设置权限访问等。第四，要鉴定路政档案信息资源在数据库中的唯一性和可识别性。在路政档案数字化建设中为了防止档案信息资源的重复，一定要确保数据库中路政档案资源的唯一性。为了实现档案资源的网络共享，还要确保录入路政档案信息资源的可识别性，以防止由于网络或者格式不支持导致档案信息资源不能被识别，达到资源的有效利用。对档案资源进行不断检测也可以防止病毒侵入，确保了档案资源的安全问题。

路政档案数字化建设中要贯彻落实国家法律法规政策。要严格执行与路政档案数字化相关的法规，如《纸质档案数字化技术规范》《缩微影像数字化转换技术规范》《照片档案数字化技术规范》《录音档案数字化技术规范》《录像档案数字化技术规范》等；另外还要遵循国外有关的通用规范和标准，只有这样才能实现档案资源在不同的通信网络系统中的共享，同时避免了资源浪费和各自为政的现象。

（三）调整和优化档案信息资源结构

路政档案信息资源作为公路信息资源中的基础性资源，对其进行网络化建设，在社会效益和经济效益方面都有着重要的现实意义和长远意义。由于路政档案进行网络化建设的技术含量要求得很高，如需要大量的人力、物力、财力和技术力量等。在进行路政档案网络化建设的初期还面临着一些困难和问题。从路政档案信息资源的结构优化方面、网络环境下档案资源安全利用等方面，进行完善路政档案网络化建设的构建，为路政档案的信息化打下良好的基础。

完善信息资源结构，是实现路政档案网络化的前提和基础。对路政馆藏档案信息资源结构不断调整和优化，丰富其档案信息资源，要从以下两个方面进行完善。一方面，要以人为本，完善与人民利益相关的路政档案资源体系。应该优先收集整理和开发关系民生、民情，与广大人民群众切身利益相关的路政档案信息资源，如路产档案、处罚档案、超限运输档案等，将路政档案信息资源真正的取之于民、用之于民，并及时推动公路事业的发展。另一方面，扩大调整路政档案机构的接受范围。为了丰富档案机构的信息资源，避免档案机构成为无源之水、无本之木的局面，档案机构应该认真分析路政行业的特点，全面掌握路政档案信息资源，积极拓宽档案征集渠道，如建立征集网络等，充分利用现代化的技术和人民群众的力量，在路政管理机构各机构都设立兼职档案员，积极主动开展档案征集工作。

（四）完善信息利用的网络技术和安全体系

完善的网络技术和安全体系，是网络环境下路政档案信息资源的保障。从网络环境下制约路政档案信息资源开发利用的因素中得知，保护路政档案信息资源由内部环境因素和外部环境因素组成。因此，在加强网络技术维护的措施上，也要从内部环境和外部环境两方面着手。其中内部环境，主要在于档案工作人员要不断增强网络维护意识和技术水平，将网络信息新技术，例如，建立相关防火墙技术、加密技术、数据传输技术、档案信息网络控制技术、访问权限设置以及其他防御和控制技术，及时应用到维护路政档案信息资源安全技术中去，来保护网络环境下的路政档案信息资源安全。对于涉及国家机密的路政档案信息资源，为了安全起见不要进行网上传输和保存，以免被不法分子通过技术手段劫取。同时，要对计算机操作系统、服务器、档案信息数据库等进行定期更新、升级、杀毒，以免出现系统漏洞导致病毒侵入。在路政档案管理规章制度中，也应该完善相关的操作规定，以免因内部人员操作失误导致不法分子侵入，不断补充在网络环境下，路政档案管理人员的职业道德规范和加强人员职业素养，让路政档案管理人员的服务理念、职业道德水平和职业素养与工作能力不断提高。外部环境因素主要在于网络环境下，维护和提高路政档案信息资源抵御外部攻击的防范意识。在档案工作人员和档案利用者方面，通过职业道德教育和自身的约束力，加强培养档案信息伦理意识，并使档案信息资源管理者和利用者之间通过制定各种使用规范和细则来相互约束和监督。通过制定法律法规为维护路政档案网络化提供法律依据，真正使档案管理向规范化和法制化的方向发展。

参考文献

[1] 张少华. 公路桥梁工程与项目管理 [M]. 北京：北京理工大学出版社，2019.

[2] 丁雪英，陈强，白炳发. 公路桥梁建设与工程项目管理 [M]. 长春：吉林科学技术出版社，2019.

[3] 王兴平，尹紫红，尹杰. 公路工程项目全寿命周期 BIM 智慧化管理系统研究 [M]. 成都：西南交通大学出版社，2019.

[4] 任均华. 公路工程建设项目管理 [M]. 济南：山东大学出版社，2019.

[5] 李宽. 公路工程项目管理 [M]. 武汉：华中科技大学出版社，2018.

[6] 史建峰，陆总兵，李诚. 公路工程与项目管理 [M]. 北京：九州出版社，2018.

[7] 杨涛，周银红，韩春景. 公路工程建设项目工地试验室建设与管理 [M]. 北京：北京理工大学出版社，2018.

[8] 高永强. 公路工程与项目管理 [M]. 长春：吉林教育出版社，2018.

[9] 刘海英. 公路工程与项目管理 [M]. 天津：天津科学技术出版社，2018.

[10] 刘黔会. 规划设计与公路工程项目管理 [M]. 长春：吉林出版集团股份有限公司，2018.

[11] 郝俊杰，杨杰，杨远亮. 公路工程建设管理与项目规划设计 [M]. 长春：吉林科学技术出版社，2018.

[12] 王兆奎. 公路工程施工项目精细化管理研究 [M]. 沈阳：沈阳出版社，2018.

[13] 王秀敏，葛宁. 公路工程施工组织与管理 [M]. 天津：天津大学出版社，2018.

[14] 高建. 公路工程项目管理 [M]. 天津：天津科学技术出版社，2017.

[15] 陈纪军，李晋旭，王同伟. 公路工程与项目管理 [M]. 长春：吉林人民出版社，2017.

[16] 贾佳，赵之仲，赵淼. 公路工程建设项目管理 [M]. 徐州：中国矿业大学出版社，

2017.

[17] 江国帅. 公路桥梁建设与工程项目管理 [M]. 北京：现代出版社，2017.

[18] 郭其云. 公路工程项目安全管理概论 [M]. 北京：电子工业出版社，2017.

[19] 李栋国，马洪建，王世凯. 公路工程与造价 [M]. 武汉：武汉大学出版社，2017.

[20] 蒲翠红. 公路工程计量与计价 [M]. 成都：西南交通大学出版社，2017.

[21] 张风亭. 公路养护施工技术 [M]. 北京：人民交通出版社，2019.

[22] 李果，杨坚强. 公路养护技术与管理 [M]. 天津：天津科学技术出版社，2019.

[23] 郭术铭，汤涛，刘小四. 高速公路养护技术与机械化管理研究 [M]. 香港：文化发展出版社，2019.

[24] 张永军，袁玉娟，曹云修. 公路施工与养护 [M]. 海口：南方出版社，2019.

[25] 刘传宝. 公路桥梁与维修养护 [M]. 延吉：延边大学出版社，2019.

[26] 裴畅茂. 公路桥梁养护与维修 [M]. 北京：人民交通出版社，2019.

[27] 王明华. 公路施工及后期养护研究 [M]. 北京：北京工业大学出版社，2019.

[28] 邓星鹤，王旺，展宏图. 高速公路沥青路面养护及检测技术 [M]. 香港：文化发展出版社，2019.

[29] 李涛，冯虎，王理民. 公路施工与养护管理基础工作研究 [M]. 长春：吉林科学技术出版社，2019.

[30] 杨彦海，杨野. 公路路面养护技术 [M]. 沈阳：东北大学出版社，2018.

[31] 王景峰. 公路养护 [M]. 西安：西北大学出版社，2018.

[32] 王凯英，张振华，李惠霞. 公路养护与管理 [M]. 北京：机械工业出版社，2018.